JN296324

やわらかアカデミズム・〈わかる〉シリーズ

よくわかる
経営戦略論

井上善海・佐久間信夫 編著

ミネルヴァ書房

はじめに

■よくわかる経営戦略論

　経営戦略論は，経営学の中でも比較的新しい学問分野です。1960年代に米国において始められた理論研究や実証研究により，経営戦略は，欧米先進国企業にとって競争に勝ち企業成長を図っていくために必要不可欠なものとなりました。わが国企業においても，高度成長時代にこぞってこの経営戦略の理論を採用し，グローバルな競争環境の中で積極的に事業展開を行ってきました。そして現在では，「戦略なき企業に明日はない」とまで言われるくらい，経営戦略は現代企業の経営にとって重要な役割を担っています。

　そこで本書では，これまでの経営戦略の理論研究や実証研究の成果を一堂に集め，それを新進気鋭の研究者が初学者でも理解できるようわかりやすく解説を行い，理解を深めることができるよう編集を行いました。

　本書の特徴は，経営戦略の基礎理論から応用・展開理論まで，体系的かつ網羅的に編集されているところにあります。特に，見開き2ページで1つのテーマが完結されていることから，興味のあるテーマから学習していくことも可能となっています。他の章・節と関係する専門用語については側注で参照先を指示していますし，重要な人名や専門用語の解説も側注で行っています。また，従来の経営戦略論のテキスト等では触れられることがなかった分野横断的かつ複合的な研究分野までカバーし，応用・展開力がつくよう配慮しています。

　経営戦略論は，理論と実践が融合した形でますます進化してきています。本書で学んだ理論を実践の場で活用できる人材が数多く生まれてくることを執筆者一同願っています。

　最後に，編集にあたってミネルヴァ書房編集部の梶谷修氏に大変お世話になりました。多人数の執筆者の各々の個性を活かしながらも，一つの書籍としてまとめあげていくには，梶谷氏の助言・支援がなければ到底なしえなかったものと思います。ここに記して感謝申し上げます。

2008年1月

編　者

もくじ

■よくわかる経営戦略論

はじめに

第1部 基礎理論

I 経営戦略の概念と体系

1 経営戦略とは ………………… 2
2 経営戦略に関する議論の史的変遷 ………………………………… 4
3 経営戦略の理論体系 ………… 6
4 経営戦略の構成要素 ………… 8
5 経営戦略のレベルと対象範囲 … 10
6 経営戦略の新潮流 …………… 12

II 製品市場戦略と多角化

1 製品・市場マトリックス ……… 14
2 多角化のパターンと企業成長 … 16
3 多角化のパターンと経営成果 … 18
4 多角化の利点と成功を規定する原則 ………………………… 20
5 シナジーと中核的能力 ……… 22

III 資源展開戦略とPPM

1 経営戦略と経営資源 ………… 24
2 経営資源の特性 ……………… 26
3 経営資源の蓄積と獲得 ……… 28
4 経営資源と多角化戦略 ……… 30
5 PPMの基本概念 …………… 32
6 PPMの展開 ………………… 34
7 PPMの限界とコア・コンピタンス論 ………………………………… 36

IV 競争戦略と競争優位

1 「5つの競争要因」フレームワーク ………………………………… 38
2 競争の基本戦略 ……………… 40
3 ドメインと競争地位 ………… 42
4 競争優位とその源泉 ………… 44
5 コア・コンピタンスの構築 … 46
6 バリューチェーンの構造と事業システム ……………………… 48
7 ゲーム理論の競争戦略への応用 … 50

V　リソース・ベースト・ビューと知識創造

1. 企業パフォーマンスと企業価値‥*52*
2. 経営資源とリソース・ベースト・ビュー ……………………*54*
3. VRIOフレームワーク …………*56*
4. リソース・ベースト・ビューの意義と限界 ………………*58*
5. 知識創造と競争優位 …………*60*
6. 知識創造の「SECIモデル」……*62*
7. 「場」の理論とマネジメント …*64*

第2部　応用理論

VI　経営戦略と組織

1. 経営戦略と組織の関係…………*68*
2. 拡大成長戦略による組織の変化 ‥*70*
3. 多角化戦略による組織の変化 ‥*72*
4. 競争戦略による組織の変化 ……*74*
5. 協調戦略による組織の変化 ……*76*
6. 顧客重視戦略による組織の変化‥*78*
7. 創発的に戦略を生む組織 ………*80*

VII　ネットワーク組織と組織間関係

1. ネットワーク組織とは…………*82*
2. 垂直型ネットワーク組織 ………*84*
3. 水平型ネットワーク組織 ………*86*
4. 中小企業のネットワーク組織……*88*
5. 地域社会とクラスター…………*90*
6. ネットワーク組織と競争優位……*92*
7. 事業ネットワークの視点 ………*94*

VIII　M&A戦略と企業価値

1. M&Aの動向とその特徴 ………*96*
2. M&Aの形態と手法 ……………*98*
3. 外部成長戦略としてのM&A ‥‥*100*
4. M&A戦略の機能と成果 ………*102*
5. M&Aにおける企業価値評価 ‥‥*104*
6. M&Aと法制度 …………………*106*

第3部　展開理論

IX　情報ネットワークと経営戦略

1. 経営情報システムの変遷 ………*110*
2. ビジネスプロセス革新…………*112*
3. 企業間情報ネットワークの進展‥*114*

もくじ

   4 電子商取引 ……………………… 116

   5 経営戦略における情報技術の位置づけ ……………………… 118

   6 ITケイパビリティの構築 ……… 120

   7 経営情報システムの要件 ……… 122

Ⅹ　グローバリゼーションと経営戦略

   1 グローバル化，経営戦略，多国籍企業 …………………………… 124

   2 経営理念と戦略ドメイン ……… 126

   3 グローバル経営戦略の理論的背景 ……………………………… 128

   4 グローバル競争戦略と産業特性 … 130

   5 グローバル市場参入と撤退戦略 … 132

   6 グローバル経営戦略と組織 …… 134

Ⅺ　地球環境問題と経営戦略

   1 循環型社会の要請と環境政策 … 136

   2 環境問題と企業経営 …………… 138

   3 サスティナブルな社会をめざす環境経営戦略 ………………… 140

   4 環境経営戦略の特徴 …………… 142

   5 環境マネジメントシステム …… 144

   6 環境マネジメントシステムの役割と効果 ……………………… 146

   7 エコビジネスと経営戦略 ……… 148

Ⅻ　起業と経営戦略

   1 起業とは ………………………… 150

   2 起業の現状 ……………………… 152

   3 起業のプロセス ………………… 154

   4 起業後の競争戦略 ……………… 156

   5 起業家精神 ……………………… 158

   6 起業から企業へ ………………… 160

   7 公的支援 ………………………… 162

ⅩⅢ　イノベーションと経営戦略

   1 企業におけるイノベーションの意義 …………………………… 164

   2 イノベーションによる企業価値創造 …………………………… 166

   3 イノベーションと企業競争力 … 168

   4 技術経営（MOT）と技術戦略 … 170

   5 イノベーションとビジネスモデル ……………………………… 172

   6 組織におけるイノベーションの価値 …………………………… 174

   7 経営改革と企業戦略 …………… 176

さくいん ……………………………… 179

第 1 部

基 礎 理 論

guidance

　第1部では，経営戦略論を学ぶ上で欠かせない「基礎」的な理論を，5つの章に分けて解説しています。

　第Ⅰ章：経営戦略とは何かという疑問に答えるため，「経営戦略の概念とその体系」について学びます。

　第Ⅱ章：企業が成長していくために採るべき「製品市場戦略」の類型と，その中でも特に重要な「多角化戦略」について学びます。

　第Ⅲ章：企業が成長のため多角化していく際には限られたヒト・モノ・カネといった経営資源の配分が重要になってくることから，「資源展開戦略」の手法である「PPM」について学びます。

　第Ⅳ章：競合する企業とどのように差別化し「競争優位」を獲得していくかといった「競争戦略」について学びます。

　第Ⅴ章：経営資源の中でも近年特に重要視されている情報的資源である「知識の創造」を中心とした「リソース・ベースト・ビュー」の戦略を学びます。

I　経営戦略の概念と体系

1　経営戦略とは

▷戦略
⇨Ⅲ-1「経営戦略と経営資源」
▷チャンドラー
⇨Ⅵ-1「経営戦略と組織の関係」
▷アンゾフ
⇨Ⅱ-1「製品・市場マトリックス」
▷ホファー＝シェンデル
⇨Ⅰ-4「経営戦略の構成要素」
▷ミンツバーグ
⇨Ⅵ-7「創発的に戦略を生む組織」
▷ポーター
⇨Ⅳ-1「5つの競争要因フレームワーク」
▷バーニー
⇨Ⅴ-2「経営資源とリソース・ベースト・ビュー」

1　経営戦略の諸定義

戦略(strategy)とは何か，まず，その主な定義について概観してみよう。

チャンドラー(Chandler, A. D.)は，「長期的視野にたって企業の目的と目標を決定すること，およびその目的を達成するために必要な行動オプションの採択と資源配分」と定義した。アンゾフ(Ansoff, H. I.)は，戦略とは「部分的無知の状態のもとでの意思決定ルール」であると規定し，戦略的決定とは「経営体が環境に意図的に適応していくこと」と定義している。

ホファー＝シェンデル(Hofer & Schendel)は，戦略を「組織がその目的を達成する方法を示すような，現在ならびに予定した資源展開と環境との相互作用のパターン」と定義し，ミンツバーグ(Mintzberg, H.)は，「無数の行動と意思決定のなかに見出されるパターン」と定義した。

ポーター(Porter, M. E.)は，「戦略とは，自社と他社を差別化するもの」と定義し，バーニー(Barney, J. B.)は，「企業が考えた競争に成功するためのセオリー」と定義している。

わが国では，石井他が，「環境適応のパターンを将来志向的に示す構想であり，企業内の人々の意思決定の指針となるもの」と定義し，大滝他が，「将来の構想とそれに基づく企業と環境の相互作用の基本的なパターンであり，企業内の人々の意思決定の指針となるもの」と定義している。また，伊丹は，「市場のなかの組織としての活動の長期的な基本設計図」と定義している。

2　経営戦略の定義に共通する項目

戦略の定義に関しては，以上のようにさまざまな議論が行われてきたが，その概念については多様で一般的な定義というものはない。ミンツバーグは，これらの議論を整理し，次のような5つの戦略概念を示している。第1に「計画(plan)」としての戦略で，目標を達成するための行為の方向や行動指針を意味する。第2に「策略(ploy)」としての戦略で，競合企業より優位に立つための具体的な計画のことである。第3に「パターン(pattern)」としての戦略で，意思決定や行為の流れに見られる整合性に注目する。第4に環境における「位置(position)」を規定する戦略で，組織の資源・スキルと環境機会・リスク，組織目標との適合を重視する。第5に「視野(perspective)」としての戦略で，

表 I-1　戦略の定義で共通する項目一覧

項目＼論者	環境	資源	長期	目的	構想	意思決定	行動	競争
チャンドラー		○	○	○			○	
アンゾフ	○					○		
ホファー＝シェンデル	○	○		○				
ポーター								○
ミンツバーグ						○	○	
バーニー								○
石井他	○		○		○	○		
大滝他	○					○		
伊丹	○		○		○		○	

出所：筆者作成。

将来に向けてのビジョンやグランドデザインに相当する。

ここでは，これら議論の中で共通する項目（表 I-1）を抽出し分析してみる。

○環境変化への適応

まず第1に，戦略が企業とそれを取り巻く環境との関係にかかわることである。企業は政治・経済・社会・文化といったマクロ環境から，顧客・競合・業界といった**タスク環境**までの多様な環境要因と交換関係をもつ**オープン・システム**である。しかし，その大半は企業側からの制御が難しく，またその変化が複雑かつ不確定であることから，企業としてはこれらの環境変化にいかに適応していくかということが最大関心事となる。

○長期的方向性の指針

第2に，戦略が企業の長期的な成長・発展を図る基本的方向性を指し示すことである。従来は長期経営計画がその役割を担っていたが，企業を取り巻く環境の変化が一段と激しくなってきた今日においては，固定化された数値目標としての計画だけでは対応が難しく，ビジョン（vision）やコンセプト（concept）といった将来方向を指し示す構想としての戦略の重要性が増してきている。

○意思決定の基準

第3に，戦略が組織構成員の意思決定の基準となることである。企業規模が拡大すればするほど，意思決定の統合，整合が困難となる。特に環境適応や資源配分など企業活動全体に影響を及ぼすような意思決定の場ではなおさらのことである。そこで，意思決定をすばやく，的確に行うための基準としての戦略が必要とされてきたのである。

以上のことをまとめ，戦略を一言で定義するとすれば，「企業が環境に適応し，長期的な成長・発展を図る方向性を指し示すとともに，意思決定の基準となるもの」といえよう。

▷タスク環境（task environment）
企業を取り巻く外部環境の下位概念の1つで，特定環境とも呼ばれる。企業と直接的に係わり合いを持つ顧客環境や競合環境，業界環境などを指す。

▷オープン・システム
⇨ XI-3「サスティナブルな社会をめざす環境経営戦略とは」

参考文献

石井淳蔵・奥村昭博・加護野忠男・野中郁次郎『経営戦略論（新版）』有斐閣，1996年。
伊丹敬之『経営戦略の論理（第3版）』日本経済新聞社，2003年。
大滝精一・金井一頼・山田英夫・岩田智『経営戦略（新版）』有斐閣，2006年。

第1部 基礎理論

I 経営戦略の概念と体系

2 経営戦略に関する議論の史的変遷

① 戦略論の登場

マネジメントの分野で，必ずしも明示的ではないが，軍事用語の「戦略」を経営学の概念として1950年代に**ドラッカー**が最初に問題にした。彼は「われわれの事業は何か，そしてそれは何であるべきか」と，経営体の生存・成長にかかわる問題意識を提示し戦略研究のきっかけをつくった。

しかし，ドラッカー以降しばらく戦略を問題にした者はなく，1960年代になってはじめてチャンドラーが戦略の概念を用いた。

このようにして両者は戦略研究の契機を経営学にもたらしたものの，戦略を体系的に研究するための概念枠を形成するまでには至らず，戦略研究の体系的展開は次の段階を待たねばならなかった。

② 戦略論の体系化

1960年代は，米国企業の多角化が急速に進展し，新しい事業分野への進出決定をいかに行うかが問題となった時期である。**アンゾフ**は，戦略の体系とその開発プロセスをはじめて体系的かつ理論的に展開し，戦略構成要素として，「製品・市場分野」「成長ベクトル」「競争優位性」「**シナジー**（synergy）」の4つをあげた。

このようにしてアンゾフによってはじめられた戦略の体系的研究は，米国企業の多角化の進展とともに，事業構造に関する研究として急速に進んでいった。

③ 分析型の戦略論

1970年代は，多角化をいかに行うかといった問題よりも，多角化した事業への資源の配分をいかにして管理するかが問題とされた時期である。このような資源展開について，**ボストン・コンサルティング・グループ**は，生産量とコストとの関係の実証研究から「経験曲線（experience curve）」を発見した。さらには，その成果をもとに**PPM**が開発され，戦略が市場成長率と市場占有率の2次元で操作化できることがはじめて明らかにされた。その後，**GE**により，PPMの欠陥を補うため「ビジネス・スクリーン」が開発され，1970年代は分析型の戦略論の全盛時代となり，日本の企業でもこぞってこれらの手法を採用した。

▷ **ドラッカー**（Drucker, P. F.：1909〜2005）
オーストリア生まれの経営学者・社会学者。ベニントン大学，ニューヨーク大学教授を経て，2003年までカリフォルニア州クレアモント大学院教授を歴任。著作には大きく分けて組織のマネジメントを取り上げたものと，社会や政治などを取り上げたものがある。「顧客の創造」や「目標による管理」などの経営理論を未来志向的に提示し，日本の経営者や学界にも大きな影響を与えた。

▷ **アンゾフ**
⇨ II-1「製品・市場マトリックス」

▷ **シナジー**
⇨ II-5「シナジーと中核的能力」

▷ **ボストン・コンサルティング・グループ**
⇨ III-5「PPMの基本概念」

▷ **経験曲線**
⇨ III-5「PPMの基本概念」

▷ **PPM**（Product Portfolio Management）
⇨ III-6「PPMの展開」

▷ **GE**（General Electric Co.）
1878年，トーマス・エジソンがエジソン電気照明会社を設立したのを起源とする電気機器，インフラストラクチャー，素材産業，メデ

さらに，1970年代の後半になると，このような分析的な戦略策定の手法がますます精緻化・体系化され，資源展開のあり方のみならず，資源展開に合わせた組織をつくる戦略の実行が問題となってきた。そこで登場してきた戦略概念が，環境―戦略―組織能力を一体化した適合関係として位置づける「戦略経営（Strategic management）」である。

この他，1970年代後半から80年代にかけては，これまで議論されてきた企業全体にかかわる戦略だけではなく，個々の事業分野における競争の問題までもが戦略の課題として議論されるようになった。いわゆる「競争戦略論（competitive strategy）」である。ポーターは，産業組織論的観点から「**5つの競争要因**」と「**競争の基本戦略**」を提言した。また，ポーターは，競争の戦略の違いが組織構造や組織の文化とも関連していることを明らかにした。そのような意味では，「戦略経営」や「競争戦略」の概念の登場は，次の段階である組織論との融合への萌芽期だったともいえる。

❹ プロセス型の戦略論から組織論との融合へ

戦略経営論の台頭とともに，戦略概念や戦略的思考は一般化されていったが，その一方では分析型の戦略論の限界も指摘されはじめた。分析型の戦略論は，データを詳細に分析することに重点が置かれたために多数の本社スタッフを必要とし，「戦略策定の集権化と現業部門の自律性喪失」による「分析マヒ症候群」に陥ってしまったのである。そのような状況の中で，**ピータース＝ウォーターマン**が，超優良企業（excellent company）には共通の行動特性があることを指摘し，戦略は分析的な手法を駆使して策定されるものではなく，組織の中の人々の創造的活動によることを明らかにした。

これを契機に戦略と組織との関係についての議論が高まり，戦略もまた組織的な協働の産物だとする認識のもと，プロセス型の戦略論が現れてきた。プロセス型の戦略論とは，戦略を「一連の意思決定の流れ」ととらえ，従来からの長期的デザインから短期的行動を演繹的に導き出す伝統的な戦略論とは異なり，行動の中から戦略を生み出す帰納的な方法で不確実性をできる限り除去しようとする戦略理論である。

また，**野中郁次郎**は戦略を「組織的知識創造」の過程ととらえ，知識創造は暗黙知と形式知のダイナミックな相互作用を促進する循環過程を基本として展開されると主張した。

このような議論の中で，戦略が組織的な相互作用の結果として生み出されるとする視点がしだいに明確となり，現代の戦略論は，戦略論と組織論とが融合した形での研究が進められている。

ィア産業，軍事産業，金融事業など幅広い分野で事業を行っている世界最大のコングロマリット（複合企業）である。本社はアメリカ合衆国コネチカット州にある。どの事業もその産業分野でのシェアが1位か2位であることを事業存続の条件としている。この方針は，1981年から2001年までCEOを務めたジャック・ウェルチが打ち出したものである。
▷ 5つの競争要因
⇨ Ⅳ-1「『5つの競争要因』フレームワーク」
▷ 競争の基本戦略
⇨ Ⅳ-2「競争の基本戦略」

▷ ピータース＝ウォーターマン（Peters, T. J. = Waterman, R. H.）
1982年に，大手コンサルタント会社マッキンゼー時代の同僚の二人が共著で「エクセレント・カンパニー」を出版しベストセラーになる。彼らは，1960年から80年までの20年間の長期にわたり，高い業績と革新性を発揮し続けたIBMやデュポンなど世界の超優良企業43社に対して，6つの財務諸表を用い詳細な調査を実施し，「価値観に基づく実践」など超優良企業に共通する8つの特性を明らかにしている。
▷ 野中郁次郎
⇨ Ⅴ-5「知識創造と競争優位」
▷ 1 ⇨ Ⅰ-6「経営戦略の新潮流」

Ⅰ　経営戦略の概念と体系

3 経営戦略の理論体系

1 経営戦略論の学派

ミンツバーグは，自著『*Strategy safari*』（原著1998年／邦訳1999年）において，戦略についての理論を次のような10のスクール（学派）に分類している。

○デザイン・スクール（コンセプト構想プロセスとしての戦略）

　デザイン・スクールは，1960年代から現代に至るまで戦略策定における最もベーシックな考え方となっている。企業のもつ経営資源の強みと弱み（Strength & Weakness），企業を取り巻く経営環境の機会と脅威（Opportunity & Threat）を分析する「SWOT分析」により戦略を策定する考え方である。

　しかし，トップ・マネジメントにより戦略策定がなされることから，戦略実行段階での柔軟性が排除されがちで机上の空論となる可能性を併せもつ。

○プランニング・スクール（公式的策定プロセスとしての戦略）

　デザイン・スクールと同じ1960年代に登場したプランニング・スクールは，SWOT分析を行い，目標・予算・プログラムまでの運用プランに落とし込んでいく「公式化」に戦略策定の特徴がある。デザイン・スクールと同様，戦略策定と実行が分離されるが，戦略策定の主導権は企画スタッフがもつ。

○ポジショニング・スクール（分析プロセスとしての戦略）

　ポジショニング・スクールは，デザイン・スクールを基本モデルとし，プランニング・スクールの流れを汲み，1980年のポーターによる「競争の戦略」の理論により注目を集めた。市場におけるポジションの確立に向け，「分析」に集中するところに戦略策定の特徴がある。戦略の策定は，アナリストが主導権をもち，戦略策定と実行が分離される点については，先の2スクールと同じである。

○アントレプレナー・スクール（ビジョン創造プロセスとしての戦略）

　アントレプレナー・スクールは，**シュンペーター**の「創造的破壊」を学問的起源とし，リーダーの「ビジョン」をコアに戦略を策定する点に特徴をもつ。ただ，企業家精神をもつリーダー（自分で事業を起こす起業家だけではなく，企業内における起業家的リーダーを含む）の能力に依存しすぎることからくる弊害が指摘される。創業期や成長過程にある小さな企業，または困難な状況に陥った企業に適しているといわれる。

○コグニティブ・スクール（認知プロセスとしての戦略）

▷ミンツバーグ
⇨ Ⅵ-7「創発的に戦略を生む組織」

▷SWOT分析（swot analysis）
1965年にアンドリュース（Andrews, K. R.）らによって紹介され，その後，戦略を策定する際の分析手法として米国で広く普及した。ただ，機会・脅威，強み・弱みは相対的なものであり，分析者の主観的な裁量に影響される部分が大きいことや，分析で取り上げられる項目についての統一的な基準がないことなど問題点も多い。このため，SWOT分析は，分析結果よりもその分析過程に意味があるともいわれる。

▷シュンペーター
⇨ Ⅴ-4「リソース・ベースト・ビューの意義と限界」

コグニティブ・スクールは、「戦略家（strategist）の心（mind）の中」を分析することによって戦略策定のプロセスを解明しようとする考え方である。認知心理学を応用し、人間の認知領域において、ビジョンや戦略がどのようなプロセスで形成されるのかを探求するが、まだまだ発展途上の分野といえる。

○ラーニング・スクール（創発的学習プロセスとしての戦略）

ラーニング・スクールは、デザイン・スクールなどの計画的な戦略策定プロセスではなく、「創発的」に現れた戦略をいかに組織という集合体の中にパターンとして根付かせていくかに特徴をもつ。創発的戦略と組織学習が主要なテーマで、経験に基づく記述を基礎としている。

○パワー・スクール（交渉プロセスとしての戦略）

パワー・スクールは、戦略策定は「パワーと政治」によって形づくられるとする考え方である。パワー（政治や権力を含む影響力の行使）の重要性を主張し、戦略策定において政治的パワー・マネジメントを除外したプロセスは、現実的には無意味だとする。

○カルチャー・スクール（集合的プロセスとしての戦略）

カルチャー・スクールは、戦略策定は社会的な相互作用のプロセスであり、組織のメンバーによって共有される信念や理解に基づくとする考え方である。パワー・スクールが「自己の利益」に焦点をあてているのに対し、カルチャー・スクールでは組織の「共通の利益」に焦点をあてる。

○エンバイロメント・スクール（環境への反応プロセスとしての戦略）

エンバイロメント・スクールは、「環境（組織以外のすべてを指す）」を戦略策定プロセスの中心的な当事者ととらえ、環境が戦略を規定し、組織はあくまでも環境に従属する受動的なものとするコンティンジェンシー理論から派生した考え方である。

○コンフィギュレーション・スクール（変革プロセスとしての戦略）

コンフィギュレーション・スクールは、戦略策定とは、あるべきコンフィギュレーション（配置・構成の状態）にトランスフォーム（変革）するためのプロセスそのものととらえる考え方である。組織が置かれている状況をどうとらえ、次の変化のプロセスをどうコントロールするかが焦点となる。

2 複合的な理論体系

以上でさまざまな戦略研究のアプローチについて概観してきたが、実際にはどのアプローチが唯一無比ということではなく、当該企業の置かれた状況に応じた形でこれらのアプローチ手法が複合的に用いられているのが現状である。

参考文献

ミンツバーグ他著／齋藤嘉則監訳『戦略サファリ』東洋経済新報社，1999年。

I 経営戦略の概念と体系

4 経営戦略の構成要素

1 経営戦略を構成する要素

戦略を構成する要素についても諸説があり，**アンゾフ**は，「製品・市場分野」「成長ベクトル」「競争優位性」「シナジー」を，**ホファー＝シェンデル**は，「ドメイン（domain）」「資源展開」「**競争優位性**」「シナジー」の4要素を提示している。ここでは，戦略策定のプロセスを構成する要素の視点から，「ミッション（mission）」「ドメイン」「環境・資源分析」を取り上げる。

2 ミッション

企業の理念的基礎の重要な部分を担うのが「ミッション」であり，ミッションの作成は戦略策定の最初の段階に位置づけられる。通常，ミッションは，ミッション・ステートメント（mission statements）としてアニュアル・レポート（annual report：年次報告書）の冒頭に記されるが，その表明の仕方は多様で，ミッションのほか，バリュー（values）やビジョンといった用語が用いられている。ミッションは，ある企業が他の類似企業と明白な違いがあることを示す目的をもち，多年にわたって通用させ，その企業の存在理由を表明するものである。明確なミッションは，企業目的の確立と戦略策定を効果的に行うための不可欠な要素となる。わが国では，経営理念や社是・社訓がこの役割を果たす。近年，企業の価値観（バリュー）に対する関心が高まりを見せ，「ミッション・マネジメント」や「**バリュー・マネジメント**」といった概念が登場してきている。

3 ドメイン

ミッションを基盤とし定義されるのが「**ドメイン**」である。ドメインの定義とは，「わが社の事業は何か」との重要な質問に答えるものであり，自社の生存領域，または事業領域といった戦略空間を決定することである。ドメインの定義については，製品に基づいてなされた「物理的定義」から，市場の基本的なニーズに関連させて事業を定義する「機能的定義」へと変化してきた。

しかし，機能的定義では，反対に事業の定義があまりに広すぎて役に立たないとの批判もあり，ドメインの定義を「市場」と「技術」の2次元で捉える考え方が一般的となった。市場とは，顧客を地理，人口統計，ライフスタイルな

▷アンゾフ
⇨ Ⅱ-1 「製品・市場マトリックス」

▷ホファー＝シェンデル (Hofer&Schendel)
ホファーは，ハーバード大学ビジネススクール出身で，同大学研究助手としてビジネスポリシーのケース作成を行う。その後，ノースウエスタン大学経営大学院，スタンフォード大学，ニューヨーク大学などで教鞭を取る。シェンデルは，パーデュー大学教授としてアメリカのビール産業の競争戦略を歴史的かつ計量的に分析を行い，従来の経済学における産業組織論と企業レベルの戦略研究とを結合させるなど，計量的な戦略分析に貢献した。

▷競争優位性
⇨ Ⅳ-4 「競争優位とその源泉」

▷バリュー・マネジメント
バリュー・マネジメントとは，価値観に基づく経営を意味し，具体的には，ミッションやフィロソフィーなど企業の持つ価値観を具現化した概念に基づき戦略や組織をマネージしていくことである。バリュー経営やミッション経営などとも称される。

▷ドメイン
⇨ Ⅳ-3 「ドメインと競争地位」

どといった基準によってセグメントしグループ化した顧客層のことである。技術とは，製品やサービスの根源となる企業が持つ中核的な能力や資源のことである。この2次元でドメインの定義を考えることにより，環境変化に合わせて自社事業の領域・範囲を拡大，縮小することが可能となった。

その後，**エーベル**（Abell）は，伝統的な市場と技術の2次元による定義に，「顧客機能」を加えた3次元でドメインを定義することを提唱した。顧客機能とは，製品やサービスが満たすべき顧客ニーズのことである。市場が成熟し，顧客ニーズが多様化してくると，単にターゲットとする顧客層（市場）を明確にしただけの製品やサービスだけでは顧客の満足を得られず，顧客が求める製品やサービスに対する機能を明確にしたドメインが必要となってきたからである。このようにして，顧客機能，市場，技術の3次元でドメインを定義することが現在では主流となっている。

▷エーベル
⇨Ⅳ-3「ドメインと競争地位」

4 環境・資源の分析

ドメインの定義から戦略代替案の策定まで各戦略レベルに応じて行われるのが「環境・資源分析」である。環境における「機会」と「脅威」，自社のもつ資源の「強み」と「弱み」を抽出し分析（**SWOT分析**）することになる。「**環境**」は，政治・経済・社会・文化等のマクロ環境と，顧客・競合・業界等のタスク環境に分けられ，多様な分析手法が用いられる。「**資源**」には，ヒト（人材）・モノ（製品・サービス）・カネ（資金），および情報（技術・スキル・ノウハウ等）などがあり，これら資源の強み・弱みを正しく認識することが求められる。

▷ SWOT分析
⇨Ⅰ-3「経営戦略の理論体系」
▷環境
⇨Ⅲ-1「経営戦略と経営資源」
▷資源
⇨Ⅲ-1「経営戦略と経営資源」

5 経営戦略の策定プロセス

以上の3つの要素に基づき戦略代替案が作成されることになる。また，ミッションやドメインは，企業戦略レベル，事業戦略レベル双方において各々明確化および定義が行われなければならない。戦略の策定プロセスを図示すると**図Ⅰ-1**のようになる。

```
        ミッションの明確化
              ↓
    ┌──→ ドメインの定義 ←──┐
    │         ↓           │
  環境分析          資源分析
    │         ↓           │
    └──→ 戦略代替案の策定 ←──┘
```

図Ⅰ-1　経営戦略の策定プロセス

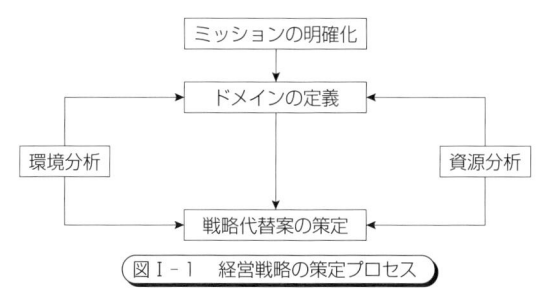

出所：筆者作成。

I　経営戦略の概念と体系

5　経営戦略のレベルと対象範囲

1　経営戦略のレベル

　戦略は，企業活動全体に影響を及ぼすレベルから，単一の事業レベル，さらには製品レベルまでとその広がりと深さにより違いが出てくる。企業活動全体にかかわる戦略を「企業戦略（corporate strategy）」，多角化した企業の事業分野ごとの戦略を「事業戦略（business strategy）」と呼ぶ。しかし，単一の事業を営む企業，特に**中小企業**や**ベンチャー企業**では，企業戦略と事業戦略が同一のものとなる。また，事業戦略のレベルでは，競争戦略（competitive strategy）が重要な役割を果たすことになる。さらに，各事業には，生産，研究開発，人事，財務，マーケティングなどといった諸機能があり，この機能ごとに策定される戦略を「機能別戦略（functional strategy）」と呼ぶ。これら各レベルの戦略関係を表したのが**図Ⅰ-2**である。

```
企業戦略レベル            全体戦略
                      ┌──────┼──────┐
事業戦略レベル      A事業戦略 B事業戦略 C事業戦略

機能別戦略レベル   生産戦略 人事戦略 財務戦略 マーケティング戦略
```

図Ⅰ-2　経営戦略のレベル

出所：筆者作成。

▷**中小企業**
中小企業（中小企業者の範囲）については，1999年12月に公布・施行された「新・中小企業基本法」により，製造業・建設業・運輸業などの場合，資本金3億円以下または従業員300人以下，卸売業の場合，資本金1億円以下または従業員100人以下，サービス業の場合，資本金5000万円以下または従業員100人以下，小売業の場合，資本金5000万円以下または従業員50人以下と定義されている。

▷**ベンチャー企業**
⇨ⅩⅡ-1「起業とは」

2　経営戦略の対象範囲拡大

　わが国経済は平成不況を契機として構造変革期に突入し，企業を取り巻く環境の変化は激しく，かつ複雑・不確定な状況下にある。特に，規制緩和を伴った経済の「グローバル化」，IT（情報技術）を中心とした「技術革新」の進展，地球的規模の環境負荷に対する「**環境保全**」の高まり，「少子・高齢化社会」の到来は，従来からの経営手法では到底対応ができない状況にまで，企業を追いこんでいる。

　そして，企業の戦略が対象とする範囲もこれにつれ拡大し，**図Ⅰ-3**のような戦略概念枠で考えていく必要性が出てきている。

　伝統的な戦略論が対象としてきたのは既存の市場であり，経済的成果を得る

▷**環境保全**
⇨ⅩⅠ-2「環境問題と企業経営」

ための事業展開にかかわる戦略が主体であった。また，戦略経営の視点からは，戦略の有効性を高める重要な要素として組織構造にかかわる戦略が課題となっていた。しかし，環境保全や企業倫理など企業の社会性が問われる問題が頻発してくると，市場性を重視した戦略のみではなく**社会的責任**や社会貢献などの社会性を伴った戦略の展開も求められてくる。

```
            （市場性）
             事　業
              │
（創造性）社　員─経営戦略─組　織（効率性）
              │
             社　会
            （社会性）
```

図Ⅰ-3　経営戦略の対象範囲拡大

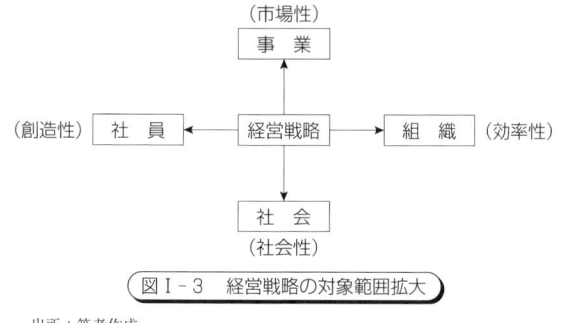

出所：筆者作成。

▷ **社会的責任**（Social Responsibility）
企業が社会の中で果たすべき責任を意味する。近年では，世界的レベルで多発する企業の不祥事や環境保全問題への意識の高まりなどから，企業倫理や法令遵守の重要性が高まってきており，法的責任，経済的責任，倫理的責任，社会貢献的責任などを包含するCSR（Corporate Social Responsibility）の議論が活発化している。

　さらには，グローバル化の進展に伴い，終身雇用や年功序列制といった集団主義・家族主義的な日本型経営が行き詰まりを見せ，グローバル・スタンダードとなりつつある欧米型の能力主義・個人主義的な経営が台頭してくると，社員個々人の創造性や革新性など個人的能力を重視した戦略の展開が求められてくる。

　このようにして，現代企業の戦略では，事業の市場性に加え社会性を，組織の効率性に対し社員個々人の創造性を取り入れた「戦略の範囲拡大」が重要な課題となってきている。

③ 大企業と中小・ベンチャー企業の経営戦略の違い

　中小・ベンチャー企業の戦略の特質として，まず大企業の戦略と異なるのは，企業戦略レベルにおいて，創業者の強烈な事業意欲が成長への引き金となっていることである。明文化されないにせよ，その意思は経営理念として語られ，経営の支柱となっている。つまり，創業者の価値観が経営戦略の策定・実行に大きく影響している。

　次に，事業戦略レベルにおいて，単一事業に集中した戦略を展開していることである。大企業のような多角化やそれに伴う経営資源の配分を主体とした戦略内容ではなく，中小・ベンチャー企業は独自の技術やノウハウをコア・コンピタンスとしたドメインに，自社の経営資源を集中する戦略内容となっている。

　そして，機能別戦略レベルにおいて，単一事業に集中した戦略を展開するにあたって，不足する技術やノウハウ，経営資源をいかに補強するかに戦略的関心が極めて高いことである。大企業の場合，余剰資源の有効活用の観点から多角化への戦略的関心度が高いが，中小・ベンチャー企業は先発者の優位性を確保するため経営資源の分散を防ぐとともに，外部資源の活用などに関心が高い。

I 経営戦略の概念と体系

6 経営戦略の新潮流

① 経営戦略論の4つのアプローチ

戦略論の史的変遷からすると，当初は，企業を取り巻く環境にいかに適応するかが戦略論の主眼であり，環境の機会と脅威を分析し，その中での自社の位置づけを考える「**ポジショニング・アプローチ**」が中心であった。その後，企業内部の資源や能力に注目し，他社にはマネのできない独自の競争優位性をもたらす資源に価値を見出す「**リソース・ベースト・アプローチ**」が登場した。いわゆる，戦略は外部適応か内部統合かという議論である。

しかし，これまで比較的静態的（static）であった環境が，より動態的（dynamic）な環境へと変化してくると，戦略のポジショニング分析や資源展開のあり方のみならず，それらを実行するプロセスが問題となってきた。そこで，登場してきたのが，外部適応の側面では，動態的な環境下における企業間の相互作用プロセスに焦点をあてた「**ゲーム・アプローチ**」であり，内部統合の側面では，資源，その中でも情報的資源が蓄積されるプロセスそのものに着目する「**ラーニング・アプローチ**」である（図Ⅰ-4）。

▷ポジショニング・アプローチ
⇨Ⅳ-4「競争優位とその源泉」

▷リソース・ベースト・アプローチ
⇨Ⅳ-4「競争優位とその源泉」

	静態的（static）	動態的（dynamic）
外部適応	ポジショニング	ゲーム
内部統合	リソース・ベースト	ラーニング

図Ⅰ-4　経営戦略論のアプローチ

出所：青島矢一・加藤俊彦『競争戦略論』東洋経済新報社，2003年，26頁の図を基に筆者が加筆修正。

② ゲーム・アプローチ

ゲーム・アプローチは，経済学の分野ですでに用いられていたゲーム理論（game theory）を戦略論にも応用したもので，競合企業の反応を考慮した自社の最適行動や，競合企業に影響を及ぼすような自社の行動といった戦略的行動に注目し，企業間の相互作用の分析が行われる。

つまり，ポジショニング・アプローチは，すでに決まったパイをいかに奪い合うかといった競争に焦点をあてているが，ゲーム・アプローチは，パイを作

▷ゲーム・アプローチ
⇨Ⅳ-7「ゲーム理論の競争戦略への応用」

り出すときには協力し，そのパイを分けるときには競争するという点に注目しているのである。ネイルバフ＝ブランデンバーガー（Nalebuff & Brandenburger）は，競争（Competition）と協調（Cooperation）の視点から，これを**コーペティション（Co-opetition）経営**と呼んでいる。

彼らは，自社が参加するゲームの状況を視覚的にとらえ，その相互依存関係を理解することができるように「価値相関図」に基づいて分析する意義を唱えている（価値とは，すべてのプレイヤーがゲームに参加した場合のパイの大きさを指す）。また，ゲームの状況を自社に有利となるよう変えるには，ゲームの5つの要素（PARTS）の少なくとも1つの要素を変える必要があるとしている。5つの要素とは，「プレイヤー（**P**layers）」「付加価値（**A**ddsd Values）」「ルール（**R**ules）」「戦術（**T**actics）」「範囲（**S**cope）」のことである。

しかし，ゲーム・アプローチについては，まだ方法論上の課題が残されている。

▷コーペティション経営
⇨Ⅳ-7「ゲーム理論の競争戦略への応用」

３ ラーニング・アプローチ

ラーニング・アプローチは，従来からの長期的デザインから短期的行動を演繹的に導き出す伝統的な戦略論とは異なり，帰納的な方法で組織の戦略創造能力を高めていこうとする戦略理論である。つまり，リソース・ベースト・アプローチは，静態的な環境を前提に，「どのような資源が重要なのか」を追求していたが，ラーニング・アプローチは，環境が動態的に変化する中で「より有効な資源を獲得するためにはどうすればよいのか」に焦点をあてているのである。

そして，ラーニングアプローチは，持続的な競争優位の源泉として「組織能力」と「組織学習」に注目する。企業がどれほど豊富な資源をもっているとしても，それだけでは競争優位を獲得することはできない。資源を他社とは違うやり方で組み合わせて活用する組織能力が真の競争優位の源泉となる。類似の概念として，ハメル＝プラハラード（Hamel, G.& Prahalad, C. K.）の**コア・コンピタンス**がある。さらに，組織能力は，試行錯誤の結果として創発的に獲得されることが多いことから，組織学習の視点が重要となってくる。組織学習は，組織ないし組織構成員が組織活動を通して，経験や知識を獲得することである。アージリス（Argyris, C.）は，組織学習を，既存の価値観や規範の下で，それらを評価基準・枠組みとして行動を修正していく「シングル・ループ学習」と，価値観や規範それ自体を変革する「ダブル・ループ学習」の2つに分類している。組織学習の多くはシングル・ループ学習であるが，激変する環境への適応やイノベーションの必要性に迫られた場合には，既存の価値観や規範を変更するダブル・ループ学習が求められる。

▷ラーニング・アプローチ
⇨Ⅳ-4「競争優位とその源泉」

▷コア・コンピタンス
⇨Ⅲ-7「PPMの限界とコア・コンピタンス」

(参考文献)
青島矢一・加藤俊彦『競争戦略論』東洋経済新報社，2003年。
十川廣國『経営戦略論』中央経済社，2006年。

Ⅱ 製品市場戦略と多角化

1 製品・市場マトリックス

1 多角化の意味とその歴史

多角化の最も一般的な分類は，垂直的多角化，水平的多角化，コングロマリット的多角化である。3つの種類の多角化は，ある製品が原材料から加工段階を経て消費者に購入されるまでの過程をみていくとわかりやすい。繊維製品を例にとると，例えば綿のシャツは綿花をつむいで糸を作る紡績業，この糸を織って布を作る織物業，綿布に色をつける染色業，染色された布を縫って衣類を作る縫製業などの過程を経て消費者の手に渡る。綿花が加工されて消費者に渡るまでの過程を川の流れにたとえて，加工度の低い段階を川上，加工度が高く消費者に近い段階を川下と呼んでいる。この流れの中で，綿織物を営んでいる企業が上流の紡績業や下流の縫製業に進出して事業を多角化することを垂直的多角化と呼ぶ。

また，綿織物を営んでいる企業が絹織物業や毛織物業に進出する場合は水平的多角化と呼ばれる。これに対し，綿織物の企業が食品業や建設業など，本業と技術的関連の全くない事業領域に多角化することもあるが，技術的関連のない事業を数多くもつことによって多角化していくことをコングロマリット的多角化と呼んでいる。

アメリカでは1960年代に企業買収がさかんになり，買収による多角化戦略がよくみられるようになった。同時に独占禁止法が強化されたため，異業種の買収もさかんになり，コングロマリット的多角化も目立つようになった。このような現実を背景に，1960年代から70年代にかけて**アンゾフ**（Ansoff, H. I.），チャノン（Channon, D. F.），ルメルト（Rumelt, R. P.）などの多角化についての研究成果が発表された（河野，1999，42頁）。

しかし，河野豊弘によれば，1980年代になると多角化の欠点が目立つようになったため，**シナジー**（synergy）が重視されるようになり，こうした視点に立つピーターズとウォーターマン（Peters, T. J. & Waterman, R. H.）らの研究が注目されるようになった。本章ではアンゾフの多角化戦略理論からみていくことにする。

2 アンゾフの多角化戦略論

アンゾフは多角化を企業の成長戦略の1つとしてとらえ，成長ベクトル（図Ⅱ-1）を提唱している。事業を市場と技術によって定義し，市場を既存市場

▷アンゾフ（Ansoff, H. I., 1918～2002）
米国の経営学者。経営戦略理論の創始者。主著に『経営戦略論』がある。「戦略は組織（風土）に従う」という命題を掲げた。変革の戦略策定に対し，変革に抵抗する組織の力で，戦略の実践が困難になるという現実を重視し，変革的経営戦略の実行には，組織文化・組織能力・組織学習が必要と説いた。

▷1　アメリカでは1950年にセラー＝キィーフォーヴァー法が成立し，垂直的企業統合および水平的企業統合が厳しく規制された。しかし，コングロマリット的な統合は規制されなかったため，企業成長を目的とした投資はコングロマリット的な投資に集中することになった。

▷シナジー
⇨ Ⅱ-5 「シナジーと中核能力」

と新規市場に，技術を既存技術と新規技術とに分けると企業の製品・市場戦略は4つから構成されることになる。

　企業が製品も市場も変えることなく成長をめざそうとするのが市場浸透（market penetration）戦略である。「①現在の顧客が製品を購入する頻度と量を増大させる，②競争相手の顧客を奪う，③現在製品を購入していない人々を顧客として獲得する」（石井他，1985，109頁）などの方法で成長をめざす戦略である。

	製品（技術）	
市場	既　存	新　規
既　存	市場浸透戦略	製品開発戦略
新　規	市場開発戦略	多角化戦略

図Ⅱ-1　成長のベクトル

出所：Ansoff, H. I., *Corporate Strategy*, 1965.（広田寿亮訳『企業戦略論』産業能率大学出版部，1969年）

　既存の製品を新しい市場で販売し，成長していこうとするのが市場開発（market development）戦略である。企業はこれまで販売してこなかった地域に既存の製品の売込みをはかる，あるいは，既存の製品の仕様を少し変えて，これまでとは異なる年齢層に売り込みをはかるなどの方法で販売高を増やしていく。

　これに対して，従来と同じ顧客に新しい製品を販売することによって成長していこうとする戦略は製品開発（product development）戦略と呼ばれる。製品開発には技術革新によって製品の品質を向上させたり，新しい機能を付け加えたりする方法がある。

　そして最後に，新しい製品（技術）で新しい市場を開拓する多角化（diversification）戦略がある。多角化戦略は企業が製品と市場の両方において事業領域を拡大することによって成長しようとする戦略である。

③ なぜ多角化戦略をとるのか

　企業が多角化戦略をとる理由には，①未利用資源の有効活用，②**魅力的な事業の発見**，③既存事業の衰退，④リスク分散，⑤シナジー効果の追求などをあげることができる（亀川他，1999，162頁）。製品にはライフサイクルがあるため，現在成長し，利益を獲得している事業でもやがて衰退していくことになる。そこで，企業が単一の事業に依存している場合にはこの事業の衰退と同時に企業も衰退していかざるをえない。多角化戦略をとる企業は，一部の事業が衰退していく場合でも，他に成長事業をもっていれば，企業の成長を維持することができる。また一部の事業において不況で業績が悪化した場合でも，不況の影響を受けない事業をもつ場合には企業全体の業績が悪化することを防ぐことができ，リスクを分散することができる。企業が多角化戦略をとる最も重要な理由は，シナジー効果を高めることである。シナジー効果はいくつかの事業が経営資源の共有や相互補完によって経営効率を高め，したがって業績を高めることができる効果のことである。

▷魅力的な事業の発見
規制緩和など環境変化によって，新たな事業領域が発見される場合などがある。

参考文献
Ansoff, H. I. *Corporate Strategy*, 1965.（広田寿亮訳『企業戦略論』産能大学出版部，1969年）
河野豊弘『新・現代の経営戦略：国際化と環境適応』ダイヤモンド社，1999年。
石井淳蔵・奥村昭博・加護野忠男・野中郁次郎『経営戦略論』有斐閣，1985年。
亀川雅人・松村洋平『入門経営戦略』新世社，1999年。

Ⅱ 製品市場戦略と多角化

2 多角化のパターンと企業成長

1 多角化のパターン

多角化は企業の業績にどのように貢献するのであろうか。この問題に関してはアメリカ企業についてのルメルトの研究がある。日本企業については吉原英樹らの研究が知られているが、彼らはまず、多角化をベースとした企業戦略を7つに分類している（吉原他，1981年，14頁）。多角化の程度が最も低いタイプは専業型（Single）と呼ばれる。最大の売上高をもつ事業がその企業の売上高のほとんどを占めているような企業である。多くの製品をもつが、製品分野が素材・加工・最終製品の長い生産工程でつながっているような企業は垂直統合型（Vertical）と呼ばれる。

製品分野に上述のような関連をもたないものを吉原らは多角化と呼び、それを本業中心型（Dominant）、関連型（Related）、非関連型（Unrelated）の3つに分類している。本業中心型とは企業全体の売上高の大部分を占めるような事業をもち、かつ多少の多角化をしているケースであり、関連型は本業といえるような比重の大きい分野が1つあるわけではないが、ほとんどの事業が市場や技術などに関して何らかの関連をもっているケースである。非関連型は技術・市場などの関連をもつ事業をほとんどもたないケースである。

多角化のタイプは5つに分けられ、本業中心型と関連型にはさらに集約型と拡散型の2種類がある。集約型は事業分野間の関連が網の目状に緊密にあるもので、少数の種類の経営資源をさまざまな分野で共通利用するような多角化のタイプである。拡散型は、さまざまな経営資源が企業内に蓄積され、緊密な共通利用関係をもつものではない。拡散型の典型は、保有する経営資源をテコに

▷ルメルト（Rumelt, R. P.）
主著は *Stategy, Structure, and Economic Performance*, 1974（鳥羽欽一郎他訳『多角化戦略と経済成果』東洋経済新報社，1977年）。この研究はハーバード・ビジネススクールの援助によって行われたもので、戦略と組織の間の相関性を明確に分析した初めての研究といわれている。

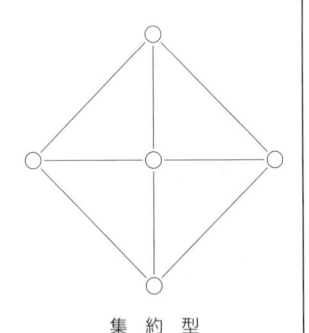

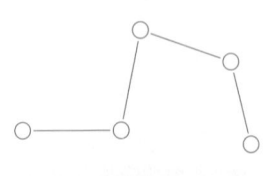

集約型

拡散型

図Ⅱ-2　集約型と拡散型
出所：表Ⅱ-1に同じ，15頁。

表Ⅱ-1　多角化の戦略タイプ

1. 専業戦略（*S*：Single）
2. 垂直的統合戦略（*V*：Vertical）
3. 本業中心多角化戦略（*D*：Dominant）
 ①集約的なもの（*DC*：Dominant-Constrained）
 ②拡散的なもの（*DL*：Dominant-Linked）
4. 関連分野多角化戦略（*R*：Related）
 ①集約的なもの（*RC*：Related-Constrained）
 ②拡散的なもの（*RL*：Related-Linked）
5. 非関連多角化戦略（*U*：Unrelated）

出所：吉原英樹・佐久間昭光・伊丹敬之・加護野忠男『日本企業の多角化戦略』日本経済新聞社，1981年，14頁。

表Ⅱ-2 多角化と企業成長の回帰分析

変数＼サンプル（企業数）	全体 (106)	低度多角化グループ (39)	中度多角化グループ (32)	高度多角化グループ (35)
多角化度指数の変化（ΔDI）	0.030 (0.93)	−0.088 (1.42)	−0.074 (0.93)	0.127[a] (2.91)
多角化度指数（DI）	0.053[a] (2.73)	0.032 (0.72)	−0.005 (0.09)	0.078[c] (1.87)
投下資本収益率（ROC）	0.201[a] (3.23)	−0.012 (0.08)	0.223[b] (2.59)	0.326[a] (3.17)
企業規模（X_S）	0.047 (0.13)	1.680[b] (2.63)	0.475 (0.47)	−1.258[a] (2.73)
産業成長率（X_G）	0.543[a] (5.08)	0.033 (0.13)	0.751[a] (4.61)	0.621[a] (3.71)
定数	6.916	−2.698	−6.200	20.374
$\bar{R}^2$	0.309	0.199	0.483	0.531

（注） 1：カッコ内は t 値
2：回帰の従属変数は売上成長率（GSL）
3：a）1％で有意 b）5％で有意 c）10％で有意

出所：表Ⅱ-1に同じ，156頁。

新分野に進出し，その新分野で蓄積した経営資源をベースにさらに新しい分野に進出するというパターンである。

2 多角化と企業成長

吉原らは日本企業106社を対象に，多角化の度合いと企業成長の関係についての分析を行った。すなわち，この106社を低度多角化グループ（専業型S，垂直型Vがこれにあたる），中度多角化グループ（本業・集約型DC，本業関連型DL，関連・集約型RC），高度多角化グループ（関連・拡散型RL，非関連型U）の3つに分け，それぞれ企業成長との関係を分析した。その結果，多角化度の変化量（ΔDI）の関数は3つのグループの間で大きく異なっており，高度多角化グループだけで有意な正の係数が出た。すなわち，追加的な多角化度の増大が企業成長の増大に有意に結びついているのは高度多角化グループだけであった。低度多角化，中度多角化の2グループは，係数は有意でないが負の符号をもつ。つまりこの2つのグループの企業では，追加的な多角化度の増大は企業成長にとって促進要因ではなく，むしろ阻害要因であった。

また，状態としての多角化度（DI）の企業成長への影響は，低度多角化，中度多角化グループにおいて有意なものではなく，高度多角化グループだけが，多角化度が成長率の有意な要因，しかも促進要因となっていた。

以上の分析の結論は，多角化の程度が高くないときは，追加的な多角化度の増大は企業成長をもたらさないのに対して，すでに高度に多角化している企業においては，追加的な多角化度の増大は企業成長率を有意に高める，というものである。

▷1 吉原英樹は，技術シナジーを追求する多角化をこの2種に分類したが，実際の事例においては，集約型あるいは拡散型のいずれかに完全に一致することはなく，両者の混合型である場合が多いと述べている（吉原英樹「多角化とダイナミックシナジー」伊丹・加護野・伊藤編『日本の企業システム2 組織と戦略』有斐閣，1993年，93頁）。

参考文献

鳥羽欽一郎他『多角化戦略と経済成果』東洋経済新報社，1977年。

吉原英樹・佐久間昭光・伊丹敬之・加護野忠男『日本企業の多角化戦略』日本経済新聞社，1981年。

II 製品市場戦略と多角化

3 多角化のパターンと経営成果

1 経営成果の日米比較

次に吉原らは多角化と経営成果との関係についても分析し、アメリカ企業に関して同様の分析を行ったルメルトの調査結果と比較している。それによると収益性については日米の類似性は大きいのに対し、売上成長率については相違が目立った。日本では、多角化を進めれば進めるほど売上高が成長するのに対し、アメリカでは多角化と売上高成長性との間にこうした関係が認められない。売上成長率に違いが出たのは、調査対象期間の両国の経済成長の速度、産業構造の変化の速度の相違からもたらされたのではないかと吉原らは推測する。

▷1 経営成果には市場の成長率や市場集中度など、多角化戦略以外の要因も影響してくる。ルメルトの研究はこうした要因を考慮に入れていないが、吉原らはこうした要因も考慮して分析を行った。

2 多角化と収益性

収益性は中度の多角化企業において最も高く、低度・高度の多角化ではそれより低くなっている。すなわち、本業集約型(DC)と関連・集約型(RC)は日米とも収益性が最も高くなっている。高度多角化企業において収益性が下がってくるのは、「多角化を過度に進めると、過大な資金需要が企業内に生じるが、その資金需要を満たすに足るだけの収益性を維持することは、多角化の進行とともに困難になってくる」(吉原他、1981、159頁)ためである。

表II-3 戦略タイプの経営成果の日米比較

経営成果 戦略タイプ	投下資本収益率 (ROC)		自己資本利益率 (ROE)		売上成長率 (GSL)		利益成長率 (GER)	
	日本	米国	日本	米国	日本	米国	日本	米国
垂直型 (V)	−2.24	−2.28	−1.79	−2.46	−1.76	−1.59	−0.25	−1.38
専業型 (S)	0.57	0.29	1.08	0.56	−0.99	−1.84	−5.14	−3.91
本業・集約型 (DC)	4.28	2.19	1.50	2.27	−1.36	0.47	−0.01	0.36
本業・拡散型 (DL)	−0.88	−1.83	1.49	−2.36	0.87	−2.08	−1.56	−0.62
関連・集約型 (RC)	2.67	1.45	1.77	1.47	2.55	0.61	3.18	1.67
関連・拡散型 (RL)	−1.14	−0.09	−0.89	−0.36	1.25	−0.95	3.05	−1.57
非関連型 (U)	−2.26	−1.1	−1.67	−2.26	0.14	−2.91	1.17	−0.94
全体平均	13.13	10.52	10.78	12.64	14.59	9.01	11.56	8.72
F検定の限界有意水準	0.03	0.001	0.1	0.005	0.02	0.05	0.01	0.1
二国間の相関係数	0.92[a]		0.65[c]		0.24		0.71[b]	

(注) 1:米国企業のデータはRumelt〔1974〕
2:各戦略タイプの成果は全体平均からの偏差で示してある
3:a) 1%で有意 b) 5%で有意 c) 10%で有意
出所:表II-1に同じ。160頁。

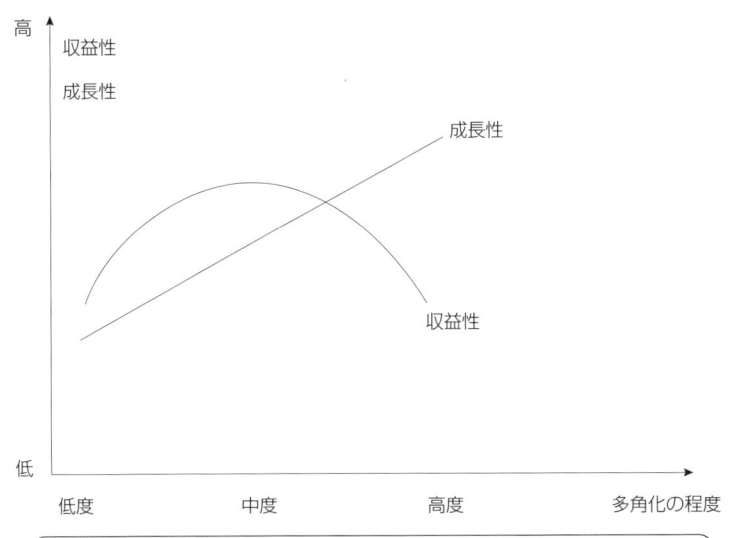

図Ⅱ-3 多角化と成果（収益性，成長性）の関係についての実証結果の概念図

出所：表Ⅱ-1に同じ，181頁。

3 多角化の程度と成長性・収益性

このように吉原らの調査によれば，多角化の程度が増大するにつれ，成長性は直線的に増大するのに対し，収益性は中程度の多角化までは増大するが，高度の多角化では下がるということがわかる。吉原らの調査から「収益性を高めるためには，コアとなるある種のスキルを中心として関連性の多角化を行う必要があるが，成長性を高めるためには時に基軸をはなれて多角化する必要がある」（石井他，1996，116頁）ということが明らかになる。

つまり，企業が収益性を重視する戦略をとるのであれば，多角化を抑制する必要がある。他方，企業が成長性を重視する戦略をとるのであれば，思い切って高度な多角化を目ざせば良いことになる。

4 多角化のルートと成果

ところで，企業が多角化を進める場合，どのようなルート（道筋）で進めるのが，業績の面からみて，良いのであろうか。吉原らの分析によれば，日本企業には以下の主要な**多角化の3つのルート**があった。

① S → V
② S → DC → RC → RL
③ S → DL → RL

これらの3つのルートを収益性と成長性の視点から比較すると①が最も劣っており，③が最も高いパフォーマンスを達成していることがわかった。

▷多角化の3つのルート
①のタイプは専業型（S）から出発して垂直型へ向かうルートである。これに対して専業型から出発して本業・集約型（DC）に向かうのが②であり，本業・拡散型（DL）に向かうのが③のタイプである。

参考文献

吉原英樹・佐久間昭光・伊丹敬之・加護野忠男『日本企業の多角化戦略』日本経済新聞社，1981年。

石井淳蔵・奥村昭博・加護野忠男・野中郁次郎『経営戦略論』（新版）有斐閣，1996年。

Ⅱ 製品市場戦略と多角化

4 多角化の利点と成功を規定する原則

1 多角化の利点

▷範囲の経済
⇨Ⅹ-3「グローバル経営戦略の理論的背景」

多角化の利点には①成長率を高めること，②**範囲の経済**（economy of scope）を拡張すること，③リスクを分散すること，④税金を減少させること，⑤製品相互の援助（cross-subsidization）により競争上の利点をつくり出すこと，⑥昇進の機会と雇用の安定を高めることなど6つがあげられる（河野，1999，52-56頁）。

①成長率を高める

多角化が企業の成長にとって大きな役割を果すことは，前節のルメルトや吉原らの分析結果からも明らかであるが，河野は日本のカメラ業界を例にあげ，多角化を推進して高い成長率を達成したキヤノンやリコーとカメラのみにとどまったマミヤ光機（倒産）やヤシカ（京セラが買収）を比較している。

②範囲の経済を拡張する

例えば5つの事業をもつ1つの企業は，1つの事業をもつ5つの企業の合計よりも少ない費用で運営されるのが普通であるが，この費用節約効果は範囲の経済と呼ばれる。範囲の経済は**シナジー効果**によって説明される。

▷シナジー効果
⇨Ⅱ-5「シナジーと中核能力」

企業が複数の製品を製造・販売する場合に，同じ経営資源をいくつかの製品が共に利用できるのであれば，1つの製品を製造・販売するためのコストを引き下げることができ，また品質を向上させることができる。複数の製品が経営資源を共有することから生まれるこのような有利性はシナジー効果と呼ばれるが，多角化によって**経営資源**を共有する製品の数や比率が高まれば，シナジー効果も高くなる。

③リスクを分散する

▷経営資源
経営資源には原材料や販売網などがあるが，知的財産のような経営資源を共有できる場合には，シナジー効果がいっそう高いものとなる。特許やノウハウなどは使っても減少しないので，これらを共有して複数の製品を製造する場合には有利性が高まるためである。
⇨Ⅲ-1「経営戦略と経営資源」

2つ以上の製品の売上げや利益が相互に無関係に動く場合には，2つ以上の製品をもつことによって売上げや利益を安定させることができる。例えば，景気変動を強く受ける製品とほとんど受けない製品を同時にもつことによってもこうした効果を得ることができる。

④税金を減少させる

企業が既存の事業で大きな利益をあげた場合，支払うべき税金も大きなものとなる。そのような場合，企業は新規事業への投資を増大させ，税額を減らそうとすることが多い。企業が既存の事業で利益をあげているうちに，新規事業

の種をまき，現在の税金を減らすと同時に将来の利益をもたらす事業を立ち上げていかなければならない。

⑤製品相互の援助による競争上の利点をつくり出す

企業がA製品とB製品をもち，B製品が独占的な市場シェアをもち十分な利益を得ている場合，企業はA製品を非常に安く販売し競争相手を市場に参入させない戦略をとることができる。河野はこのような事例として，大型コンピュータや半導体の利益をパソコンに注ぎ，パソコンを非常な低価格・高性能で売り出して，一挙に市場占有率を高めた富士通のケースをあげている。

⑥昇進の機会と雇用の安定を高める

多角化によって事業が増えることは，事業部などが増加し，ポストも増加するため昇進の機会が増える。また，上述のリスクの分散により，企業の収益が安定するため，従業員の解雇などを回避することができる。

次に河野は問題のある多角化として，①成長性のない製品を取り入れて多角化すること，②シナジーがなく競争力がない製品によって多角化すること，③多角化によって力が分散して，本業がおろそかになることの3つをあげている。

❷ 多角化を成功させる原則

多角化を成功に導く原則としては①製品のライフサイクル，②経験曲線，③シナジーと中核能力，④分散投資，⑤差別化の5つをあげることができる（河野，1999，66頁）。

いろいろなライフサイクルの各期の製品を持って多角化すれば，企業は安定し，リスクの高い新製品を支援しうる。

経験曲線（experience curve）とは規模の利益により，原価は累積生産量が二倍になるとともに20％ないし30％下がるという説である。企業は市場占有率を高めることによって累積生産量を高めることができ，コスト面での優位性を確保することができる。

「シナジーと中核的能力」は多角化を成功させるために特に重要な原則と思われるので，次節において詳しく取り上げることにする。

分散投資は多角化の利点の1つとして既に述べたように，企業が，売上高や利益額が相互に反対に動く，あるいは無関係に動くいくつかの製品をもつことである。

差別化は品質，価格，ブランド名，デザイン，包装，販売経路，サービスなどによって差をつけて，価格競争を避け，高い価格でも売れるような状態をつくる戦略のことである。差別化された製品をもつ企業の業績は高いことが知られている。

▷1　西武セゾングループは西武百貨店，西友などの流通を中核事業としていたが，ホテル事業（インターコンチネンタルホテルの買収），不動産事業（西洋環境開発）など中核事業のノウハウを利用することができない事業への多角化は，シナジー効果をあげることができず，ことごとく失敗した。

▷2　例えば，季節変動に対して売上高・利益が反対，ないし無関係に動く製品として扇風機と暖房機，釣具とゴルフ用品，アイスクリームとチョコレートなどの組み合わせが考えられる。

参考文献

河野豊弘『新・現代の経営戦略：国際化と経営戦略』ダイヤモンド社，1999年。

II 製品市場戦略と多角化

5 シナジーと中核的能力

1 シナジーの3つの側面

　シナジー効果とは，複数の製品を生産・販売する際に，生産設備や流通網などの経営資源を製品相互が共通利用することによってコストを引下げ，品質を向上させることができる効果のことである。

　河野は，シナジーには製品構成のシナジー，能力のシナジー，業績のシナジーの3つの側面があることを指摘している。製品構成のシナジーとは，いくつかの製品の間に類似性があることである。そのため，必要とする能力が似ており，そこから能力のシナジーが得られる。能力を共通利用することによって能力の強化が可能になる。

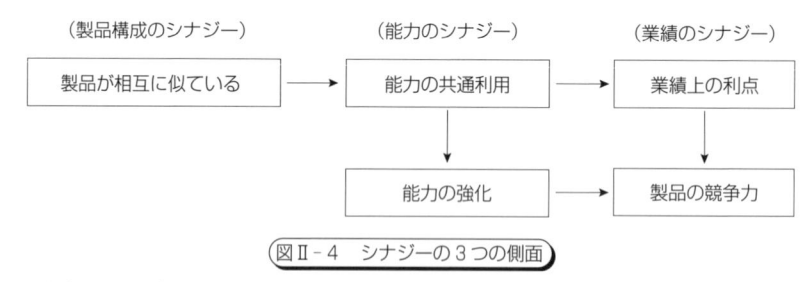

図II-4　シナジーの3つの側面

出所：河野豊弘『新・現代の経営戦略：国際化と経営戦略』ダイヤモンド社，1999年，64頁。

　能力のシナジーとは，例えば「製品間に研究開発能力の共通性があったり，設備の共通利用が可能であれば，1つの製品をつくる場合だけよりも品質がよくなり，コストが下がりうる」ことである。販売網を共通利用するような場合には，1つの製品だけを販売網に乗せるよりは強力な販売が可能になる。

　業績のシナジーとは，製品構成のシナジーと能力のシナジーから最終的にもたらされるものである。

2 能力の共通利用

　河野はこれらの要因の中で能力の共通利用が最も重要であると述べている。彼によれば能力の共通利用には，①生産設備や販売能力の共通利用，②公共財の共通利用，③補完的能力の強化，④時系列のシナジーによる能力の強化の4つがある。

　生産設備や販売能力を共通利用することによって，企業は少ない追加費用で

表Ⅱ-5　多角化の成功要因と失敗要因

成功要因	失敗要因
1　ライフサイクル初期の製品を持つ。成長製品を主力製品としている	1　ライフサイクル末期の製品を主力製品とする
2　シナジーのある製品構成で競争力がある	2　本業が弱い，中核的能力がない
3　業績が相互に関係なく動く製品に分散投資している	3　需要変動の大きい業種（造船，工作機械など）に専門化しすぎる
4　差別化されている製品構成を持つ	4　原材料など差別化の困難な製品構成（セメント，非鉄金属など）

出所：表Ⅱ-1に同じ，79頁。

　新しい製品を生産・販売することができ，また品質も高めることができる。

　公共財とは企業の中に共有されている知識や情報のことである。知識や情報は使用しても減少しないので，追加費用がゼロで利用できるため，これを共有できる製品が多ければ多いほど，競合他社に対する優位性が高くなる。

　たとえば，コンピュータと半導体を生産・販売するとき，エレクトロニクスやシステムについての能力，すなわち補完的能力をともに強化することができる。しかも補完的能力が強化されれば中核的能力も強化されることになる。河野は，アイアンのゴルフクラブと高級台所用品とを生産することによって，金属の生産，加工，メッキなどの中核的能力を強化することができた，新潟県燕市の生産者の例をあげている。本田技研が2輪車エンジンや車両の生産・販売の能力を利用して4輪車に参入したのは，時系列のシナジーによって能力を強化した事例である。

3　多角化と成功要因

　ルメルトや吉原らの調査にみたように，シナジーを基準に多角化を類型化する方法はよく用いられる。それはシナジーが多角化の原理として最も重要であるからである。河野は日本の製造業大企業203社の10年間（1983～1993年）の業績を多角化の類型別に調査した。その結果「企業の成長率は，マーケティングと技術双方関連の多角化企業が最も高い」ことなど，ルメルトや吉原らの調査とほぼ同様の調査結果が得られた。

　多角化はシナジー効果などによって，企業成長と企業業績に大きな貢献をすることができる。しかしその反面，「資源投入が分散されて，本業がおろそかになる」リスクも合わせもつ。河野は多角化を成功させるためには，次のような製品構成となるように注意を払うことが必要であると主張している。

　①業界の魅力度と自社の競争力からみて，問題製品と花形製品と収穫製品のバランスを保つ。
　②技術関連，マーケティング関連の製品をもつ。
　③差別化の可能な製品構成をもつ。
　④業績の動きが反対になるような製品構成をもつ。

▷1　激しい技術開発競争が展開されている電機メーカーなどでは，近年多角化と逆行する動きである「選択と集中」がキーワードになっている。激しい技術開発競争の中で競争優位を確保するためには，その企業にとって中核となる製品や事業を絞り込み（選択し），これらの製品や事業に経営資源を集中的に投入することが求められるようになった。日本にはかつて多くの総合電機メーカーが存在していたが，「選択と集中」によって中核事業への絞り込みに成功したメーカーが業績を向上させる一方で，総合電機メーカーのままとどまる企業では業績が低迷している。

III 資源展開戦略とPPM

1 経営戦略と経営資源

① 経営戦略と資源展開戦略

　企業を取り巻く**経営環境**はつねに変化しており，企業が長期持続的に成長するためには，経営環境の変化に自らの行動を適応させていく必要がある。そして，企業が環境変化に適応して有効な行動をとるには，変化する経営環境の中で自社の未来を拓いていくための長期的な将来構想としての経営戦略を描くことが不可欠である。

　ただ，企業の経営活動は経営資源（business resources）を用いて行われるものであり，企業の経営戦略は企業にとって利用可能な経営資源によって大きく左右される。したがって，企業が戦略を策定し実行するに際しては，経営資源をいかに調達ないし蓄積・獲得し，そしてそれらをいかに有効かつ効率的に活用するかを考える必要がある。

　こうした経営資源の全般的管理にかかわる戦略は「資源展開戦略」と呼ばれ，経営戦略論の重要な一構成要素となっている。

② 経営資源の意味とタイプ

　それでは，企業が経営活動に活用することができる経営資源とはいかなるものであろうか。

　経営資源とは，企業が経営活動を遂行するうえで必要とされるさまざまな資源（resources）や能力（capabilities）の総体である。**戦略**の語源となっている軍事において資金，武器，兵力，軍事上の知識や技術などが必要とされるように，企業経営においてもさまざまな資源や能力が必要とされるのである。

　一般に経営資源はその形態により「人的資源（ヒト）」，「物的資源（モノ）」，「資金的資源（カネ）」，「情報的資源（情報）」の4つに分類される。

　以下ではそれぞれの経営資源についてその内容と特徴を示すこととする。

○人的資源（ヒト：human resources）

　人的資源とは経営活動に従事する人々全般を指している。具体的には，経営者，管理者，そして，生産業務や販売業務にあたる現場の担当者などがあげられる。これらの人々が提供する用役があって企業の経営活動は成り立っているが，人的資源は労働力としての肉体的貢献と同時に知的貢献を行うことにより，他の経営資源の運用効率を左右するという特徴をもっている。

▷**経営環境**
企業を取り巻く経営環境としては，経営学では一般的に経済的環境，社会・文化的環境，政治的環境，技術的環境があげられる。今日では，グローバル化，情報化，少子高齢化，規制緩和など，企業を取り巻く経営環境は不確実なものとなっている。

▷**戦略（strategy）**
日本語の「戦略」は英語「strategy」の訳語であるが，西欧ではギリシャの将軍で歴史家のクセノフォン（B. C. 4世紀）が，その著『ギリシャ史』の中で用いた「strategia」（将軍が行うこと）が，「strategy」の語源になったといわれている。

○**物的資源（モノ：physical resources）**

物的資源とは企業の経営活動に用いられる有体物全般を指している。具体的には，生産活動に用いられる工場や機械設備，原材料，部品，仕掛品，倉庫や配送設備，自動車，本社や営業所，研究所のオフィス，情報機器などの備品類などがあげられる。

○**資金的資源（カネ：financial resources）**

資金的資源とは文字どおり経営活動に用いられる資金全般を指している。資金的資源は上記の物的資源の購入や，人的資源たる従業員を雇用する際の給与支払いなど，その他経営資源の調達原資となる。また，資金的資源は製品やサービスを市場に送り出した後にコストを上回る収入を得ることで，利益という形で企業に還元される特徴をもっている。

○**情報的資源（情報：information resources）**

情報的資源とは，経営活動を行うために必要な無形の財産全般を指している。企業活動に必要な市場情報や技術情報，技術や各種ノウハウ，顧客の信用やブランド・イメージ，流通チャネルの支配力，高い従業員のモラール，環境変化に敏感な**組織文化**などがあげられる。情報的資源は，経営活動に投入される資源であると同時に，経営活動をつうじて新たに蓄積される特徴を有している。

❸ 企業の経営活動と経営資源

それでは企業の経営活動と経営資源の関係はどのようなものであろうか。

企業の経営活動は**図Ⅲ-1**に示されているように，ヒト，モノ，カネ，情報といった経営資源を生産活動に投入し（資源のインプット），内部でこれらを組み合わせて活用することで製品・サービスを生産し，そしてそれらを市場で販売するという一連のプロセスからなっている。

そして，結果，利益という形で新たにカネが創出され，また，経営活動をつうじて新たな市場情報や技術情報，技術やノウハウ，ブランド・イメージや信用などの情報的資源が生み出され蓄積されていく（資源のアウトプット）。

▷組織文化

組織文化とは組織のメンバーに共有されている価値観，ものの見方，行動規範などを指している。一般的には，社風や組織風土などとも呼ばれることもある。

図Ⅲ-1　企業の経営活動と経営資源

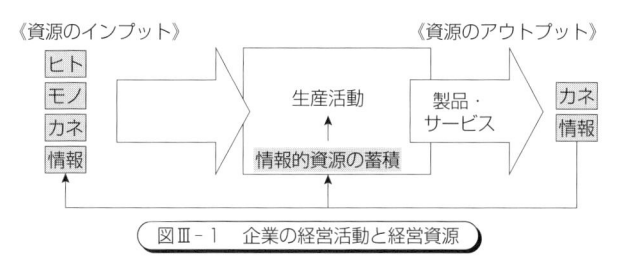

出所：筆者作成。

資源展開戦略とはこうした経営活動に不可欠な経営資源の調達および蓄積・獲得，そして活用にかかわる将来構想のことにほかならない。

Ⅲ 資源展開戦略と PPM

2 経営資源の特性

前節ではヒト，モノ，カネ，情報といった形態によって経営資源を分類し，その内容と特徴を並列的に説明してきた。しかし，長期的意思決定の観点から資源展開戦略を考えるに際しては，外部調達の容易さや戦略上の重要性といった観点から，経営資源の特性や違いをとらえる必要がある。

かかる観点からの分析は，これまで複数の論者によって整理がなされているが，ここでは，わが国の代表的見解を手がかりに検討していくこととする。

1 可変的資源と固定的資源

吉原他（1981）は経営資源を「可変的資源」と「固定的資源」とに分類することが重要であるとしている。ここでいう「可変的資源」とは，企業が市場から容易に調達できる資源のことであり，例えば，未熟練の作業者，原材料，市販の機械などである。これに対して，「固定的資源」とは，市場からの調達が困難で蓄積に時間がかかる資源のことであり，例えば，熟練作業者や生産技術者，自社開発の設備，流通チャネルなどがこれにあたる。さらに，技術やノウハウ，顧客の信用やブランド・イメージ，組織文化などの情報的資源も「固定的資源」であり，この「固定的資源」は市場調達が容易な「可変的資源」と異なり，企業に他社との差別優位性を付与するものである。したがって，固定的資源は意図的に蓄積される必要がある戦略上重要な資源であるとされている。

2 汎用性と企業特異性

伊丹・加護野（2003）は，吉原他の分類の「可変性↔固定性」に「汎用性↔企業特性」を加えた2次元で経営資源の分類を行っている。資源の「可変性↔固定性」の次元は，吉原他同様，外部調達の容易さの程度による分類である。そして，資源の「汎用性↔企業特性」の次元は，「企業特異性」（＝ある企業にとってのみ意味をもつという特異性）が低いか高いかということである。汎用性が高い資源としては，現金，預金，有価証券，土地や設備，未熟練の労働力，一般的な流通網などがあげられる。逆に，企業特異性が高い資源としては，内製機械・設備，熟練労働力，系列化された流通網など，そして，技術やノウハウ，顧客情報，組織文化や従業員のモラール，信用，イメージ，ブランドなど情報的資源があげられる。2次元の分類は図Ⅲ-2のようになるが，右下に位置する企業特異性・固定性が高い情報的資源は他企業に対する競争上の優位性

▷市場
企業が経営資源を調達する「市場」としては，ヒト，モノ，カネに対応して，労働市場，原材料・部品市場，資本市場があげられる。

▷モラール（morale）
従業員の労働意欲・士気のこと。

図Ⅲ-2　経営資源の分類

汎用性 ←→ 企業特性

可変性 ↕ 固定性

- 短期資金
- 原材料，土地　一般機械設備　一般流通網
- 未熟練労働
- 内製機械　系列流通網
- 自己資本
- 熟練労働
- 技術，顧客情報　ブランド，信用

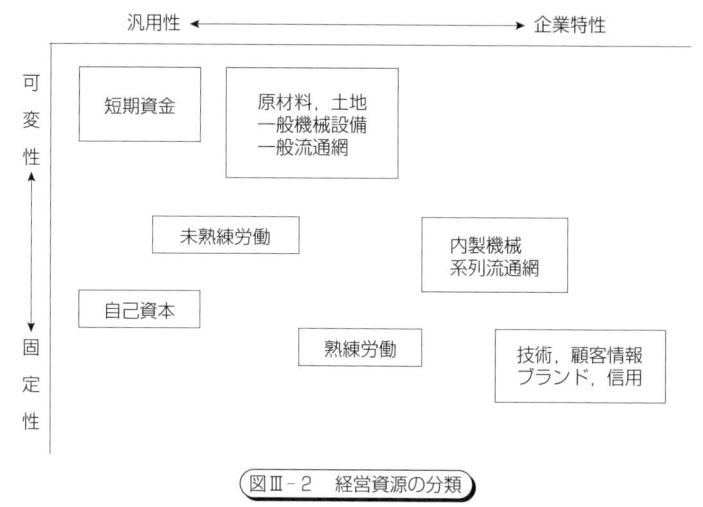

出所：伊丹敬之・加護野忠男『ゼミナール経営学入門　第3版』日本経済新聞社，2003年，33頁。

の源泉となるとされている。

3　情報的資源の重要性

以上の見解をふまえて整理すると，短期資金や原材料，土地，一般機械設備，一般流通網，および未熟練労働力など可変性の高い経営資源は，市場からの調達が容易であり，また，汎用性も高く戦略的重要性もさほど高くない。したがって，これら経営資源に関しては戦略実行のために，資本市場，原材料・部品市場，労働市場といった要素市場から臨機応変に入手する「調達戦略」を重視すべきである。

これに対して，内製機械・設備，系列流通網，熟練労働力は，市場からの調達が困難でより企業特異性も高い。したがって，これら資源については市場からの調達というよりも企業内部での「蓄積戦略」が重要となってくる。

さらに，技術情報や顧客情報，技術やノウハウ，熟練，そして，組織文化や従業員のモラール，信用，イメージ，ブランドなどの情報的資源も固定性が高く市場を通じて容易に調達することができず，時間やコストをかけて自社で蓄積しなければならない資源である。こうした資源は企業特異性が高く，他社からの模倣も非常に困難である。したがって，情報的資源は企業の個性となり，ひいては競争優位の源泉となりうる戦略的重要性の高い資源である。

以上を勘案すると，企業の長期持続的成長の実現を考えるとき，企業の競争優位の源泉たる情報的資源を活用することが重要となってくることがわかる。そして，その活用を現実のものとしていくためには，第1に情報的資源を自社内で蓄積していく「蓄積戦略」が重要不可欠である。そして資源展開戦略をさらに充実したものとするためには，情報的資源を市場調達によらずに外部から獲得する「獲得戦略」が重要となってくる。

参考文献

吉原英樹・佐久間昭光・伊丹敬之・加護野忠男『日本企業の多角化戦略』日本経済新聞社，1981年。

神戸大学経営学研究室編『経営学大辞典』中央経済社，1989年。

伊丹敬之・加護野忠男『ゼミナール経営学入門　第3版』日本経済新聞社，2003年。

Ⅲ 資源展開戦略とPPM

3 経営資源の蓄積と獲得

ここでは，資源展開戦略上重要な情報的資源を蓄積ないし獲得する方法について検討していく。まず自社内での「内部蓄積」を検討したのち，近年，企業外部からの資源獲得の方法として注目されている「戦略的提携（strategic alliance）」と「M&A（merger and acquisition）」についてみていくこととする。

1 経営資源の内部蓄積

企業が情報的資源を取得する第1の方法は，自社内での内部蓄積である。

情報的資源の自社内での蓄積には2つの蓄積ルートがある。すなわち，資源蓄積自体を目的とした意識的投資による「直接的ルート」と，日常の業務活動をつうじた「副次的ルート」である。

前者の直接的ルートの例としては，研究開発投資による技術力の強化，宣伝広告投資によるブランド価値の向上，研修実施による従業員の技能・スキルの向上などがあげられる。こうした意識的投資による情報的資源の蓄積は，製品やサービスの**高付加価値化**が進む今日の経営環境にあって，企業の競争優位性や持続的成長を実現するためにますます重要なものとなっている。企業は長期的視点から全社戦略・事業戦略をはじめ，開発戦略，ブランド戦略，人材戦略など機能別戦略と資源展開戦略とをリンクさせて資源蓄積を考えていく必要がある。

後者の副次的ルートとは，日常のさまざまな業務遂行をつうじて情報的資源が蓄積されていくルートである。例えば，日々の商品改良による技術蓄積，日常的な生産活動をつうじてのノウハウの蓄積，高品質の製品やサービスの提供によるブランドや信用の構築，日々の販売・宣伝活動をつうじての市場情報やマーケティングノウハウの蓄積などがあげられる。こうした方法による蓄積は時間もかかり即効性に欠け見過ごされがちであるが，いったん蓄積された資源は企業固有性も高く，企業の競争優位の源泉になりうる資源であり，資源蓄積の方法としては極めて重要である。

この副次的ルートよる資源蓄積の本質は「学習」にある。日常業務遂行の積み重ねがその業務を担っている人々にとって学習機会となり，学習の結果新たな情報的資源が蓄積されるのである。したがって，企業がこの副次的ルートをつうじて有効に資源を蓄積するためには，企業の組織内の人々（＝人的資源）の知的貢献を刺激し，学習を促す体制を企業内につくることが必要である。

▷**高付加価値化**
製品全体の価値に占める原材料の価値が相対的に減少し，逆に技術，デザイン，ブランドといった付加的な価値が増大することで，製品それ自体の価値が増大すること。

▷**技術の高度化・複雑化**
例えば，自動車のIT化，バイオテクノロジーとITの融合化など，ハード技術

② 戦略的提携とM&A

近年の経営環境の変化，例えば，競争のグローバル化，**技術の高度化・複雑化**といった変化の中で，多くの企業にとって自社内での蓄積のみに依存して資源展開戦略を策定・実行することは困難になってきている。この問題に対処すべく，近年，市場調達に頼らずに他社経営資源を活用する，という戦略オプションが注目を浴びるようになってきている。

その代表的なものとして戦略的提携とM&Aとがある。

戦略的提携とは，独立した2つ以上の企業が経営資源の相互補完を目的として取り結ぶ協力関係である。戦略的提携の代表的形式としては，他社の流通チャネルやブランドなどの資源の活用を目的とした「販売委託」「**OEM**」，他社の生産能力および生産技術を利用する「生産委託」，他社開発の技術を活用する「技術ライセンス」，自社および他社の技術・人材を共同活用する「共同開発」，上記提携を資本の面で補完する「資本参加」，共同で新会社をおこす「合弁事業」がある。戦略的提携において企業間で**相互補完**される経営資源の多くは，流通チャネルやブランド，生産能力や生産技術，製品技術，ノウハウなど，市場でそのつど取引しうる性格のものではない。したがって，企業は他社においてすでに構築されている経営資源を，市場調達を介さない方法で活用すべく提携関係を構築するのである。

M&Aとは企業の合併・買収のことである。M&Aは合併・買収をつうじて買収対象組織にすでに蓄積されている経営資源をワンセットで取得できるというメリットがある。例えば，流通網やブランド，生産技術やノウハウ，開発技術など，一般的に蓄積に時間がかかる情報的資源を瞬時に取得できるメリットがある。M&Aの対象としては，企業全体の場合もあるが，一事業部門，一職能部門など個別買収のケースもある。いずれの場合にしろ，市場を介さずに外部の企業・事業・部門が保有する情報的資源を獲得する有効な方法である。

③ 資源結合の必要性

以上のように，内部蓄積に加え戦略的提携やM&Aなど資源獲得の方法は多様化してきている。ただ，企業の資源展開戦略を考えるに際して重要なことは，戦略的提携やM&Aを安易な外部資源獲得の方法と考えないことである。資源戦略展開において考慮すべきは，かかる手段によって獲得された経営資源と企業内部で蓄積されてきた情報的資源とを統合し，資源間で相乗効果を発揮するような戦略を策定することである。

そうした多面的かつ統合的な資源展開戦略があってはじめて企業に持続的な差別優位性を付与するような独自能力が形成され，結果，企業の長期的な成長が可能となる。

とソフト技術の融合，既存技術と新技術の融合，新技術同士の融合化が起こっており，組み合わせの多様化によって技術はますます高度化・複雑化してきている。

▷ OEM (Original Equipment Manufacturing (or Manufacturer))

他社のブランドで販売される製品の生産（または生産する企業）を意味する。例えば，強力な販売チャネルやブランドをもった企業が，OEM企業から供給を受けて，自社ブランドで販売するケースなどがある。生産を委託した企業は生産設備をもたずに販売を拡大することができ，委託を受けた企業は，相手先の販売力とブランド力を生かして生産量を拡大できるメリットがある。

▷ 相互補完

戦略的提携における企業間の関係は片務的なものではなく，双務的なものである。ただ，企業間でやり取りされる経営資源は同一のものとは限らない。例えば，販売委託・生産委託に際して資金的資源がロイヤリティとして支払われることもある。しかし，日本の企業が欧州の企業に欧州での販売委託をする際，自社のアジアの販売網を提供する場合のように，同一の資源を相互に交換するといったケースもある。

参考文献

伊丹敬之・加護野忠男『ゼミナール経営学入門 第3版』日本経済新聞社，2003年。

安田洋史『競争環境における戦略的提携』NTT出版，2006年。

Ⅲ 資源展開戦略とPPM

4 経営資源と多角化戦略

▷多角化企業
複数の事業を営む企業を多角化企業という。例えば、キヤノンは戦前にカメラ専業メーカーとして創業されたが、1962年の第1次長期経営計画策定を契機に新規事業分野参入を決定、電卓、ファクスを皮切りにさまざまな分野へと進出した。現在では、同社はカメラのほかに情報通信機器、コンピュータ周辺機器、複写機、事務機、光学機器事業を抱える多角化企業となっている。

▷ペンローズ（Penrose, Edith T., 1914-1996）
The Theory of the growth of the Firm, 1959（末松玄六監訳『会社成長の理論』ダイヤモンド社、1962年）の著者。企業を「経営資源の集積体」とみなし、企業成長理論に新たな視点を提供した功績で知られる。彼女の企業観は現在経営戦略論で主要理論となっているリソース・ベースト・ビュー（本書第Ⅴ章参照）の理論的源流にあたるとされている。

▷アンゾフ
⇒ Ⅱ-1 「製品・市場マトリックス」参照。
Corporate Strategy, 1965（広田寿亮訳『企業戦略論』産業能率大学出版部、1969年）、*Strategic Management*, 1978（中村元一訳『戦略経営論』産業能率大

多くの企業がその持続的成長をめざす過程で単一事業を営む企業から**多角化企業**へと転換していく。

企業が成長戦略として多角化を採用する理由の1つは経営環境の変化である。市場の成熟化、技術革新、国際的な競争圧力など、経営環境の変化によって既存事業の成長性が脅威に晒されるとき、企業は新規事業分野進出により多角化する。もう1つの多角化の要因は経営資源要因である。すなわち、企業内部で蓄積されてきた経営資源を有効活用するために企業は新規事業を展開し多角化するのである。

これら2つの要因は相互連関した要因であり、単純に分けて考えることはできないが、ここでは資源展開戦略の視点から後者の要因に着目し、企業の多角化戦略と経営資源の活用についてその代表的な見解を紹介し、検討していく。

① 未利用資源の活用

ペンローズは、企業が多角化戦略を採用する理由は「未利用資源」の活用にあると指摘した。

一般に、企業の日々の経営活動のプロセスをつうじて未利用の余剰資源が生じる。未利用資源が生じる理由は、既存事業を運営するために必要な経営資源が完全には利用されていないことや、既存事業で新たに蓄積された経営資源がその事業だけでは活用しきれないことなどによる。こうした理由から既存事業で未利用資源が生じ、それらを有効活用すべく企業は新たな事業分野へと進出し、多角化していくのである。

前者の例としては、電力会社が自社の送電網を電力供給事業だけでは完全利用できないため、光ファイバー網を敷設してネットワーク事業に進出するケースがあげられる。そして、後者の例としては、電卓事業の開発プロセスで蓄積された液晶技術を活用して製品開発を行い、さまざまなエレクトロニクス分野に進出するケースがあげられる。

② シナジー効果

アンゾフは戦略的決定に際して企業が多角化戦略を採用するか否かは、複数事業を営むことによってシナジー効果が得られるかどうかによると指摘した。

シナジー（synergy）効果とは、ある要素と要素をあわせたとき、要素間の

相乗効果によって単純な和以上の効果が得られることをいう。例えていうならば，1＋1が2ではなく，3にも4にもなる効果のことである。多角化において得られるシナジー効果とは，企業が複数事業を展開することで事業間に経営資源の共通利用や相互補完性が生じ，それぞれの事業を別々に行う場合よりもより効率的な運営ができ，企業全体としての効率性が高まることを意味する。

事業間のシナジー効果には，複数の事業間で流通チャネル，広告・販売促進ノウハウ，ブランドを共用する「販売シナジー」，生産設備，原材料，生産管理システムを共用する「生産シナジー」，経営管理のノウハウを共用する「管理シナジー」，生産技術や製品技術を共用する「技術シナジー」などがある。

❸ 情報的資源の特性と多角化

以上，資源展開戦略の視点からの多角化戦略採用のロジックをみてきたが，かかる多角化のロジックを考える際に重要となるのが情報的資源の特性である。

まず，情報的資源は「非消耗性」という特質を有している。情報的資源はヒト，モノ，カネといった資源のように利用することによって消耗することがない資源である。例えば，技術やノウハウ，ブランドなどは使用したからといって減っていくものではない。むしろ，使い込むことによって価値が高まり，また，相互に結合されることによって新たな価値を生んでいく場合もある。

また，情報的資源は「多重利用性」という性質を有している。ある事業で使用されているヒト，モノ，カネは他の事業で用いることはできないが，技術情報や顧客情報，技術やノウハウ，信用・ブランドなどの情報的資源は，ある事業で使用していても他の事業で「同時に」活用することができる。

かかる性質から，情報的資源は未利用資源になりやすく，また，シナジー効果の源泉となる場合が多いのである。よって，技術や各種ノウハウ，顧客の信用やブランドなどの情報的資源の蓄積は企業の多角化を促し，そして，情報的資源を有効活用した多角化はそうでない多角化と比較して効率的に展開することができ，企業全体としての効率を高めることができるのである。

❹ 関連型多角化

このようにみてくると，企業が成長戦略として多角化戦略を採用する際，技術面やマーケティング面で経営資源上関連性のある事業へと進出する「**関連型多角化**」が有効であることがわかってくる。たしかに，成長性やリスク分散の観点から「**非関連型多角化**」を採用することも場合によっては必要であるが，こと企業全体の収益性という観点からみた場合，多角化戦略を実施するにあたっては「関連型多角化」を採用することが必要となってくる。

企業が経営戦略を策定する際しては，かかる点を考慮して全社戦略と資源展開戦略とを統合していくことが必要である。

学出版部，1980年）の著者。成長ベクトル，シナジーなどの戦略概念を生み出したことで著名。

▷関連型多角化
⇨第Ⅱ章「製品市場戦略と多角化」参照。
▷非関連型多角化
⇨第Ⅱ章「製品市場戦略と多角化」参照。

(参考文献)
伊丹敬之・加護野忠男『ゼミナール経営学入門 第3版』日本経済新聞社，2003年。

Ⅲ 資源展開戦略とPPM

5 PPMの基本概念

企業が多角化戦略を採用するようになると，多角化した複数の事業間で経営資源をいかに「配分」するかといった資源展開戦略が重要になってくる。

以下3節では，1970年代にアメリカの**ボストン・コンサルティング・グループ**によって開発された，プロダクト・ポートフォリオ・マネジメント（Product Portfolio Management：PPM）という戦略理論について取り上げていく。PPMの基本的考え方は多角化した企業を構成する複数事業を，「市場成長率」と「相対的マーケット・シェア」の2つの尺度を用いて評価し，そして重点分野，追加投資すべき分野，および撤退分野などを決定し，企業全体として最も効率的な資源配分をめざすことにある。

▷ボストン・コンサルティング・グループ (The Boston Consulting Group：BCG)
ハーバード大学経営大学院出身のブルース・ヘンダーソンによって1963年にボストンで創設されたコンサルティング会社。2007年7月時点で世界64都市に拠点をもち，約5000人の従業員を抱えている。同社が開発してきた戦略概念には，エクスペリエンス・カーブ，プロダクト・ポートフォリオ・マネジメント，タイムベース競争戦略などがある。

① 戦略事業単位（Strategic Business Unit：SBU）

PPMの第1段階は，多角化した企業を構成している複数事業をそれぞれ個別の事業単位として峻別することである。PPMで用いられる戦略策定のための事業単位は戦略事業単位（SBU）と呼ばれ，次のように定義される。すなわち，①責任ある経営管理者のもとで，②明確なミッションをもち，③独自の競争相手を想定して，④一定の経営資源をコントロールし，⑤単独で戦略計画を策定することができる事業単位である。

現実のSBUの構成はさまざまである。1つのSBUが1事業部に合致する場合，複数事業部にまたがって構成される場合，単一の製品群・ブランドのみで設定される場合などがある。いずれにしろ，1つのSBUは市場・競合特性から他事業と区別して戦略を展開することが妥当と考えられる事業単位である。

② プロダクト・ライフサイクル（Product Lifecycle：PLC）

PPMではSBUの評価尺度として，当該SBUの「市場成長率」を用いる。その根拠はプロダクト・ライフサイクルの論理にある。PLCとは，当該製品が開発されてから時間経過とともに「導入期→成長期→成熟期→衰退期」といった過程をたどるという考え方である（図Ⅲ-3）。

PPMではPLCの各段階で資金需要が異なることに着目する。導入期においては市場拡大を図るうえでマーケティング投資や開発投資が必要で，成長期では競合製品が増加して差別化戦略が重要になり，ブランド構築や新製品開発など市場浸透のための投資が必要となる。このように市場成長率の高い時期には

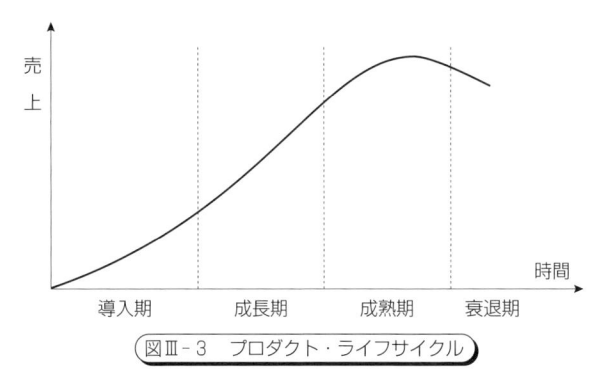

図Ⅲ-3 プロダクト・ライフサイクル

出所：Wheelen, T. and J. D. Hunger, *Strategic Management and Business Policy 8th Ed.*, Prentice Hall, 2002, p. 91.

資金需要が大きくなる。それに対し，市場成長率の低い成熟期以降は必要な投資も追加的なものとなり資金需要は相対的に小さくなる。

このようにPPMでは，「市場成長率」と各SBUの「資金需要（流出）」の間に相関関係があると考えるのである。

3 経験曲線効果（experience curve）

PPMでは各SBU評価のもう1つの尺度として，SBUの当該市場における「相対的マーケット・シェア」を用いる。その根拠は経験曲線効果にある。経験曲線効果とはBCGが多くの製品のコスト研究から発見した，生産量とコストに関する経験則である。それは，累積生産量が2倍になると，製品単位あたりコストが20〜30％程度低下するというものである（**図Ⅲ-4**）。経験効果が生じる理由は，主に習熟や改善による。そして，競争企業よりも高い**マーケット・シェア**を獲得することができれば，よりはやく累積生産量を増加することができ，その結果，製品単位あたりのコストが低下して収益は増加する。

PPMではこの経験則を生かして，「相対的マーケット・シェア」と各SBUの「資金流入」の間に相関関係があると考えるのである。

▷マーケット・シェア (market share)
市場占有率のこと。ある企業の製品の販売量が当該市場において，どれくらいの比率を占めているかを表したものである。

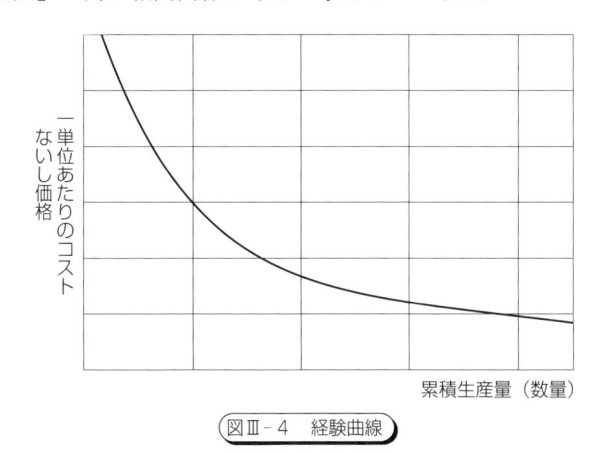

図Ⅲ-4 経験曲線

出所：D. A. Aaker, *Strategic Market Management*, 1984（野中郁次郎他訳『戦略市場経営』ダイヤモンド社，1986年，251頁）．

III 資源展開戦略とPPM

6 PPMの展開

1 成長―シェア・マトリックス

PPMの第2段階は，前節でみてきた「市場成長率」と「相対的なマーケット・シェア」といった2つの尺度をもとに2次元のマトリックスを描き，そのうえに企業を構成する各SBUをポジショニングすることである。このマトリックスは成長―シェア・マトリックスと呼ばれ，**図III-5**に示されるように4つのセルから構成されている（○の大きさはSBUの事業規模を示している）。

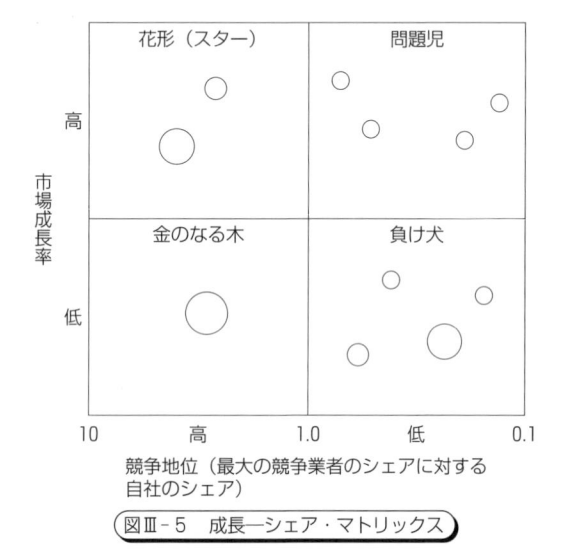

図III-5　成長―シェア・マトリックス

出所：Aaker, D. A., *Strategic Market Management*, 1984（野中郁次郎他訳『戦略市場経営』ダイヤモンド社，1986年，278頁図）．

マトリックスの各セルに位置するSBUの性格は以下のとおりである。

「金のなる木（cash cow）」は，相対的マーケット・シェアが高く資金流入が多く，かつ，市場成長率が低いので投資の必要性が少ない。マーケット・シェアを維持するために必要な投資以上の資金をもたらすので，「問題児」など他のSBUへの豊富な資金源になりうる。

「花形（スター：star）」は，相対的マーケット・シェアが高く多くの資金流入もあるが，市場成長率が高く投資を要するため資金流出も多い。短期的には資金創出源にはならないが，長期的にはマーケット・シェアを維持して将来の「金のなる木」になることが期待される。

「問題児（problem children）」は相対的マーケット・シェアが低く資金流入が

少なく，かつ，市場成長率が高いため多くの投資を要す。十分なシェアを得て「花形」になるか，市場成長率の低下とともに「負け犬」になる可能性がある。「花形」になるか否かを見極めたうえで，「金のなる木」から資金を投入してシェア・アップを図る必要がある。

「負け犬（dogs）」は相対的なマーケット・シェアが低く資金流入が少ないが，市場成長率も低いため資金の流出も少ない。ただ，市場成長率が低くシェア拡大のためのコストは高くつくので，撤退も視野に入れておく必要がある。

2 PPMの戦略的意義

PPMの第1の戦略的意義は，**キャッシュフロー**の観点から企業全体として経営資源の集中と選択を図ることである。PPMの基本は「金のなる木」から十分な資金を獲得して，それをもとに有望な「問題児」に投入し「花形」を育て，そして，「花形」のマーケット・シェアを維持し，将来の「金のなる木」に育成するという「成功の循環」をつくり出し（**図Ⅲ-6**），そして，他方では見込みのない「問題児」「負け犬」から撤退をすることで全社的に限られた資金の有効活用を図ることである。このように全社的視点から経営資源の効率的配分をめざすことにその戦略的意義がある。

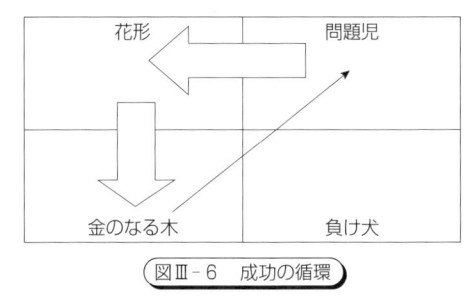

▷キャッシュフロー（cash folw）
資金の流れのこと。

図Ⅲ-6　成功の循環

出所：B. Henderson, *On Corporate Strategy*, 1979（土岐坤訳『経営戦略の核心』ダイヤモンド社，1981年，236頁図）をもとに作成。

そして，PPMの第2の戦略的意義は，全社戦略に基づいたうえで各SBUにおいて今後なすべき方向性を明確にすることで，各SBUの事業戦略の方針を指し示すことにある。

「問題児」のSBUが追求すべき戦略は「花形」になるためにシェア・アップを図る「拡大（build）」戦略である。「金のなる木」のSBUに求められるのは持続的な資金流入をもたらすための「維持（hold）」戦略である。相対的にシェアにおいてあまり強くない「金のなる木」のSBUや将来性の乏しい「問題児」のSBU，「負け犬」のSBUが追求すべきは短期的な資金流入を増大させる「収穫（harvest）」戦略である。そして，「負け犬」のSBU，および将来への資金投入をしないと決めた「問題児」のSBUにおいては事業売却や清算をみこんだ「撤退（divest）」戦略をも視野に入れることが必要となってくる。

参考文献

野中郁次郎「経営資源展開の戦略」（石井淳蔵他著『経営戦略論（新版）』有斐閣，1996年，第5章）。

Ⅲ 資源展開戦略とPPM

7 PPMの限界とコア・コンピタンス論

1 PPMの問題点

　PPMはその登場以来，全社的な経営資源の効率的配分の手法として多くの企業で採用されることとなったが，しかし問題点をも内包していた。

　第1に，PPMは既存の事業（SBU）間での経営資源の配分を問題とするのだが，その分析自体からは企業の長期的成長に必要な新規事業の探索・創出にはつながらないという限界を有している。

　第2に，PPMでは市場成長率と相対的マーケット・シェアを用い，事業が生み出す資金と必要とする資金といったキャッシュフローの視点から資源配分の分析を行っているが，経営活動に用いられる経営資源は資金だけではないという問題点があげられる。

　第3に，各事業（SBU）間でのシナジー効果が考慮されていないという問題もある。これはキャッシュフローにのみ着目することからの当然の帰結ではあるが，経営資源，特に技術やノウハウ，ブランドなど情報的資源が生み出す事業間でのシナジー効果といった側面をフォローできていない。

　第4に，従業員のモラールの問題もあげられる。PPMでは全社戦略のもとでの各事業（SBU）の役割が明確にされるが，特に「負け犬」や撤退を方針づけられた「問題児」事業では，組織成員のモラールの維持が難しいことが予想される。また，場合によってはこうした事業から「逆転」が起こる可能性も否定できない。

　最後に，PPMに代表される分析的戦略手法に共通する本質的な問題点であるが，分析的戦略論においては戦略の策定が組織を構成する一部のトップ・マネジメントおよび戦略スタッフにより行われることにより，現場の実情と戦略が乖離してしまう可能性がある。あまりの論理の単純化は組織の現場に関する質的な情報を捨象してしまう可能性があるのである。

2 コア・コンピタンス論の登場

　PPMはその後，技術的な改良を加えられて発展していくが，それが抱える本質的問題を超克する考え方として，1990年台の初頭に**ハメルとプラハラード**による「コア・コンピタンス（core competence）」論が登場した。

　ハメルらは企業が持続的に成功するためには，企業のリストラクチャリング

▷ハメルとプラハラード
Gary Hamel（コンサルティング会社「ストラテゴス」代表，ロンドン・ビジネススクール客員教授），C. K. Prahalad（ミシガン大学ビジネススクール教授）。コア・コンピタンスという概念を経営戦略の領域に提起したことで著名（両者とも企業コンサルタントとして国際的に活躍している）。

や事業の整理・統廃合だけでは限界があり，新規事業分野の探索・創出を主体的・意識的に行うことが必要で，洞察力のある独創的な未来への視点に基づいて「未来の市場」を創出することが不可欠であると指摘した。そして，**既存戦略論**ではその課題に十分に応えることができないとして新たな概念を提起したのである。

彼らは企業が新しい事業を創出していくためには「未来の展望」をし，そしてそこで新しく必要とされる「能力構築」計画をたてることが必要であると指摘している。つまり，将来において提供できる顧客価値，顧客との接点のあり方，そこで求められる能力（技術，ノウハウ，スキル，およびそれらを統合したもの）について仮説を立てて未来の産業を構想し，必要となる能力構築の設計図を描くことが必要なのである。

また，ハメルらは「未来の展望」や「能力構築」は一事業部門やプロジェクトの仕事ではなく，全社員の総合的英知と創造力を動員した議論，学習をつうじて行う必要があり，経営陣は全社員から知恵とコミットメントを引き出せるような戦略方針を明示し，挑戦課題を付与することで既存の資源をレバレッジしていかなければならないとしている。

つまり，産業の将来と自社の経営資源に対するビジョンと方針を提示し，リーダーシップと全社員参画による学習を促して意識的に資源蓄積を行うことが経営者の役割として主張されているのである。

このようにハメルらの主張はPPMに欠けていた要素，すなわち，既存事業を超えた新規事業の創造，技術やノウハウ，スキルなど情報的資源をも考慮した資源展開戦略，そして，従業員のモラールや戦略策定への参画といった問題をも射程に入れた論理として展開されているのである。

③ 経営戦略論の新潮流

ハメルらが提起した問題意識はその後，経営戦略論や資源展開戦略に大きな流れをつくっていくこととなる。

経営戦略論の理論展開は，80年代においてはポーターの競争戦略論に代表されるように，企業外部の経営環境に重点を置いた戦略策定の理論が主流であったが，90年代以降，企業の戦略問題を主として経営資源の視点から考察する**リソース・ベースト・ビュー**という考え方が多くの研究者によって論じられるようになってきた。

そして，経営資源の中でも，特に情報的経営資源が企業の持続的成長や競争優位を支えるものとして，ますます注目を集めるようになってきている。

さらに，こうした流れの中で情報的資源の蓄積や創造を対象とした「組織学習（organizational learning）」や「**知識創造**」といった概念が経営戦略論の中で改めて大きな位置を占めることとなってきたのである。

▷**既存戦略論**
ハメルとプラハードはその論文（1990）において，「SBUの暴政」という節を設けて，PPM的考え方の問題点を指摘している。

▷**リソース・ベースト・ビュー（resource based view）**
⇨第Ⅴ章「リソース・ベースト・ビューと知識創造」参照。代表的な研究者として，J. B. Barney があげられる。著書に *Gaining and Sustaining Competing Advantage* 2nd *ed.* 2002（岡田正大訳『企業戦略論』上・中・下巻，ダイヤモンド社，2003年）がある。

▷**知識創造（knowledge creation）**
⇨第Ⅴ章「リソース・ベースト・ビューと知識創造」参照。代表的な文献として野中郁次郎・竹内弘高著（梅本勝博訳）『知識創造企業』東洋経済新報社，1996年があげられる。

参考文献
The Core Competence of Corporation, *Harvard Business Review*（坂本義実訳「コア競争力の発見と開発」『ダイヤモンド ハーバードビジネス』Aug.-Sep. 1990）.
Hamel, G. & C. K. Prahalad, *Competing for the Future.* 1994（一條和生訳『コア・コンピタンス経営』日本経済新聞社，1995年）.

IV 競争戦略と競争優位

1 「5つの競争要因」フレームワーク

1 競争戦略への注目

1980年代のアメリカでは，経済成長を続ける日本をはじめとしたアジア諸国から安価な製品が輸入されるようになり競争が激化しはじめた。経営者や経営学者の関心は従来の多角化による拡大路線が行き詰まり，多角化した事業を効率よく管理するという問題から，多角化した個別事業が業界の中でいかに競争優位を構築，維持していくのかという問題へと移っていった。

ポーターは，競争優位と競争戦略について次のように指摘している。競争優位は，基本的には買い手のために創造できる価値から生まれるものであり，競争戦略は，競争の発生する基本的な場所である業界において，有効な競争優位を獲得することであり，その狙いは業界における競争状況を左右するいくつかの要因を利用し，収益をもたらす確固とした地位を樹立することであるとしている。

2 5つの競争要因

ポーターは企業の業績に多大な影響を与えている要因として，組織を取り巻く外部環境の産業構造や業界のもつ特性に注目した。企業（事業）とそれを取り巻く環境との両者の関係をとらえ，その概念枠組みを分析することを目的としたものが「5つの競争要因（ファイブ・フォース）フレームワーク」である。

5つの競争要因には図IV-1が示しているように，新規参入者，供給業者，代替品，顧客，競争業者があげられそれぞれが脅威をもち自社に影響をもたらす。

・新規参入者の脅威とは，その業界に参入しようとする新たな競合他社からの脅威のことをいう。参入障壁が低いと脅威が増大する。
・供給業者（売り手）の交渉力とは，可能な限り高い価格で原料を供給しようとする取引業者のパワーを指す。
・代替品の脅威とは，自社が提供している製品・サービスの代替となるものがある場合に生じる脅威のことである。
・顧客（買い手）の交渉力とは，買い手は価格が下がるか，品質が上がることを望む買い手の交渉によるパワーを指す。
・競合他社との敵対関係とは，すでに同一業界に参入している既存企業との競

▷ポーター（Porter, M. E., 1946- ）
1980年代以降の経営戦略論に大きな影響を与えた。経済学の産業組織論を背景に産業構造や事業分野を分析するためのフレームワークを提示した。1973年にハーバード大学にて経済学博士号を取得し，1982年に30代で同大学の正教授となる。

▷フレームワークとモデルの違い
○"フレームワーク"とは，ある現象の説明のための概念集合ではあるが，概念間の相互関係が特定されないもののことである。これによって答えを導くためには，与えられた示唆を参考に，概念間の関係を追加しなくてはならない。
○"モデル"とは，ある現象の説明のための，またはある目的の達成手段の選択のための，相互関係が特定された概念またはその変数の集合である。この諸概念に必要な値を挿入することにより，ある現象が説明され，目的達成のための手段が示される。

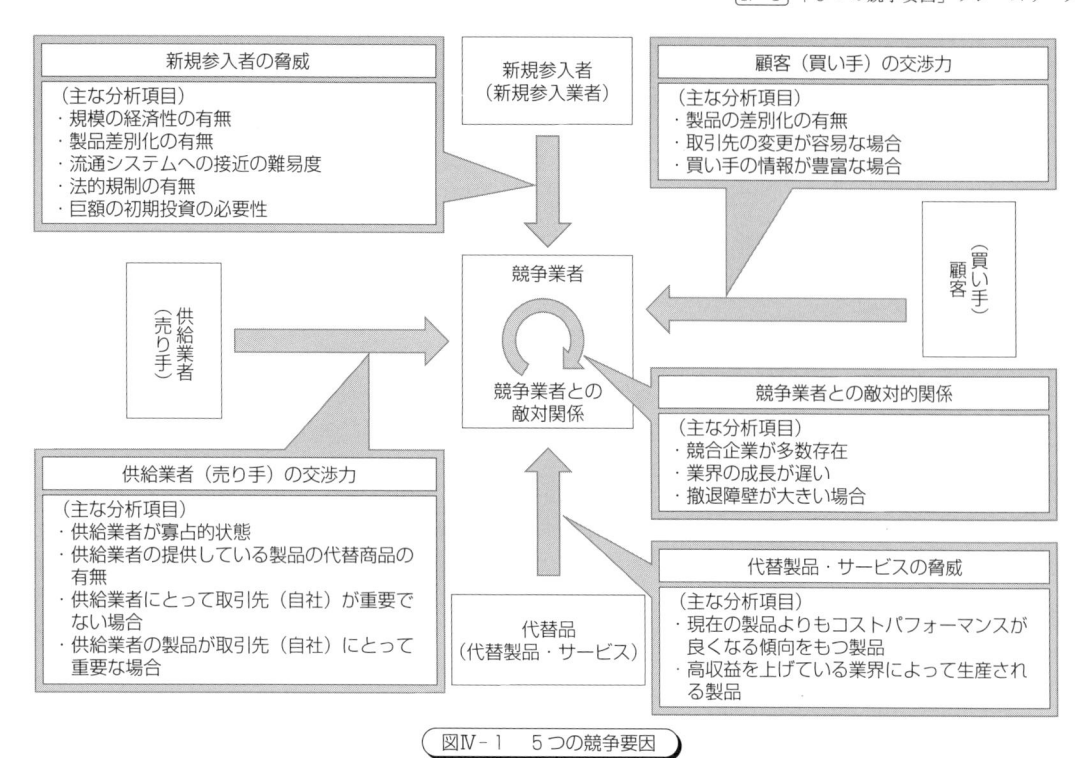

IV-1 「5つの競争要因」フレームワーク

```
┌─────────────────────────────┐      ┌─────────────┐      ┌─────────────────────────────┐
│      新規参入者の脅威         │      │  新規参入者  │      │   顧客（買い手）の交渉力      │
│     （主な分析項目）          │      │（新規参入業者）│      │     （主な分析項目）          │
│  ・規模の経済性の有無          │      └─────────────┘      │  ・製品の差別化の有無          │
│  ・製品差別化の有無           │                            │  ・取引先の変更が容易な場合    │
│  ・流通システムへの接近の難易度  │                            │  ・買い手の情報が豊富な場合    │
│  ・法的規制の有無             │                            └─────────────────────────────┘
│  ・巨額の初期投資の必要性       │                                    
└─────────────────────────────┘                                    ┌──────┐
                                                                  │(買い手)│
                                  ┌──────────┐                    │ 顧客  │
  ┌──────┐                       │  競争業者  │                    └──────┘
  │供給業者│──────────────→       │    ↻     │  ←────────────
  │(売り手)│                      │競争業者との│
  └──────┘                       │ 敵対関係  │                ┌─────────────────────────────┐
                                  └──────────┘                │    競争業者との敵対的関係      │
                                        ↑                    │     （主な分析項目）          │
┌─────────────────────────────┐                              │  ・競合企業が多数存在          │
│   供給業者（売り手）の交渉力     │                              │  ・業界の成長が遅い            │
│     （主な分析項目）          │                              │  ・撤退障壁が大きい場合        │
│  ・供給業者が寡占的状態        │                              └─────────────────────────────┘
│  ・供給業者の提供している製品の │                              
│    代替商品の有無            │                              ┌─────────────────────────────┐
│  ・供給業者にとって取引先（自社）│                              │    代替製品・サービスの脅威    │
│    が重要でない場合           │      ┌─────────────┐         │     （主な分析項目）          │
│  ・供給業者の製品が取引先（自社）│      │   代替品    │         │  ・現在の製品よりもコストパフォ │
│    にとって重要な場合          │      │(代替製品・サービス)│   │    ーマンスが良くなる傾向をもつ │
└─────────────────────────────┘      └─────────────┘         │    製品                    │
                                                              │  ・高収益を上げている業界によっ │
                                                              │    て生産される製品           │
                                                              └─────────────────────────────┘
```

図Ⅳ-1 5つの競争要因

出所：Porter, M. E., *Competitive strategy : Techniques for Analyzing Industries and Competitors*, Free Press, 1980／土岐坤・中辻萬治・服部照夫訳『競争の戦略』ダイヤモンド社，1982年，6頁の図を基に筆者が加筆修正。

争状態やパワーバランスのことである。

③ 「5つの競争要因」フレームワークの効果

上述した5つの競争要因を分析することにより，大きく2つのことがわかる。

第1に，自社の対象とする業界自体が，利益を生みやすい環境であるかどうか，その業界は自社の活動に適している環境にあるかどうかを確認できる。

第2に，他の既存業界に参入する場合も，外部環境の脅威をある程度まで把握することができる。

以上より，企業は5つの競争要因の分析により，取り巻く脅威を緩和するような競争戦略の立案を講じることができるようになる。

④ 「5つの競争要因」フレームワークの問題点

一方で，5つの競争要因によるフレームワークはグローバル化や情報化，多様化の進展がめまぐるしい動態的な環境には対応が難しいという指摘がなされている。これは，ポーターの競争戦略論は業界を細分化し，包括的な分析であるために，市場の変化や新たな市場へと対応する柔軟な戦略形成とその実践にそぐわないことが多いという示唆も含まれている。すなわち，ポーターの提示した競争戦略は静態的な環境や，一時点での環境分析には効果を発揮するが，変化の激しい動態的な環境に対しては限界がみられるという指摘である。

Ⅳ 競争戦略と競争優位

2 競争の基本戦略

1 ポーターの基本戦略

ポーターは「5つの競争要因」は企業が特定の業界において他社に対して優位な競争地位を得るために，自社のポジションをいかに決定するかということに重点を置いている。それに対し「基本戦略」は競合他社との競争に勝つための具体的な戦略を提示している。

基本戦略は，**図Ⅳ-2**が示すように企業にとって利益をもたらす「競争優位の構築のタイプ」から「他社よりも低コスト」「差別化・製品の特異性」の2分類と，自社の標的市場の大小からなる4つのマトリックスで表される。これがポーターの「3つの基本戦略」といわれるものである。

企業は4つのマトリックス中における自社の妥当なポジションを正しく認識することにより，効果的な基本戦略を見出すことができるとされている。

		競争優位の構築のタイプ	
		他社よりも低コスト	差別化・製品の特異性
標的市場（戦略ターゲットの幅）	全体（広いターゲット）	コスト・リーダーシップ戦略	差別化戦略
	部分的（狭いターゲット）	集中戦略 （コスト集中戦略）	（差別化集中戦略）

図Ⅳ-2 3つの基本戦略

出所：Porter, M. E., *Competitive Advantage*, Free Press, 1985／土岐坤・中辻萬治・服部照夫訳『競争優位の戦略：いかに高業績を持続させるか』ダイヤモンド社，1985年の16頁を基に筆者が加筆修正。

2 採用すべき基本戦略

競争優位の構築のタイプの選択に際しては，自社製品の価値・品質を下げることなく，コストを下げることに集中するか，他社製品と比較し，高価格で売

れるか、もしくは多く売るために何らかの差別化を行うかということを考える必要がある。前者をコスト・リーダーシップ戦略といい、後者を差別化戦略という。

標的市場の決定に際しては、自社のもつ経営資源の質や量に大きく影響される。経営資源が豊富である企業であれば、業界全体を対象とした競争を選択したとしても問題はないが、経営資源が豊富にない企業は、活動の範囲をある程度限定し経営資源の投入先を集中させる集中戦略を採用することが望ましい。

もちろんこの集中戦略の採用においては、優位性のある独自の技術等をもっていることから、自社の強みを生かせる業界の特定分野に限定して有利に事業を営むことを目的とする事例も多い。

③ 3つの基本戦略

コスト・リーダーシップ戦略では、その競争優位の源泉を「**規模の経済**」によるコスト優位と、「**経験曲線**効果」によるコスト優位に求められる。

具体的には、競合他社を上回る累積生産量を確保することにより、業界におけるマーケット・シェアを高めてさらなるスケールメリットを確保し、コスト低減の循環を実現する戦略である。

差別化戦略では、競合他社に対して差別化を図ることにより、業界内における独自性を競争優位の源泉としている。

差別化には2つのレベルがあり、製品・サービスレベルでの差別化とビジネス・システムレベルでの差別化である。前者は競合他社の製品に比べ価格、品質、性能等において差別化を図ることである。後者は自社の経営資源を活用した事業の仕組み（ビジネス・モデル）の面においての差別化を図ることである。

集中戦略は、業界の特定分野（買い手、地域、製品といった特定のターゲット）に焦点をあて、自社の経営資源を集中させることにより、競争優位を構築するものである。

コスト・リーダーシップ戦略と差別化戦略が、市場における顧客ターゲット範囲を広くとらえるのに対し、集中戦略は市場を細分化することにより顧客ターゲット範囲を狭く集中することに特徴がある。

さらに、集中戦略では競争優位の構築を低コスト志向によって行うか、差別化志向によって行うかにより2つに分類されるが、このうち前者をコスト集中戦略、後者を差別化集中戦略という。この2つの戦略は、市場全体に対する低コストや差別化が不可能な状態にあっても、積極的活動の範囲を特定分野に限定することによってこれらを可能にしようとする戦略である。

▷ **規模の経済**（economies of scale）
生産規模が拡大することによって、製品単位あたりのコストが低下することである。生産のみならず、開発、調達、マーケティングといったあらゆる分野で発生する。

▷ **経験曲線**（experience curve）
ボストン・コンサルティング・グループが提唱した、製品の累積生産量が倍増すれば、製品単位あたりのコストが20〜30％低減する理論のことである。これは経験による習熟効果、作業方法の改善、標準化の進展、安価な資材の利用などが複合して起きるものである。
⇨ Ⅲ-5「PPMの基本概念」参照。

Ⅳ 競争戦略と競争優位

3 ドメインと競争地位

1 ドメインとは

ドメインの定義は「わが社の事業は何か」という重要な問題に答えることであり，自社の行う事業活動の展開領域（生存領域・事業領域）といった戦略空間を決定することである。これは，企業の活動目的を基盤として定義され現在の事業領域のみを指すものではなく，潜在的な事業領域も含むとされている。

企業はドメインを定義することにより，自らが活動する領域の決定と自社の基本的性格を決定する。

2 ドメインの決定方法

従来の伝統的な考え方では「市場」と「技術」の2次元より決定されていたが，**エーベル**は「誰に（市場・顧客層）」「何を（**顧客機能**・顧客ニーズ）」「どのように（技術）」の3次元から事業のドメインを定義することを提唱した。

また，この3次元において自社の事業領域をどこまで拡大するのか，どの程度の違いを提供するのかという差別化によってドメインが決定されるとした。

3 ドメイン決定の意義

ドメインを決定する意義として以下の点があげられる。

- 自社の基本的性格が決定され，企業の意思決定の基準や優先順位が限定され，情報の選別や環境の選択に役立つ。
- 企業全体に一定のルールが与えられることにより，組織内部の一体化に役立つ。
- 活動領域が決定することにより，活動に必要とされる経営資源を明らかにし，経営資源の蓄積に指針を与える。
- 活動領域が決定することにより，自社の内部での活動と外部に対する活動が明確化され，外部との連携を得ることができる。

4 競争地位とは

コトラーは競争地位を，業界内における自社と競合他社の相対的地位とし，量的経営資源と質的経営資源による業界内における順位を決定するとした。その競争地位はマーケット・シェアに応じて「リーダー」「チャレンジャー」「フ

▷**エーベル**（Abell, D. F.）
彼の著書である *Defining the Business: The Starting Point of Strategic Planning*（『事業の定義』）は事業領域の定義について，最初に体系的かつ理論的に論じた文献である。

▷**顧客機能**
製品やサービスが満たすべき顧客ニーズのことである。市場が成熟し，顧客ニーズが多様化してくると，単にターゲットとする市場を明確にしただけの製品やサービスだけでは顧客の満足を得ることが難しくなる。

▷**コトラー**（Kotler, P., 1931- ）
アメリカのマーケティング学者。営利活動の分野のみならず，非営利事業や政治活動といった社会的マーケティングの研究なども行う。

ォロワー」「ニッチャー」と4類型を提示した。
- リーダーとは一般的に業界マーケット・シェアトップの企業のことであり，量的経営資源と質的経営資源ともに優れる企業のことをいう。
- チャレンジャーとはリーダーを除く業界マーケット・シェア上位の企業のことであり一般的には業界第2位の企業を指す。チャレンジャーは量的経営資源に関してはリーダー企業と比較して遜色ないが，質的経営資源ではリーダー企業との相対比較において劣る。
- フォロワーとはチャレンジャーと違いすぐにはリーダーの地位を狙うことのできない地位にある企業であり，量的経営資源と質的経営資源ともに相対的に優れていない企業をいう。また一般的には業界マーケット・シェア第3位以下の企業を指す。
- ニッチャーとは特定の分野において活動し，他の競争地位にあるものと違いフルライン政策や製品の量の拡大を狙わない企業のことであり，質的経営資源には優れるが，量的経営資源においてリーダー企業との相対比較において劣る企業である。

また，コトラーは類型化された競争地位ごとに採用すべき効果的な戦略を決め，より実践的な競争戦略を提示した。

5 各競争地位における戦略定石

業界マーケット・シェア，または企業のもつ経営資源によって類型化された競争地位によって，企業が採用すべき戦略は異なる。

以下，表Ⅳ-1において競争地位別に採用すべき戦略，市場目標について整理した。

表Ⅳ-1 競争地位別戦略

競争地位	採用すべき戦略	市場目標
リーダー	全方位戦略 コスト・リーダーシップ戦略	・周辺需要拡大政策 ・同質化政策 ・非価格対応 ・最適シェアの獲得
チャレンジャー	差別化戦略	・市場シェア
フォロワー	模倣戦略	・生存利潤
ニッチャー	集中戦略	・擬似的独占 （特定市場におけるリーダーの戦略）

出所：筆者作成。

Ⅳ 競争戦略と競争優位

4 競争優位とその源泉

1 競争戦略と競争優位

　競争とは相手よりも優位に立つための戦いであり，勝者は相手よりも優れているものである。このことを市場における企業間競争の観点からみると，企業は優位な立場や条件を獲得し，競争優位を構築する方法を決定する必要がある。競争戦略とは，この競争優位を構築するために採用される戦略である。

　競争戦略の研究には大きく分けて2種類ある。1つは前述したポーターを中心とした基本戦略についての研究であり，もう1つはコトラーを中心とした相対的地位に基づく競争戦略の研究である。

　競争優位の定義に関しては曖昧さを残す部分があるが，大きく分けて2つのものがある。

　1つは自社と他社との相対を前提とするものである。競争優位は企業が競合他社よりも平均以上の成果を長期にわたり獲得するといった優位性をもたらすもの。

　もう1つは，企業は自社と顧客との関係を第一に考え事業を営み，競争はあくまでその結果として生じるものである。この場合の競争優位とは自社が買い手（顧客）に対して創造できる価値によって生まれる。

　一般的に競争優位は前者の意味で用いられることが多い。しかし実際の企業経営においては競争を主眼とせず，後者の示すような顧客との相対を重要視することがある。

2 競争優位の源泉と4つのアプローチ

　経営戦略，とりわけ競争戦略において，その競争優位を構築する源泉を分析する視点には「内（企業の内部環境）」にあるか「外（企業の外部環境）」にあるのかというものがある。さらに競争優位は「いかなるもの」によってもたらされるのかという，「要因」自体に着目するものと，重要と考えられる要因が「いかにして」構築されるかという「プロセス」に着目するという視点がある。

　その2つの視点を基に，競争優位の構築へのアプローチは大きく4つに分類することができる。その4つのアプローチとは「ポジショニング・アプローチ」「リソース・ベースト・アプローチ」「ゲーム・アプローチ」「ラーニング・アプローチ」である。

	競争優位の構築を分析する視点	
	要因	プロセス
競争優位を構築する源泉 / 企業の外部	ポジショニング・アプローチ	ゲーム・アプローチ
競争優位を構築する源泉 / 企業の内部	リソース・ベースト・アプローチ	ラーニング・アプローチ

図Ⅳ-3　戦略論の4つのアプローチ

出所：青島矢一・加藤俊彦『競争戦略論』東洋経済新報社, 2003年, 26頁の図を基に筆者が加筆修正。

ここでは，4つのアプローチについての概略について説明を行う。

○ポジショニング・アプローチ：「外－要因」に着目

　競争優位の源泉を企業の外部環境に求めるのであれば，目標達成に有利な環境を獲得することが必要となる。こうした戦略は，企業の外部環境の中で自社を的確に位置づける（ポジショニング）点を強調するため，ポジショニング・アプローチと呼ばれる。

○リソース・ベースト・アプローチ：「内－要因」に着目

　資源アプローチは競争優位の源泉を企業内部にある経営資源に求め，内部における優れた能力や資源の蓄積から競争優位が生じるという考え方である。このアプローチにはコア・コンピタンス理論などがある。

○ゲーム・アプローチ：「外－プロセス」に着目

　ポジショニング・アプローチが競争優位の源泉を業界構造等の外部環境の分析を所与とし，戦略を策定することに対し，ゲーム・アプローチは企業の目標達成に対して外部環境が影響を及ぼすため，その構造を自社にとって有利なものに変化させようとするプロセスに着目している（ゲーム理論についての詳細は，Ⅳ-7「ゲーム理論の競争戦略への応用」を参照）。

○ラーニング・アプローチ：「内－プロセス」に着目

　資源アプローチが競争優位の源泉となる企業の経営資源に着目し，その経営資源をいかにして蓄積するのかという方法に関しては，多くを提供していないのに対し，学習アプローチは経営資源における情報や知識といった「**見えざる資産**」が蓄積されるプロセスに着目した。

▷見えざる資産

経営資源（ヒト・モノ・カネ・情報）は企業外部から調達の容易なものとそうでないものとに分けられる。このうち調達が容易でないものは，企業が各自で蓄積，育成することが必要となる。この蓄積，育成には時間がかかるものの，獲得すれば企業間競争における優位の源泉となる。技術・生産ノウハウ，ブランド・イメージ，企業イメージや組織風土といったものがある。

IV 競争戦略と競争優位

5 コア・コンピタンスの構築

1 コア・コンピタンスの理論

コア・コンピタンスとは「他社には提供できないような利益を顧客にもたらすことのできる、企業内部に秘められた独自のスキルや技術の集合体」のことであり、**ハメル＝プラハラード**によって提唱された。日本では「中核能力」と表現されることもある。

彼らは、1980年代を通して企業のリストラクチャリング、事業の整理や統合、組織の簡素化によって企業のトップは高く評価されたが、それらはあくまで一時点において競合他社との横並びに追いつくための行動であり、競争優位を構築するには至らない戦略であると指摘した。

また、彼らが前提とした競争状態は、従来のような静態的なものではなく、より動態的なものである。彼らの著書のタイトルでもある「*Competing for the future*（未来のための競争）」とは、新しい市場機会、境界線の曖昧な産業など、競争ルールが確立できていない非構造的な産業分野において行われる競争である。市場や産業をイメージし、戦略を構築する長期的な活動が行われて、はじめて彼らの理論が成立することになる。

企業間競争がグローバルに繰り広げられるメガ・コンペティション（大競争）の時代においては、他社にはない独自の強みをもつ企業がその力を発揮することができる。

2 コア・コンピタンスの要件

ハメル＝プラハラードはコア・コンピタンスに関して、一定の定義ではなく種々の要素や条件を提示しているが、ここでは3つの要件に注目する。

- 企業力を広げる：コア・コンピタンスはさまざまな市場への参入の可能性をもたらす。さまざまな市場への参入の可能性をもたらすとは、企業のもつ経営資源等が市場内の脅威を中和することにより、企業が市場での機会を得ることができるということである。
- 顧客価値：最終製品がもたらす顧客利益に実質的な貢献をしなければならない。
- 競合他社との違い：コア・コンピタンスは競合他社にとって模倣が困難でなければならない。模倣が困難なものとは具体的には次のようなものがあげら

▷コア・コンピタンス
1990年の論文において、当時の日本企業の強さに注目することにより、多角化企業の成功要因としてコア・コンピタンスの重要性を明らかにした。また本文中にあるハメル＝プラハラードの著書「Competing for the future（未来のための競争）」の邦題は「コア・コンピタンス経営」である。

▷ハメル＝プラハラード
⇨ Ⅲ-7 「PPMの限界とコア・コンピタンス論」

れる。

　制度的専有性をもつ，特許などの知的所有権で保護されているもの／企業のもつブランドや歴史によって培われたもの／他社から見えないものや，仮説が多すぎて特定できないといった因果関係の不明瞭さ。また，競争優位を構築するシステムが複雑で模倣や理解が困難であるもの。

　ハメル-プラハラードは，競争優位の源泉は以上のような特異性を備えたコア・コンピタンスそのものや，コア・コンピタンスによって構築された能力にあると主張した。

　注意すべき点は，コア・コンピタンスを資産，インフラなどと混同してはならないことである。これらと混同すれば，資産やインフラといったものを源泉とした競争優位に依存してしまう。ここでいうコア・コンピタンスは，独自の技術やノウハウによって構築されるものを指している。コア・コンピタンスは長期的な活動により形成されるものである。しかし時間の経過や環境の変化によってそれは，コア・コンピタンスではなくなる可能性もあるのである。

❸ すでに自社がもっているコア・コンピタンスの確立

　はじめに，自社のコア・コンピタンスを明確にする必要がある。その際，コア・コンピタンスは先に述べた3つの「企業力を広げる」「顧客価値」「競合他社との違い」が基準となる。

　その他，自社のコア・コンピタンスを確立する際の，留意点を以下に示す。
・会社の成功を支えているスキルを幅広く，理解すること。
・近視眼的に市場をとらえないこと。
・社内の共通財産に注目すること。
・新規事業拡大への筋道を示す。
・企業力をめぐる競争という現実に敏感になること。
・会社にとって最も価値のある経営資源を積極的に管理する土台を構築すること。

　以上のことからも推察されるように，コア・コンピタンスの確立には長期間の継続的な努力が必要となる。

❹ コア・コンピタンス理論の問題点

　コア・コンピタンスは，競争優位を構築するためのガイドライン的役割を果たすものの，企業が採用すべき具体的な手法等は提示されておらず，技術やスキルといった能力を有効に活用していくという点で曖昧である。

Ⅳ 競争戦略と競争優位

6 バリューチェーンの構造と事業システム

▷ポーター
⇨Ⅳ-1「『5つの競争要因』フレームワーク」

1 バリューチェーン（価値連鎖）とは

Ⅳ-1 で述べたように，**ポーター**は競争優位とは顧客に提供できる価値から創造されるもので，その価値を生み出す連鎖システムとしてバリューチェーンという分析方法を考案した。

バリューチェーンは価値をつくる活動とマージンとから構成されている。マージンとは，総価値と，価値をつくる活動の総コストの差からつくられる。

これは競争優位が企業の内部活動におけるどの部分から構築されるのかを説明するモデルであり，製品やサービスが企業活動のどの部分によって価値を付加されているかを確認するための有効な分析方法である。

2 バリューチェーンの連結された企業活動

連結されている企業活動は「主活動」と「支援活動」に大きく分類される。

主活動には購買物流，製造，出荷物流，販売・マーケティング，サービスがあり，支援活動には全般管理（企業インフラ），人事・労務管理，技術開発，調達活動がある。なお全般管理とは，法務や経理といった経営全般にかかる管理活動を指し，バリューチェーン全体を支援するものである（図Ⅳ-4）。

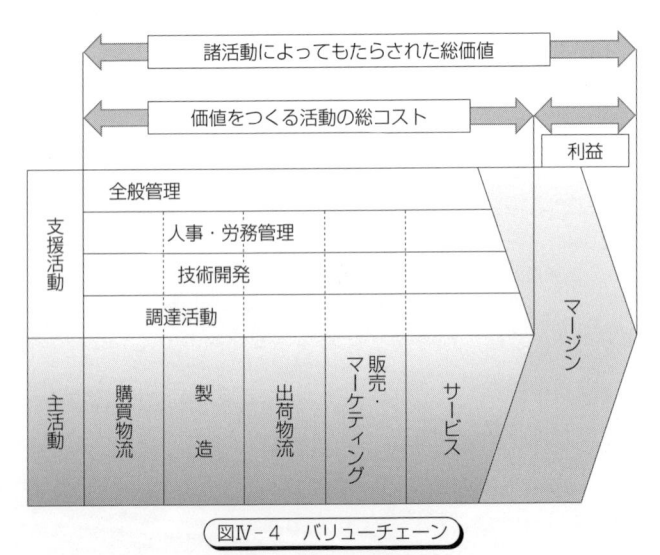

図Ⅳ-4 バリューチェーン

出所：前掲 Porter（1985）49頁の図を基に筆者が加筆修正。

③ 事業システムとは

　事業システムとは，価値を生み出すために必要な経営資源と，それを組織化するための仕組みによって構築される。事業システムによる差別化は，それを構成する経営資源の蓄積に時間と労力を必要とし，製品・サービスによる差別化は**リバース・エンジニアリング**の発達により，模倣が短期間のうちに行われることがあり，競争優位の維持が難しくなってきているが，その事業の仕組みが外部からみえにくいため，たとえ同じ経営資源をもっていたとしても，それを活用する仕組みがなければ模倣が困難なためである。その意味で，事業システムはその事業分野における企業の総合力であるといえる。このため，事業システムによる差別化は，比較的長期間にわたって競争優位を構築する源泉となりうる。

　しかし，時代の流れに合わせて世の中が変化するとともに，圧倒的な優位の源泉であった事業システムも，その差別的優位性を失うことも考えられる。

　事業システムの進化のためには，①製品技術・生産技術の変化，②交通技術の変化，③情報伝達・処理技術の変化，④取引・組織技術の変化，⑤社会構造や生活習慣の違いや変化，の5つの要因がある。

④ 事業システムの評価基準

　事業システムの優劣の客観的評価については，客観的な評価と成り得るものは，利益や付加価値であるとし，5つの評価基準がある。

- 有効性の基準：顧客にとっての価値，つまり顧客価値はどれほどあるのか。
- 効率性の基準：同じ価値あるいは類似の価値を提供する他の事業システムと比較してどちらが効率的であるか。
- 競争優位の基準：競争相手にとってどの程度模倣困難であるか。
- 持続可能性の基準：システムは長期にわたり持続することは可能であるか。環境の変化に対応することが可能であるか。
- 発展性の基準：将来において発展可能性はどの程度あるのか。

　特に「有効性の基準」と「効率性の基準」は**トレード・オフ**の関係になりやすく，スピード，組み合わせ，集中特化と外部化のメカニズムによって双方のバランスに注意する必要があり，「競争優位の基準」については情報による価値創造が必要である。

▷リバース・エンジニアリング (reverse engineering)
製品や機械を分解したり，動作やソフトウェアを観察，解析することにより，機械や製品の構造を分析し，製品等の製造方法や原理，設計，ソースコードなどの情報を獲得し，自社製品に応用すること。

▷トレード・オフ (trade-off)
複数ある条件を同時に満たすことができない関係。一方を追求すれば他方を犠牲にするといった両立できない二律背反の状態・関係のこと。例えば，物価を安定させようとすれば失業率が高まり，逆に失業率を低めようとすれば物価の上昇圧力が高まるといった，物価安定と完全雇用の関係。

第1部　基礎理論

Ⅳ　競争戦略と競争優位

7　ゲーム理論の競争戦略への応用

▷ノイマン＝モルゲンシュテルン（Neumann, J. & O. Morgenstern）

ノイマン（1903-1957）ハンガリー出身の数学者。ノイマン型コンピュータや第二次世界大戦中の原子爆弾開発などで知られる。また数学・物理・経済学・計算機科学をはじめとし多くの学問に影響を与えた。

モルゲンシュテルン（1902-1977）ドイツ生まれの経済学者。ノイマンの生み出したゲーム理論の重要性を見抜き，ノイマンと共同研究を行い経済学に応用した。

▷ 1　ゲーム理論と経済行動

ノイマン＝モルゲンシュテルンによって1944年に出版された。この本においてノイマンがゲーム理論の理論部分を担当し，モルゲンシュテルンが経済分析を担当したといわれる。また，ゲーム理論そのものは，ノイマンが頭の中でチェスを行っている際に思いついたといわれている。

1　ゲーム理論とは

ゲーム理論は**ノイマン＝モルゲンシュテルン**（Neumann, J. & O. Morgenstern）によって開発された理論であり，自己利益の追求をめざす合理主義者が，決められた条件下において選択するであろう行動をモデル化するための理論である。

とりわけ複数の意識決定主体が利害の対立する競争状態にある場合，競合相手の出方に対する合理的行動を数学的分析により明らかにしようとしている。

また，この理論では，一般的に競争状態にある意思決定主体をプレーヤーとよび，そのプレーヤーが定められたルールに従って行う競争をゲームという。

2　ゲーム理論の5つのルール

ゲームを行うには以下の5つの事柄を明確にする必要がある。

- プレーヤー：意思決定主体は何であるか，ライバルにはどのようなものがいるのか。
- 採用可能な戦略：各プレーヤーは与えられている状況による制約のもとに採用可能な戦略を決定する。
- 時間要素とプレーヤーの初期状態：ゲームが何度行われるものなのか，終了時期は決定されているのか。また，ゲーム開始時点におけるプレーヤーの状態も採用する戦略に影響する。
- 利益：ゲームの参加者たるプレーヤーが採用した戦略（行動）によって，ゲーム終了時点にある結果が決定する。この結果が各プレーヤーの評価値となり，ゲームよって得る利益である。
- 協力の可能性：各プレーヤーは話し合いができ，それぞれが採用する行動に関するルールの選択をすることができるか否か。このような前提を考慮した上で，プレーヤーは意思決定を行う。ゲーム理論の最大の特徴は，複数のプレーヤーが相互依存の関係や，あるいは競争状態にある場合の意思決定とそのプロセスにある。

ゲーム理論において留意すべき点は現実のゲームには偶然の要素が加わり，ライバルの行動予測が困難な場合が多いため，プレーヤーの意思決定はつねにリスクや不確実性を伴うことであろう。

3 ゲーム理論と競争戦略

　ゲーム理論は必ずしも問題に対してはっきりとしたイエスやノーという答えを提示するわけではない。プレーヤーを取り巻く状況を変えるためにさまざまな条件の入れ替えや組み合わせを体系的に行う。企業経営，企業間競争はこのようなゲーム理論の考え方が応用できる。

　また企業の採用した戦略行動によって得られた結果は，顧客に対する価値の創造であり，その対価として利益を得ると考えることができる。この創造された価値，すなわち利益とは，企業が製品やサービスを生み出し，それを顧客へと提供し，最終的な消費へ至るまでの一連のプロセスに参加するすべてのプレーヤーの活動の結果によるものであり，その利益の大きさはすべてのプレーヤーによってもたらされた付加価値の総和でもある。

　ゆえに，競争戦略においては，競合他社の戦略的行動を分析し，その行動やプロセスを予測することに利用される。

4 ゲーム理論とコーペティション

　コーペティション（Co-opetition）とは，「競争（Competition）」と「協調（Co-operation）」を同時に行う概念である。

　従来，経営戦略論においては「競争」と「協調」は二律背反にあるという関係を前提にしていた。

　コーペティションの状態においては補完的生産者が重要な役割を果たす。自社以外の他のプレーヤーの製品を消費者が所有した場合，それを所有していない場合に比べ自社の製品の消費者にとっての価値が増加する場合にそのプレーヤーを補完的生産者という。逆に自社の製品の価値が下がる場合は，そのプレーヤーを競争相手という。

　補完的生産者の具体的な例としては，ゲーム機メーカーとソフトウェアメーカーの関係がある。顧客にとって価値のあるゲームソフトがなければゲーム機は売れない。しかしゲーム機が売れなければ，ソフトウェアを販売することもできない，この両者は相互補完的な関係にあり，双方の視点からみれば，互いにプレーヤーと補完的生産者である。

　各プレーヤーの役割とは固定的なものではなく，ゲームを見る位置や場面によって変化し，各プレーヤーとの関係において補完的生産者を得ることで，自社にとっての市場自体を広げることになる。

　また，ゲーム理論によるアプローチは単に戦略的問題を解決するのではなく，プレーヤーの思考をさまざまな立場から補完することにより手助けをし，戦略を行ううえでのコンセプトを提供するものである。

V　リソース・ベースト・ビューと知識創造

1 企業パフォーマンスと企業価値

1 企業パフォーマンス

○企業パフォーマンスの定義

Ⅳ-4 でふれたとおり，競争優位にある企業は，他の競争関係にある企業よりもよいパフォーマンスをあげると考えるならば，「企業パフォーマンス」という概念が戦略の実行にとって重要な課題であることがわかる。

しかし，「**パフォーマンス**」といっても，その意味するところは必ずしも一様ではない。多くの定義があり，どのように測定するのかについては，見解の不一致がはなはだしくある。そこで本節では，企業パフォーマンスについて整理する。

経営者や投資家は，その企業から得られる経済的利益が期待以上であるか，満足できる水準である場合に組織の存続を図る。満足できる水準であるか否かは，期待する値にどの程度近づいたかということである。企業が満足水準を下回る価値しか生み出さない場合，投資家は別の企業へ投資移動をしたり，企業存続の危機が訪れたりする。

企業パフォーマンスとは，期待値と実際値の関係により3つに分類される。

- 標準的パフォーマンス

    企業が創出する企業価値が，資源の所有者が期待する価値と全く同じ水準であった場合

- 標準を下回るパフォーマンス

    企業が創出する企業価値が，資源の所有者が期待する価値以下の水準であった場合

- 標準を上回るパフォーマンス

    企業が創出する企業価値が，資源の所有者が期待する価値を超える水準であった場合

○企業パフォーマンスの測定

図V-1に示すような企業パフォーマンスを測定するには多くの方法があるが，完璧なものはなくそれぞれに限界がある。したがって，企業の戦略分析を行う場合，複数の測定指標からパフォーマンスを測定する必要がある。

企業パフォーマンスの測定で最もよく用いられるのは，会計上の基準である。また，企業の存続期間を加味する測定方法や，ステークホルダー・アプローチ

▷パフォーマンス
パフォーマンスという概念が比較的容易に把握できるのは，例えばスポーツの世界である。特に個人競技の場合，最速の短距離走者，最多勝の関取など，これらの選手たちが競合する選手よりも高いパフォーマンスを上げることは明らかである。しかし，チームプレーや組織のパフォーマンスはより複雑であるため，その測定にはいろいろな角度からの分析が必要となる。

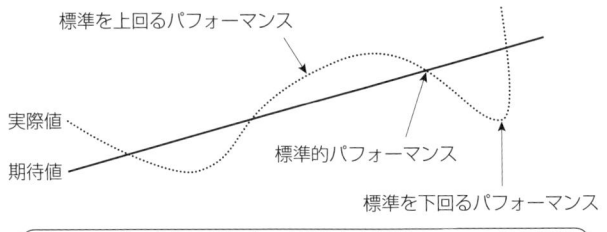

図V-1　生産資源の期待値，実際値と企業パフォーマンスの関係

出所：筆者作成。

と呼ばれる方法も代表的である。企業パフォーマンスは，そこに資源を提供するステークホルダーの志向や欲求をどれだけ満たしているか，という基準で評価するのがステークホルダー・アプローチである。ステークホルダーとは，株主，債権者，顧客，従業員，提携先企業，社会一般などのことであるが，すべてのステークホルダーの欲求を満足させることは非常に困難である。

2　企業価値

複数の企業パフォーマンスを判断し，総合的な企業としての価値を**企業価値**と呼ぶ。企業価値は概ね以下の2つに大別できる。

・資本の市場価値説

企業価値は企業への投資家の当該企業資産への請求総額の市場価値とする見方である。投資家は，資本を無償で提供するのではなく，**インカムゲイン**や**キャピタルゲイン**を得るために投資や融資をする。このため投資家を満足させるだけの経済的価値を企業価値とみるのが，資本の市場価値説である。

・社会的評価説

企業価値は，その企業に対して与えられる社会的評価によって規定されるとするものである。企業パフォーマンスに加え，**コーポレート・ブランド**の確立の程度，**コーポレート・ガバナンス**や環境対策を含めた企業の社会的責任のあり方，また**コンプライアンス**への取り組みなどを社会的に総合評価した結果が，企業価値を規定するとする見方である。

このように企業価値は，企業の数量的側面と質的側面からのアプローチがある。しかし，両者がトレード・オフの関係にあるわけではない。資本の市場評価には，企業の社会的評価が反映されているし，社会的評価もパフォーマンス評価を抜きにしては難しい。

企業価値を高め，より競争力を増すために，企業は戦略を構築する際，複数の要素を含めて検討する必要がある。

▷企業価値
企業価値の評価については，Ⅷ-5「M&Aにおける企業価値評価」を参照。

▷インカムゲイン（income gain）
資産運用の成果の配分による収入。株式投資の配当金，預金や債権等の利息，投資信託の収益分配金などの利益。

▷キャピタルゲイン（capital gain）
株式などの売買による利益。

▷コーポレート・ブランド（corporate brand）
自社と他社を識別するためのブランド。自社らしさ。

▷コーポレート・ガバナンス（corporate governance）
企業統治と翻訳され，企業の内部牽制の仕組みや不正行為を防止する機能。

▷コンプライアンス
⇨Ⅺ-4「環境経営戦略の特徴」参照。

V リソース・ベースト・ビューと知識創造

2 経営資源とリソース・ベースト・ビュー

▷産業組織論
産業組織論は，米国において展開されている経済学の学問領域の1つである。

▷SCP パラダイム
業界構造が企業行動を決め，さらに企業行動が企業の業績を左右するというもので，SCP モデルともいわれる。「産業構造（Structure）」→「企業行動（Condact）」→「産業の成果・業績（Performance）」という因果経路を有することから頭文字のSCPをとって名づけたものである。すなわち，これは産業の構造が各企業の行動パターンを規定し，最終的には各々の企業の収益性あるいは利益率を決定づけるというものである。

▷ワーナーフェルト（Birger Wererfelt, 1954- ）
マサチューセッツ工科大学教授。1984年に発表した論文にリソース・ベースト・ビューという用語を初めて

これまでに学習した，企業の外部環境における競争戦略は，**産業組織論**における **SCP パラダイム**に依拠している。これは戦略的経営に用いられる業界分析の枠組みの基本となり，その最も有名なものがポーターによる「5つの競争要因」である。（⇨ Ⅳ-1 参照）。これらの理論は，経済学の一領域である産業組織論で展開された見解に反し，経営戦略の領域ではむしろ収益性の高い状況が望ましく期待されるべきであると主張されている。本章では，企業の競争優位を分析する視点を移し，企業の内部環境であるマネジャーのスキルや組織のリーダー，企業成長といった企業の内部環境である要素をすべて統合した考え方を学ぶ。一般にリソース・ベースト・ビュー（resource-based view of the firm：経営資源に基づく企業観）と呼ばれるこのフレームワークは，特に無形の経営資源がもつ戦略上の意義に着目する。

① 企業の強みと弱み

企業の資源の強みと弱みを分析するリソース・ベースト・ビューは，以下の2つの仮定に基づいている。

- 経営資源の異質性
 「企業は生産資源の束であり，個別企業ごとにそれらの生産資源は異なる」
- 経営資源の固着性
 「経営資源の中には複製コストが非常に高いものや，その供給が非弾力的なものがある」

例えば，ある経営資源をもつことによって外部の機会を活用し，脅威に打ち勝つことができ，さらにその経営資源をもっている企業は少数で，複製には非常に高いコストがかかるか入手困難なものである場合，その経営資源は企業の「強み」であり，競争優位の源泉となりうる。

② 企業の経営資源

企業の経営資源は非常に多くのものがある。財務的資源はもちろん，研究開発能力や組織内のプロセス，企業の特性，知識，情報なども経営資源である。技術，知識，ブランドといった経営資源は無形の経営資源（intangible asset）と呼ばれる。経営資源は，**図Ⅴ-2**のように，4つのカテゴリーに分類できる。

また，近年では情報も重要な無形の経営資源の1つであり，情報的経営資源

	財務資本	物的資本
有形	企業が利用できる金銭的資源。財務資本は指標として把握しやすく，戦略構想のうえで重要視される傾向にある。	企業内で用いられる技術・設備，企業の立地などの物理的な資源。
無形	人的資本 企業にかかわる人のもつさまざまな特性や能力。従業員の経験や判断，知性，人間関係，洞察力なども含まれる。	組織資本 企業内部の組織構造や管理の体系などのこと。公式・非公式を問わず企業内部で行われる管理調整のシステムや企業外部との関係なども含まれる。

図V-2　経営資源のカテゴリー

出所：筆者作成。

と呼ばれる。情報的経営資源には，①必要不可欠な資源（ヒト・モノ・カネ）を組み合わせて使用する，②外部調達が困難，③同時多重利用が可能で使っても減らない，などの特徴がある。これらの特徴から，情報的経営資源は競争優位の源泉になりうる資源である。さらに，組織に体化された，資源の組み合わせと活用のパターン（ルーチンの束）を組織能力という。組織能力の特徴は，①個々の企業に特有の属性がある②組織全体が持つ行動力や知識の体系である③競合他社が模倣しにくい④地道に構築する必要があることである。しばしば優れた組織能力をもつ企業の事例としてトヨタが挙げられる。

③ 経営資源に関する歴史的概観

　経営資源に着目する戦略論では，戦略的に価値のある資源を表現する際に用いる言葉が統一されていない。ここでそれぞれの言葉について整理しておきたい。戦略的分野でこの経営資源の属性に言及したのは**ワーナーフェルト**である。彼はそれを「経営資源」と呼び，アメリカにおけるリソース・ベースト・ビューの発展の原動力となった研究者である**バーニー**は，この用語を使用している。
　プラハラードとベティスは，多角化戦略における経営資源の属性を，**ドミナント・ロジック**（dominant logic：支配的論理）と呼んだ。さらに企業の多角化の管理に関してプラハラードとハメルがこれらの企業内部の属性をコア・コンピタンス（core competencies）と呼んだ。また，**ストーク，エバンス，シュルマン**らは関連する研究の中で，この属性をコア・ケイパビリティ（core capabilities）とした。研究者によって，経営資源とは企業の財務・物的・人的・組織資本の属性をすべて包含する。しかし，**ケイパビリティ**は企業が経営資源を組み合わせたり活用したりする企業属性のみを意味する。また，**コア・コンピタンス**は一般的には多角化戦略を構築したり，実行したりする場合に限定されていることが多い。

使用した。
▷ **バーニー（Barney, Jay B.）**
オハイオ州立大学教授。競争優位の源泉を企業の内部資源に求めるリソース・ベースト・ビューの発展の原動力となった。VRIOフレームワークの提唱者。岡田正大訳『企業戦略論（上・中・下）』（ダイヤモンド社，2003年）は資源アプローチのテキスト的な書籍である。
▷ **ドミナント・ロジック（Dominant logic）**
ある企業の中の中核的集団で享有されている成功につながる考え方，いわゆる方程式のようなもので，プラハラードとベティスによって提唱された。それぞれの企業の中では，失敗につながったロジックを淘汰し，成功を生んだロジックを残すことで成功の確率を高めようとする営みがある。こうした経験と知識の蓄積を重ねて選び抜かれることで，企業の中核的集団では独自の成功ロジックが共有されるようになる。
▷ **ストーク, G. Jr., エバンス, F., シェルマン, L. E.**
ともにボストンコンサルティンググループのシニア・ヴァイス・プレジデント。
▷ **ケイパビリティ（Capabilities）**
ブランドや技術力，組織文化などの無形の資源。
⇨ 組織文化については，Ⅲ-1「経営戦略と経営資源」を参照。
▷ **コア・コンピタンス**
⇨ Ⅳ-5「コア・コンピタンスの構築」

V　リソース・ベースト・ビューと知識創造

3　VRIO フレームワーク

▷**異質性**
性質のちがうこと。

▷**固着性**
かたくしっかりとくっつくことや一定の場所に留まって移らないことをさす。本項 V-3 「VRIO フレームワーク」では，経営資源異質性と固着性の2つの性質に注目して，該当企業の強みと弱みを判断する。

▷**稀少性**
まれで少ないこと。

▷**模倣困難性**
模倣とは自分で創り出すのではなく，すでにあるものをまねならうこと。他社と類似あるいは同一の行動をとることをいう。まねや同一の行動をとるのが難しいことを模倣困難性という。

▷**ケイパビリティ**
⇨ V-2 「経営資源とリソース・ベースト・ビュー」

▷**インタンジブル（intangible）**
不可視。わが国の研究者である伊丹敬之はインタンジブルな組織属性のことを見えざる資産と呼んでいる。見えざる資産については，IV-4 「競争優位とその源泉」参照。

バーニーによって提唱されたリソース・ベースト・ビューでは，企業の経営資源やケイパビリティの定義，経営資源の**異質性**と経営資源の**固着性**を分析する。使用するフレームワークは VRIO フレームワークと呼ばれる。

このフレームワークは，企業の活動に関する4つの問いによって構成されている。VRIO とは以下の4つの問いの英単語の頭文字である。

・経済価値（Value）に関する問い
・**稀少性**（Rarity）に関する問い
・**模倣困難性**（Inimitability）に関する問い
・組織（Organization）に関する問い

これらの4つの問いに対する答えによって，企業の経営資源やケイパビリティが強みなのか弱みなのかを判断する。

① 経済価値（Value）に関する問い

「その企業の保有する経営資源や**ケイパビリティ**は，その企業が外部環境における脅威や機会に適応することを可能にするか」というのが，経済価値に関する問いである。

経営資源やケイパビリティが強みであるためには，企業が外部環境における機会をうまくとらえるか，もしくは脅威を少なくしなければならない。逆に，それらが難しい経営資源やケイパビリティは，企業の弱みであると考えられる。

② 稀少性（Rarity）に関する問い

「その経営資源を現在保有しているのは，ごく少数の競合企業だろうか」という問いは，企業の内部環境における強みと弱みを理解するうえで重要である。そのものが世間に少ししか存在しないところから生ずる価値をみいだそうとする分析視点である。つまり，稀でないことは，競争優位の源泉とはなりえない。企業は他社とは異なる経営資源やケイパビリティを活用しなければならない。競争優位の源泉は，特殊な技術や顧客との関係性，さらには組織文化などの**インタンジブル**な資源などである場合もある。

③ 模倣困難性（Inimitability）に関する問い

価値があり，かつ稀少な経営資源は競争優位の源泉となりうる。こうして競

争優位状態にあるとき，他の競合企業は成功している企業の経営資源を真似して似たような戦略を実行しようとする場合がある。しかし，他社による模倣ができない場合，持続的競争優位を手に入れることができる。つまり，「その経営資源を保有していない企業は，その経営資源を獲得あるいは開発する際にコスト上の不利に直面するだろうか」ということである。

模倣する際のコスト上の不利をもたらす要因として，以下の重要な4つがある。

- 独自の歴史的条件

  企業の置かれている時代背景など時間と空間に依存する資源の場合，その時点が過ぎ去ってしまうと著しく模倣コストがかかる。過ぎ去った歴史をもう一度繰り返すことは困難である。

- 因果関係不明性

  成功企業の経営資源やケイパビリティと，競争優位との関係が明らかでない場合である。あまりにもあたりまえで企業内部者はその存在に気がつかないケースもある。チームワーク，組織文化，人間関係なども含まれる。

- 社会的複雑性

  競争優位が，社会的に複雑な現象に依拠している場合，他企業が経営資源やケイパビリティの模倣は困難である。流行や口コミも一例である。

- 特許

  業界によっては競合企業からの製品模倣コストは大きくなる。しかし，特許申請の際に，企業は非常に大量の情報を開示しなければならないため，場合によっては，企業自らその技術を模倣する方法に関して，重要な情報を競合企業に提供することになる。

④ 組織（Organization）に関する問い

競争優位の実現のためには，経営資源やケイパビリティを十分に活用できるような組織が必要である。「企業が保有する，価値があり稀少で模倣コストの大きい経営資源を活用するために，組織的な方針や手続きが整っているだろうか。」という問いは，大変重要である。

命令報告系統，報酬体系などの要素も，単独では競争優位を生み出す力は限られているが，他の経営資源やケイパビリティと組み合わされたときに，競争優位の源泉となる。このことから，もしもケイパビリティと組織の間に矛盾や衝突が生じている場合は，組織を変えなければならない。多くの場合，一貫性があるかないかに関わらず，企業は一度根づいた組織属性を保持しようとする傾向にある。しかし，競争優位実現のためには，ケイパビリティの進化とともに，組織も進化させなければならない。企業にとって，常にケイパビリティと組織の関係を認識し，あるべき組織の形を描くことは重要である。

▷口コミ
コミはコミュニケーションの略で互いに口から口へ情報を伝えること。口コミは重要なマーケティング戦略の1つである。

参考文献
バーニー，J. B.／岡田正大訳『企業戦略論：競争優位構築と持続』（上）（中）（下），ダイヤモンド社，2003年。

V　リソース・ベースト・ビューと知識創造

4 リソース・ベースト・ビューの意義と限界

1　リソース・ベースト・ビューの意義

　外部環境に着目し，どの市場に打って出るのかを検討するのが「外」だとすると，企業の内部に着目し戦略策定を行う「内」なる戦略がリソース・ベースト・ビューである。リソース・ベースト・ビューにおける分析の視点は，企業が競争優位を獲得できるのか，その競争優位はどの程度持続可能か，さらにそうした競争優位の源泉は何なのかである。つまり，**VRIO フレームワーク**は，競争優位の獲得をめざす際の指針となる。表V-1ではVRIOフレームワークと競争地位，企業の強み，弱みとの関係が示されている。

▷ VRIO フレームワーク
Value：経済価値を創造し外部環境の脅威や機会に適応可能か，Rarity：稀少性があるか，Inimitability：競合企業にとって模倣困難か，Oraganization：経営資源を活用できる組織を活用できる組織であるか，以上4つの要因が実現されているかを分析するフレームワーク　⇨ V-3 「VRIOフレームワーク」参照。

表V-1　VRIOフレームワークによる競争地位と強み・弱みの関係

V	R	I	O	競争地位	強み・弱み
×	—	—	×	競争劣位	弱み
○	×	—	↑	競争均衡	強み
○	○	×	↓	一時的競争優位	強みであり固有のコンピタンス
○	○	○	○	持続的競争優位	強みであり持続可能な固有のコンピタンス

出所：筆者作成。

　バーニーよると，リソース・ベースト・ビューの意義は，以下の5つとなる。
①企業における競争優位の責任
　競争優位は内部資源である全社員の責任である。
②競争均衡と競争優位
　競合の行動を模倣するだけならば，競争均衡の状態にあるだけである。競争優位を獲得するには，物真似よりも，自社がもつ価値あり稀少で模倣コストが大きい経営資源を開発するほうがよい。
③実行困難な戦略
　戦略の実行に伴うコストよりもその戦略が創出する価値が大きい限り，戦略実行の絶対的なコストよりも戦略実行の相対的なコストのほうが競争優位にとっては重要である。
④社会的に複雑な経営資源
　従業員への権限委譲，組織文化，チームワークなどの経営資源は重要というだけでなく，持続的な競争優位の源泉にもなりうるものである。
⑤組織の役割

企業は価値ある，稀少な，模倣コストが大きい経営資源の活用を支援しなければならない。

2 リソース・ベースト・ビューの限界

リソース・ベースト・ビューの分析フレームワークであるVRIOフレームワークには，3つの限界がある。

①環境の激変

企業が競争優位の源泉となる経営資源やケイパビリティに基づく持続的競争優位を構築したとしても，適宜修正し活用し続けなければ，それを維持できない。また，企業を取り巻く外部環境が予測できない形で急激に変化する時，持続的競争優位を維持することは困難である。

外部環境の脅威と機会が予測不能な形で変化することを，シュンペーター的変革（Schumpeterian revolutions）と呼ぶ。この変化は，新技術の急激な進展，暴力的な政治変動などによって引き起こされる。例えば，インターネットの開発や携帯電話の普及などもシュンペーター的変革である。

リソース・ベースト・ビューは，業界の競争ルールが安定しているときには有効な戦略を選択する指針となるが，シュンペーター的変革が起こると，かつての強みと弱みが逆転する事象が起こる場合がある。

②経営の影響力による制約

競争優位の源泉となる経営資源やケイパビリティを獲得するコストが小さいと，その経営資源が持続的競争優位になる可能性は低く，高ければ持続的競争優位になり得るが，コスト上の不利になる。

つまり，持続的競争優位の源泉を獲得しようとすれば，ある程度の経営的余裕も必要であるため，経営の影響力による制約が存在している。

③分析の単位

リソース・ベースト・ビューでは，企業の強みや弱みの分析の単位が，企業の内部にある。このモデルにおける企業とは経営資源やケイパビリティの束として認識しているため，分析は個々の経営資源ごとに行われなければならない。しかしながら，このような企業の内部情報を入手することは非常に難しい。さらに，情報を獲得しても持続的競争優位の源泉となる資源は，記述困難なものであったり，目に見えないものであったりする点からさらに困難になる。正確な分析を行うには，企業の内部の現象を精査することが求められる。また，分析を適切に行うには，企業内部の経営資源がもつ意味や現象を深く理解することが非常に重要である。

▷シュンペーター
(Schumpeter, J. A., 1883-1950)
オーストリアの経済学者。シュンペーターは資本主義経済の発展が，不断のイノベーションにあると唱えた。主著に『経済発展の理論』，『資本主義・社会主義・民主主義』などがある。

Ⅴ　リソース・ベースト・ビューと知識創造

5　知識創造と競争優位

1　リソース・ベースト・ビューと知識創造の企業観の違い

　リソース・ベースト・ビューは，企業内部に着目し経営資源としての知識や能力の配分のあり方をモデル化した。しかし，知識をはじめとする内部資源を，いかに創造するかといったことにまではふれていない。

　知識創造の理論は，無形の知的資源や組織的な知識獲得を扱っているために，リソース・ベースト・ビューと同一に位置づけられることが多く，今日では戦略の一理論とされることも多い。しかしながら，知識創造の理論は，知識をいかにして創造し活用するかというプロセスやメカニズムを明らかにすることを目的としている。つまり，これまで学習してきた戦略論と異なり，競争優位性のために戦略や組織構造の設計を優先するという考え方ではない。

　野中によると，知識創造はその主眼を，主体的価値をもつ個に置いている。研究の対象も個によって生成される場やネットワークである。ここで重視されるのは企業の存在価値を問うビジョン，対話，実践であり，それらを環境と共鳴させるリーダーシップの問題である。組織能力を基礎として有機的な組織行動を促す企業内のシステムやネットワークを活用し，理想価値や理想的な状態を生み出すことが本質的課題である。

2　リソース・ベースト・ビューと知識創造の戦略比較

　競争優位性の二大理論としてポジショニングとリソース・ベースト・ビューは，対立した立場をとっており，また補完的であるともいえる。しかし，知識創造は，競争優位性ではなく，**共創優位性**を重視している。

　戦略の起点が，自らが何をしたいのか，または何をすべきかといった絶対価値の認識である。企業内部にある知識資源によって競争優位に立つ場合，知識創造理論においては，結果論でしかないのである。

　リソース・ベースト・ビューと知識創造の戦略について，まとめたのが**表Ⅴ-2**である。

　リソース・ベースト・ビューと知識創造を比較すると，企業の内部資源に着目しているがその目的が異なっている。企業を生命体としてとらえ，内部資源を心身のように見つめるのが知識創造企業であるといえる。

　知識創造の特徴は，組織を「個人」の集合体としてとらえる点である。組織

▷野中郁次郎（1935-　）
一橋大学名誉教授およびカリフォルニア大学経営学院特別名誉教授。知識創造理論の第一人者である。

▷共創優位性
共に創りあげる能力やメカニズムのこと。知識創造理論においての目的・目標である。

表V-2 リソース・ベースト・ビューと知識創造の戦略比較

	リソース・ベースト・ビュー	知識創造
戦略の起点	経営価値を生み出す内部資源は何か	自らが何をしたいのか・すべきなのかの認識（絶対価値）
コンセプト（ロジック）	内部資源が競争優位を決定する。ただし競争戦略とは補完的	知識創造とそのための組織的システムが持続的価値をもたらす（競争でなく共創）
資源	稀少で模倣・代替されにくい内部資源（多様な資源と能力）	知識資産と知識創造能力（知力）知識資産を生み出すメカニズムがより重要
資源の保護	模倣困難性（による保護）	ダイナミックな資源（知識資産）外部との知の共創
発展・多様性	資源の豊富さが市場の多様性をもたらす	環境との融合：無境界 エコシステム
コスト	取引コスト効率	相互作用コスト効率（共有・正当化・創造・保護）
戦略の意図	競争優位性の持続性	市場創造・顧客価値の最大化 自己価値・ビジョンの追求
戦略の実現	資源の蓄積 模倣困難性の追求	有機的組織・ビジョン・「場」 組織的に共有された「型」

出所：野中郁次郎・紺野登（2003）「知識ベース企業で何が見えてくるのか」『一橋ビジネスレビュー』51巻3号, 104頁を一部変更。

▷取引コスト（Transaction costs）
取引コストはモノの生産によって発生するコストではなく，モノやサービスの交換に伴って発生するコストである。取引コストには，情報コスト，合意形成コスト，処理コスト，騰勢コスト，適応コスト，取引解消コストなどがある。

▷真理観
真理とは，ほんとうのこと，まことの道理などのこと。倫理的・宗教的に正しい生き方を真理ということもある。

が人間の集まりであるからこそ，人間観や**真理観**，生命論などの視点が重要であると考える。知識創造は，不確実性が高い状況においては，主観的で実践的なアプローチが重要であると考える。現場での実践を重視し，直接経験を積み上げる能力と，それを概念に転換していく能力をあわせもった人間を特に「知的体育会系」と呼び，謙虚であることに真髄があるとされている。知識創造のプロセスは非常に人間的で，実践しながら謙虚に思考を開き，何者にもとらわれずありのまま受け入れることにより，真実を見極める。それを取り込んで一段上の仮説へと発展させ，修羅場を積めば積むほど経験値は膨らむというものである。これは，V-7でふれる西田哲学やヘーゲルの弁証法のように哲学的である。その背後にある知の方法論・知の性質に立脚した深い理論であるといえる。

野中は，日本の知を純粋経験に傾斜する分析以前の知だとしている。野球の例でいえば，理論派の野村監督型ではく，直感経験派の長嶋監督型である。また日本の知の創造の仕組みは意識のうちに「それをどううまく調和させるか」にたどり着くという。「either or」でなく，「both and」の共生である。このことからも，日本企業には競争優位性という視点ではなく，共創優位性が適合しているとされる。戦略論では，戦略とその実行の分断が問題視されているが，知識創造は価値観や主体を再確認することで，戦略と実践をつなぐことが可能になる。

V　リソース・ベースト・ビューと知識創造

6 知識創造の「SECIモデル」

1　SECI モデル

　前節で触れた経営資源としての知識に着目する理論が知識創造理論である。この理論で強調したいのは，知識の処理ではなく，知識の創造における重要性とその形成プロセスである。企業において，共有資産としての知識を発見，蓄積，交換，共有，創造，活用するプロセスを体系的に行う手法で，**ナレッジマネジメント**の基礎理論として知られる。

　知識創造理論では，知識には暗黙知と形式知の2つがあり，それを個人・集団・組織の間で，相互に絶え間なく変換・移転することにより新たな知識が創造されると考える。形式知とは，名前のとおり形式的に表される知識，例えば数式，言語などで表される知識を意味している。一般的に知識として思い浮かぶのはこの形式知である。しかし，同じように重要なのが暗黙知である。暗黙知とは，非形式的な知識である。暗黙知は明示的に表すことのできない経験とか何となく知っている知識のことである。

　こうした暗黙知と形式知を往復しながら知識を創造していく過程を具体的にモデル化しており，それぞれの過程の英単語の頭文字から SECI モデルと呼ばれる。

　SECI モデルは，以下の4つのプロセスから成り立っている。

①個人の暗黙知から組織の暗黙知に変換するプロセス
　（共同化：Socialization）
②暗黙知を言語やマニュアルによる形式知に変換するプロセス
　（表出化：Externalization）
③形式知同士を組み合わせて新たな形式知を創造するプロセス
　（連結化：Combination）
④利用可能となった形式知を基に，個人が実践し，その知識を暗黙知として体得するプロセス
　（内面化：Internalization）

2　SECI モデルの実際

　すべての知の源泉は，個人の体験に基づく暗黙知である。個人的体験などを伝え相互理解するために，企業では **OJT** や手取り足取りなどの経験伝授を行

▷**ナレッジマネジメント（knowledge management）**
個人のもつ知識や情報を組織全体で共有し，有効に活用することで業績を上げようとする経営手法。

▷**OJT（On-The-Job Training）**
企業内で行われる職業指導訓練手法の1つ。具体的な仕事を通じて，業務に必要な知識や技術などを計画的に習得させる訓練。

う。また、わが国には**以心伝心**という言葉もある。これが「共同化」である。

しかし、個人に属する暗黙知は、そのままでは伝わりにくく共有しにくいため、言語や図表によって形式知に変換する「表出化」を行う。ここでは、言語化することでより本質的理解が進むことも期待される。

形式知となった知識を基にして、より体系的、総合的知識をつくり出す「連結化」が起こる。最近では、**グループ・ウェア**などのIT活用もその一例である。

体系化・製品化された形式知は、**ドキュメント**やマニュアルといった形になっている。これを真の意味で知として個人が身につけるのが「内面化」である。そのためには、実践や体験を通じての習得が必要となる。

こうして再び、個人に習得され暗黙知となった個々人の知識を、共同化を通じて他人が共有していく。SECIモデル（**図Ⅴ-3**）が示す知識創造のプロセスは、継続的な循環が想定されているため、「知識創造スパイラル」と呼ばれる。

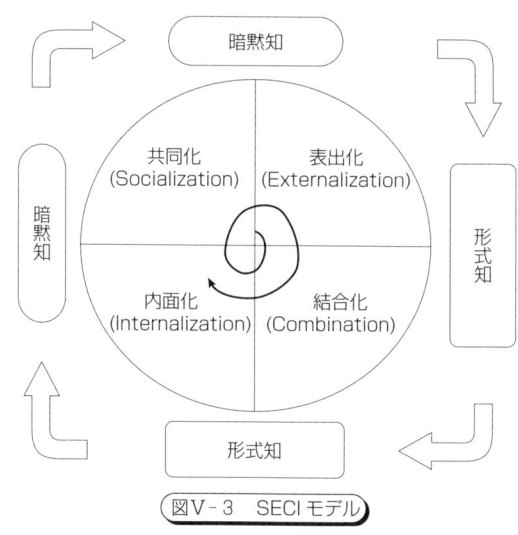

図Ⅴ-3　SECIモデル

出所：野中郁次郎・紺野登『知識経営のすすめ』ちくま新書、1999年、111頁を一部変更。

暗黙知・形式知を規則的にまわしつづけると、「型」がうまれる。型は固定化せず、理想を常にイメージしながら、実際との違いを見極め、常にその差をフィードバックして、改善を加えつづけることが重要である。実践の中で絶えず一人一人が理想形として追求しているのが、型であり、これは、理想的な行動プログラムとも呼べる。質の高い暗黙知を共有するには、このような良い型を、組織で共有することが重要である。

しかし、IT活用によるスピードや形式知だけ活用しても、人間を組み込まない限り、組織の変化は起らない。組織の暗黙知が高いということは、人と人との関係性が深いということでもある。

▷以心伝心
もともとは禅家で、言語では表されない真理を師から弟子に伝えることであった。現在では、思っていることが言葉を使わず、互いの心から心に伝わることをさす。

▷グループ・ウェア
（groupware）
企業内LANを活用して情報共有やコミュニケーションの効率化を図り、作業を支援するソフトウェアの総称。電子メールや電子会議室、電子掲示板、スケジューラ機能など充実している。

▷ドキュメント
文書や証書、記録のこと。一般的にオフィスでは書類全般をドキュメントと呼ぶことが多い。

（参考文献）
野中郁次郎・紺野登『知識経営のすすめ』ちくま新書、1999年。

V　リソース・ベースト・ビューと知識創造

7　「場」の理論とマネジメント

▷トポス
弁証術および弁論術の用語。アリストテレスに由来すると言われ，現代日本語の「トピック」に通じる。元来「場所」を意味し，議論のなされる場のことだった。また，それが発展して議論の「論点」や「命題」，または「命題図式」の事。

▷プラトン（Plato, BC427-BC347）
古代ギリシアの哲学者。ソクラテスの弟子でアリストテレスの師。プラトンとアリストレスの思想は西欧の哲学の大きな源流となった。

▷アリストテレス（Aristotle, BC384-BC322）
古代ギリシアの哲学者で中世スコラ学に影響を与えた。その多岐にわたる自然研究の業績から，「万学の祖」とも呼ばれる。

▷カント（Immanuel. Kant, 1724-1804）
ドイツの思想家で大学教授。近代において最も影響力の大きな哲学者のひとり。ドイツ観念論，哲学の祖。

▷フッサール（Edmund Albrecht Husserl, 1859-1938）
オーストリアの数学者，哲学者。はじめは数学の研究者であったが，哲学の側からの諸学問の基礎付けへと関心を移し，「現象学」を提唱。

▷ハイデッガー（Martin

1　「場」の概念に関する歴史的概観

「場」という概念自体は，古くはギリシャ哲学の「**トポス**」にみられるように決して新しいものではない。西洋においては，**プラトン，アリストテレス，カント，フッサール，ハイデッガー，ホワイトヘッド**などの哲学者によって，わが国の「場」の概念と類似した場所性の概念が提唱されている。

わが国における「場」の理論は，哲学者であった**西田幾多郎，清水博**によって古くから研究され，野中によって洗練された日本の研究者によって発生した分野である。近年では，自然哲学，物理学，生物学，医学，心理学，社会学，経営学など，さまざまな領域において「場」の概念が注目を集めている。

2　「場」の概念の定義

経営学における「場」とは，人間の存在する時空間を含む場所性の概念である。

「場」は，単に物理的な空間だけを意味するわけではなく，インターネットや電子メールによるヴァーチャルな空間や，同じ経験の共有，同じ思いといったメンタルな空間を含む。

「場」の定義において重要な基本要素は次の4つである。

・アジェンダ（情報は何に関するものなのか）
・解釈コード（情報はどう解釈すべきか）
・情報のキャリアー（情報を伝えている媒体）
・連帯欲求

以上の4つの基本要素を，参加するメンバーが共有することによって，さまざまな形で密度の高い情報的相互作用が継続的に生まれるような状況的枠組みを「場」と呼ぶ。

企業での簡単な例を挙げると，「喫煙所」「社員食堂」「カフェテリア」などもその1つである。休憩時間にいろいろな部署からいろいろな人が集まり，さまざまな情報交換が行われる「場」となる。

3　よい「場」の条件

知識は，それが独立した形で存在するのではなく，つねに人々によって共有

されることで「場」に埋め込まれた形で存在する。したがって，効果的な知識創造を行うためには，その知識の存在基盤となる「場」を創っていくことが重要である。

野中によると，知識創造に結びつくよい「場」の条件は以下のとおりである。
①独自の意図，目的，方向性，使命等をもった自己組織化された場所
②参加者の**コミットメント**が存在する
③内部からと外部からの2つの視点を同時にもたらす
④参加者が直接経験をすることができる
⑤物事の本質に関する対話が行われる
⑥境界が開かれている
⑦形式知の実践を通じて自己に体化することができる実践の場
⑧異種混合が行われる
⑨即興的な相互作用が行われる

これらの条件を単純に考えてみても日々の生産性を向上させる要素を多く含んでいることがわかる。企業が内部における知識創造のための「場」やシステムの提供をマネジメントすることは大変重要である。

4 場のマネジメント

場のマネジメントとは，これまで述べたような場を創るためのマネジメントと創りあげた場を活用するマネジメントの2つからなる。わが国の場の提唱者である**伊丹**は，場を活用するマネジメントには「場のかじ取り」が必要であるとし，場のかじ取り役を場のマネジャーと呼んでいる。伊丹によると，場のマネジャーの仕事はまさに船長のようなものである。船がただ動くためだけには必要ないが，目的地に向かって暴風雨や障害物を避けて安全運航するためには，巧みなかじ取りが必要であるとしている。また，仕事は，司令塔ではなく動力源でもない。かじ取りという言葉に象徴されるように，場のマネジャーは中央集権的なスタイルではなく，多くの行動が部下に任されている。具体的にイメージするために数字で例えると，70%は部下に任せ，20%はボトムアップ，10%は自ら決断するといったマネジメントスタイルになる。また，場を活用できる組織を音楽に例えると，オーケストラではなくジャズのセッションのようなもので，即興的で柔軟な組織形態が創発的で望ましいとされている。

これまでの戦略論では，企業の外部，競争相手の分析に目が向いていたといっても過言ではない。自らの内部資源を分析する**VRIOフレームワーク**と組み合わせ，知識への配慮とよい「場」をもつことは，結果として内なる戦略であり大きな力を発揮する。このように，戦略論においてさらに企業の内部に踏み込み，組織論との境界線をつくらずに議論することは，今後ますます重要である。

Heidegger, 1889-1976）
ドイツの哲学者。現象学の手法を用い，存在論を展開した。後の実存主義に大きな影響を与えた。

▷ホワイトヘッド（Alfred North Whitehead, 1861-1947）
イギリスの数学者，哲学者。ケンブリッジ大学，ロンドン大学，ハーバード大学において教鞭をとる。

▷西田幾多郎（1870-1945）
近代日本の哲学者。京都大学教授。古今の西洋哲学を意欲的に吸収し，仏教をはじめとする東洋的思想の伝統の上でそれらを生かそうと努めた。「場所の論理」や「無の論理」の立場を採り，西田哲学との呼称を受けた。

▷清水博（1932-）
東京大学名誉教授。NPO法人場の研究所理事長。

▷コミットメント（Commitment）
コミットメントは，「同一化」とほとんど同じ意味をもつ概念である。同一化は，心理学での精神分析に機嫌をもつ。組織へのコミットメントは「組織コミットメント」と呼ばれ，組織や集団への個人の一体化という意味で遣われる。

▷伊丹敬之（1945-）
一橋大学大学院商学研究科教授。「見えざる財産」や「場」を提唱。

▷VRIOフレームワーク
⇒V-3「VRIOフレームワーク」参照。

（参考文献）
伊丹敬之『場の論理とマネジメント』東洋経済新報社，2005年。

第 2 部

応 用 理 論

guidance

　第2部では，経営戦略の実行の段階で問題となってくる経営戦略と組織との関係に焦点をあて，経営戦略の基礎理論を「応用」した理論について，3つの章に分けて解説しています。

　第Ⅵ章：「経営戦略と組織との関係」について，各戦略パターン別の組織とのかかわり方を学びます。

　第Ⅶ章：最近，企業と企業との「組織間関係」の中でも特に注目されている「ネットワーク組織」の理論について学びます。

　第Ⅷ章：他の組織（企業）を買収し「企業価値」を高めていく外部成長戦略である「M&A戦略」について学びます。

第2部　応用理論

VI　経営戦略と組織

1　経営戦略と組織の関係

1　経営戦略の実行という問題

　素晴らしい経営戦略を立てることができたからといって，必ずしも成功が約束されているわけではない。経営戦略を狙いどおりに実行することができてはじめて，企業は成功という果実を得られるのである。経営戦略を実行に移すということは，小さな企業であればそれほど難しくないかもしれない。社長がどんな経営戦略を考えているかを従業員たちが直接聞く機会も多いだろうし，それを実行に移すための役割分担・変更もしやすいだろう。人数が少ないので従業員たちがその企業の経営戦略に従った行動をしているかどうかの確認もしやすいだろう。

　しかし，大企業となると事情は変わってくる。大企業が抱えている従業員は1万人以上である。これほど多くの人数を抱える企業で経営戦略を実行に移すとなると，従業員たちにその企業の経営戦略を理解させ，役割分担・変更をしていくのは大変なことである。また，従業員たちが経営戦略に従ってきちんと動けているかどうかを確認し，多くの従業員たちの行動をまとめあげていくことも容易ではない。そこで，大企業では経営戦略の実行を確実なものとするために，さまざまな仕組みを整備しなければならない。経営戦略を実行するために整備されたさまざまな仕組みとそれらによって生み出される活動は，**組織**と呼ばれる。大企業にとって経営戦略を成功させるためには，正しい経営戦略を立てることと同じくらいその経営戦略にふさわしい組織が用意されていることが重要である。

2　組織と戦略のダイナミクス

　大企業における経営戦略と組織との関係を最も早期に扱った研究として，**チャンドラー**による研究がある。彼はアメリカにおける大企業の歴史を詳細に調べ，それらの大企業が自らの存続と発展のために経営戦略を策定しただけでなく，後にその戦略に合わせて組織も改編しなければならなくなったことを示した。つまり，企業が戦略を変更すれば「組織は戦略に従う」べきであり，もし組織が戦略に従わなければその戦略の効果は十分に発揮されないということである。

　ただし，「組織は戦略に従う」とはいうものの，「戦略が一方的に組織のあり

▷組織（organization）
組織の定義にはいろいろあるが，バーナード（Barnard, C. I.）による「意識的に調整された人間の活動や諸力の体系」が最もよく引用されている。本章での組織という言葉の使い方も，大筋においてこのバーナードの定義に沿っている。

▷チャンドラー（Chandler, A. D., 1918-2007）
米国の経営学者，経営史学者。主著に『経営戦略と組織』がある。「組織は戦略に従う（Structure follows strategy）」という命題を掲げた。経営者や経営陣による戦略的決定事項に従って，企業組織は形成され，企業のめざす方向性が，組織の形成や人材の配置を決めていくと説いた。

方を決めてしまう」というわけではない。その企業の組織のあり方もまた，経営戦略へと大きな影響を与えるのである。組織の活動によってもたらされる結果が次の戦略に与える影響を考えてみよう。いままでの組織で業績が上がっているのならば，新しい戦略を立てるとしてもそれほど前のものと変わらないだろう。逆に現状の組織で業績が振るわないのであれば，思い切った戦略の転換が必要となるだろう。また，大企業における戦略の策定について考えてみてもよい。大企業においては戦略の策定が1人で行われることはほとんどない。多くの人々が情報を収集したり，話し合いに参加したりしながら戦略は策定されていく。つまり，組織をつうじて戦略策定は行われるのである。このことをさきほどの「組織は戦略に従う」ことと合わせて表現すると，戦略と組織は相互に影響を与え合いながらそれぞれが変化していくダイナミックな関係にあるということができる。

❸ 組織設計の要素

　経営戦略にあった組織を用意しなければならなくなったとき，どのようなことを考えて組織を設計すればよいのだろうか。**ガルブレイス**は組織設計のときに考慮すべき要素を次のように整理している。まずは①「構造（structure）」である。これは役割や部門とそれらのもつ権限やコミュニケーションの経路のことである。すなわち，どのように部門分けがされているか，そしてどの部門からどの部門に指示・命令・報告が伝えられるべきかについての仕組みである。次に②「プロセス（processes）」である。これは，「構造」において定められたコミュニケーションの経路を通して伝えられるデータや資料の種類と量である。すなわち，部門間で行われる指示・命令・報告の内容に含まれるべき情報についての決まり事である。また，この「プロセス」には，経営戦略を実行において一部門では解決できない問題が生じたとき，どのようにそれを解決すべきか（例えば，経営上層部に判断を委ねる，部門間で連携を取り合って解決する，etc.）についての手続きなども含まれる。③「報酬（rewards）」は，従業員のモチベーションを高める方法，業績を評価することに関する仕組みである。個人に割り当てられた業務単位で業績を評価すべきか，部門単位で業績を評価すべきかについては，その企業の採択する経営戦略しだいで変わってくる。そして最後の要素は④「人材（people）」である。これは経営戦略の実行に必要となる人材の条件，そして必要と判断されたスキルや思考方法を人々の中に培うための仕組みである。これらの要素は，それぞれが採択された経営戦略と適合していることはもちろん，他の要素ともお互いに整合性をもっていなければならない。これらの整合性が確保できてはじめて，経営戦略はその効果を十分に発揮することができるのである。

▷ ガルブレイス（Galbraith, Jay. R., 1908-2006）
経営学者。環境に適合するデザインについての研究で名高い。主著（翻訳されているもの）に『経営戦略と組織デザイン』『横断的組織の設計』『組織設計のマネジメント』など。

VI 経営戦略と組織

② 拡大成長戦略による組織の変化

① 事業の拡大と階層・集権化

　企業がある事業において一定の成果を上げることができたとき，その企業はさらなる成果を求めて，その事業を量的に拡大しようとする経営戦略を採用することが多い。より具体的には，従業員の人数を増やしたり，事業を行うための設備を増強したりすることに経営資源を集中させる。企業の抱える従業員が増えれば全体をまとめていくことが難しくなるし，設備が増えればそれらが故障・紛失などのトラブルに見舞われないようにするための労力も増える。そこで，事業の量的拡大という経営戦略を採用した企業では，**経営者**のもとに**管理者**を置いて経営資源を有効に活用しようとする。ここにおいて管理する側，管理される側の関係づけが改めて進められる。**階層**が形成されるのである。階層をつくるときには，どの管理者がどのような種類の指示をどのようなタイミングで発するのかについて，およびその指示内容を決めるために従業員からどのような報告がなされるべきかについての決まりも整備される。

　また，事業の量的な拡大とは別に，地理的に離れた場所に支店を出したり，新たな生産拠点を設けることで事業を拡大しようとしたりする場合もある。この地理的拡散の経営戦略には，その事業の顧客に近くに存在することで優位性を得ることができる，経営資源の移動や運搬などの費用を抑えることができるなどの利点がある。この場合にも量的な拡大の経営戦略と同様に，拡散した拠点の間での足並みを揃え，経営資源を効果的に管理する必要性が高まる。このときにも，管理者の設置，もしくは本店（本社）―支店（支社）といった形態での階層化が進められるのである。こうした事業拡大の初期段階では，経験の浅い従業員の比率も増えるために企業全体の統率をとることが大きな経営上の課題となることが多い。そのために経営者や管理者の権限と責任が強化された「集権的な（centralized）」組織がつくられることが多い。

② 垂直統合と機能別組織の形成

　事業の量的な拡大や地理的拡散の次の段階として新たな職能領域へと事業を拡大していく経営戦略がある。例えば，これまで工場である製品を生産するだけだった企業がその製品の販売店の経営まで手がけるようになるとか，製品の生産材料も他の企業から買い入れるのではなく自前で調達するようになるとい

▷**経営者**（executive）
企業において全社的な意思決定を行う役割と責任をもつひとのこと。複数の経営者によって決定が行われている場合においては，そのうちの1人が最高経営責任者（CEO: chief executive officer）となる。

▷**管理者**（manager）
経営者もまた全社的に経営資源を有効に活用する責任を負っているという意味で組織全体の管理者ともいうことができる。そのため，経営学のテキストでは，経営者をトップ・マネジャー（top manager）と呼ぶことも多い。

▷**階層**（hierarchy）
管理されるべき部門の数が多くなると，1人の管理者では足りなくなるため，複数の管理者が置かれる。そうなると，それらの管理者を取りまとめるさらに上位の管理者が必要となる。このようにして，多くの部門を抱える大企業ではしばしば管理者による階層が何層にも積み上がることになる。そうなると管理者の階層も組織設計において重要な要素となってくる。

ったことがあげられる。こうした垂直統合（vertical integration）の経営戦略を採用し実行していく企業は，「機能別組織（functional organization）」を採用することが多いといわれる（図Ⅵ-1）。機能別組織は，その企業の事業を構成する活動別に従業員たちをまとめ，部門として整理しているところに特徴がある。

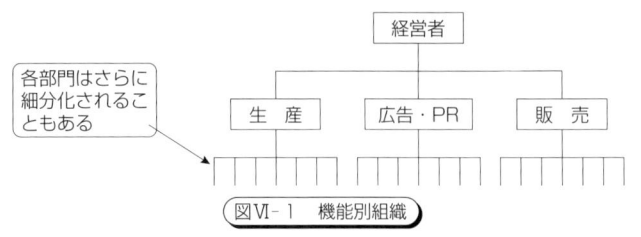

図Ⅵ-1 機能別組織
出所：筆者作成。

機能別組織を採用することにはいくつかの利点がある。第1に，同じ職務を遂行する従業員を特定の部門に配属させることになるので，経営上の判断・行動を迅速に行うことができる。第2に，各部門内の従業員たちはお互いに同じ職務を遂行しているので，同じ部門の従業員間で経験を共有しやすくなる。その結果として，従業員たちは部門ごとに高い専門性をもつようになりやすい。第3に，同じ職務が一部門に集中しているので，設備や機材などを共有しやすく費用が安くすむ場合がある。

ただし，機能別組織では，同じ部門内で起こる問題の解決は比較的に容易であるものの，部門間で生じる問題については解決しにくいことも多い。そこで，部門間での連携の問題については，しばしば経営者もしくは階層の上位に位置する管理者がそれを解決する立場に回る。そのために機能別組織を採用する企業では集権化を進めておくことが多い。

3 スタッフ部門の設置

ある一定以上の規模の企業へと成長していくと，考えなければいけない問題が大きくかつ複雑になる。それらの問題はいずれも企業にとって一歩間違えば大きな損失を生む難しい問題である。たしかに，経営者が下位の各部門に対して判断に必要な情報の提供を要請することも可能ではある。しかし，それらの業務は各部門の従業員たちにとっては不慣れな業務であり，大きな負担になりやすく日常業務にも混乱をもたらしかねない。そこで経営者に対して適切な情報提供や助言を行うための部門が設立されるようになる。経営者のもとに命令・報告関係に置かれた部門を**ライン部門**と呼ぶのに対して，これらの補助的役割をするための部門は**スタッフ部門**と呼ばれる。スタッフ部門を設けることにより，経営者もしくは上位の管理者はより適切な情報や助言を得て判断をすることができるようになる。また同時に現場の従業員たちも日常業務に専念することができるようになる。このようなスタッフ部門を付設した組織は「ライン＆スタッフ組織（line and staff organization）」と呼ばれる（図Ⅵ-2）。

▷ライン部門（line department）
何をライン部門とするのかは企業ごとに異なるが，研究開発（Research and Development: R&D）部門，生産部門，物流部門，営業部門などがライン部門とされることが多い。

▷スタッフ部門（staff department）
何をスタッフ部門とするのかは企業ごとに異なるが，財務部門，会計部門，人事部門，情報システム部門，企画部門などはスタッフ部門とされることが多い。

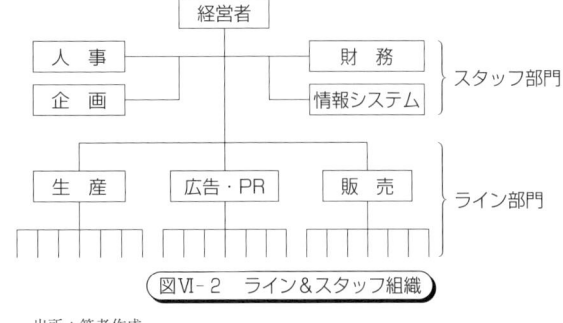

図Ⅵ-2 ライン＆スタッフ組織
出所：筆者作成。

Ⅵ 経営戦略と組織

3 多角化戦略による組織の変化

1 新事業分野への進出とあいまいな責任の所在

　ある事業において一定の成功を収めた企業が採用する経営戦略の1つとして，**多角化戦略**がある。多角化戦略を進めるということは，それまでとは異なる分野での事業経験や技術を必要とするということでもある。例えば，営業部門においては新しい製品が販売リストに加わるたびに，その製品をどのくらい仕入れて誰にどのように売るかを新たに考えていかねばならない。また，管理者でも多角化戦略に応じて多くの課題に直面する。どの分野に新たに進出すべきかについての判断はもちろんのこと，新たに進出した事業の評価をどうするか，どれだけの資金を投入すべきか，などの問題を考えていくことにもなる。

　とりわけ，その企業が「機能別組織」の形態をとっており多角化戦略を進めれば進めるほど，新規に進出した事業とこれまで行ってきた事業との間における責任の所在を明確にすることは難しくなる。機能別組織の形態をとりつつ，多角化戦略を進めたときにどうなるか考えてみよう。機能別組織の営業部門や生産部門などでは，同時にいくつもの事業に取り組むことになるだろう。どの事業も順調であれば問題はないだろうが，ある事業の成績が良くなかった場合には，機能別組織のどの部門が責任をもってその事業を立て直すべきなのかという問題がでてくることになる。

　先に述べたように，機能別組織においては，多角化を進めるとどの事業に関してもすべての部門がかかわっている。そのために立て直しには各部門での連携が必要である。各部門に連携をとらせる責任を負っている管理者が各部門に細かく指示を出すことにしたとしても，各部門の代表者を集めて協議させることにしたとしても，それなりの時間や労力がかかることを覚悟せねばならないだろう。また，ある事業の立て直しに労力をかければかけるほど，各部門の注意は他の事業から逸らされてしまい，他の事業に悪影響を及ぼしかねない。

2 事業部制組織への移行

　企業が多角化戦略を推し進め，どの事業も十分に管理していこうとするとき，機能別組織のままでは，各部門間または各事業間の調整に多大な時間や労力をかけることになる。そこで，多くの企業では「事業部制組織（divisional organization）」を採用する（図Ⅵ-3）。事業部制組織は，各部門が扱う製品・サービ

▷多角化戦略
⇨ Ⅱ-1 「製品・市場マトリックス」

ス（または類似した製品・サービス群）を単位として編成されている組織である。これらの部門は「事業部（division）」と呼ばれる。事業部制組織では，それぞれの製品事業の遂行に関する責任は各事業部に明確に割り当てられる。そして，それぞれの事業部にはその製品事業を責任をもって遂行するために必要となるさらに小さな部門が一そろい含まれている。そのため，機能別組織のときのように管理者が他の部門との連携をとらせようと時間や労力をかける必要がないのである。

事業部制組織においては階層の上位に**総合本社**が設けられ，経営者や上位の管理者はそこに所属する。総合本社は，市場での需要やトレンドの把握，企業全体のビジョン・方針の策定，各事業部に対する業績評価，新事業への進出や既存事業からの撤退の決定を含む各事業部への経営資源の割り振りなど，企業全体の活動計画と方向づけに関する事項に集中することになる。これらの事項は，総合本社から各事業部へと伝えられるが，そのときには命令ではなく助言として伝えられるのがよいとされている。なぜなら，総合本社が命令しようとするならば，それだけ事業部の業績に大きな責任をもたねばならず，そのためには事業部の業務の細部にまで立ち入る必要が生じてくるからである。多くの場合，事業部の業務への介入は総合本社にとって負担が大きすぎて，本来の業務をおろそかにしてしまう危険を高めることになる。

3 部門長に求められる資質の変化

事業部制組織において起こるもう1つの重要な変化は，部門長となっている管理者に求められる資質が変化するということである。機能別組織の場合には，各部門の担当領域における専門的な知識と技術を理解していることが部門長としての重要な資質であった。しかし，事業部制組織においては，各事業部が一そろいの機能別の小部門を抱えているため，事業部長となっている管理者はそれぞれの小部門のすべてに通じているとともに，各部門を1つにまとめあげる能力にも秀でていなければならない。それまでの機能別部門の部門長たちを訓練して事業部長にふさわしい人材にしていこうとするならば，それ相応の時間と費用がかかるだろう。また，事業部長としての能力を兼ね備えている人材を社外から雇うならば，これまでの部門長たちや従業員たちの反発なども心配しなければならない。こうした組織改編に伴う問題も含めて事業部制組織の採用は検討されなければならないのである。

図Ⅵ-3 事業部制組織

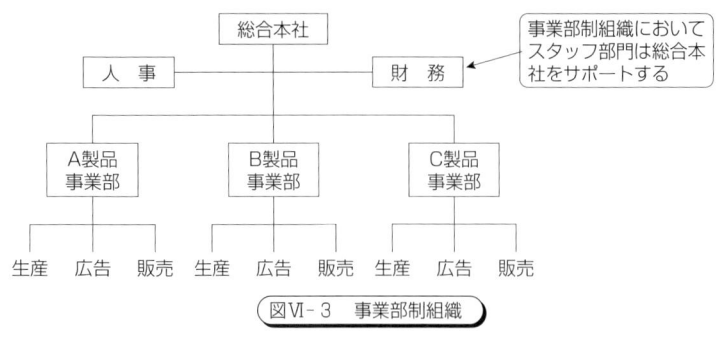

出所：筆者作成。

▷総合本社（general office）
総合本社は各事業部がどれほど利益を上げているかということを特に重視する傾向にあることから，利益センター（profit center）と呼ばれることもある。

VI 経営戦略と組織

4 競争戦略による組織の変化

1 コスト・リーダーシップ戦略を実現する組織

　ある業界や市場に複数の企業が参入してきている場合には，それぞれの企業はその存続をかけて他の企業よりも優位に立とうと**競争戦略**を採用する。ポーターによれば競争戦略の第1は，コスト面で最も優位に立とうとするコスト・リーダーシップ戦略である。まずコスト・リーダーシップを確立するためには，従業員たちに徹底的にコスト削減の意識を浸透させなければならない。そのために，コストに関する報告を徹底させるように連絡の経路と手続きを整備しなければならない。また，コストの増減に関する責任の所在をはっきりとさせるとともに，定量的な目標を定めることも必要である。また，コスト削減の目標を達成できた場合には，それに報いるような報償制度なども整備する必要がある。

　従業員たちにコスト削減の意識が十分に浸透してくると，管理者からコスト削減の指示が事細かに伝えられるのではなく，コスト削減のための改善点を従業員たち自身に考えさせることができるようになる。このとき**QC**と呼ばれる業務の改善活動のための小集団を各部門内につくらせる方法が有効であるといわれる。間接的に指示をしている管理者よりも業務を直接行っている従業員たちのほうが改善すべき点についてよく知っていることが多いため，このような取り組みによってより効果的にコスト削減を達成できると考えられている。

2 差別化戦略を実現する組織

　第2の競争戦略としてポーターは，自社の製品やサービスを業界の中で特異だとみられるようにする差別化戦略をあげている。企業が差別化戦略を成功させようとするなら，他の企業がなかなか**模倣できない**特長をもった製品やサービスを提供できなければならない。そのためには，とりわけ研究開発，企画，製品開発，マーケティングなどの部門の活動の強化とそれらの連携が重要となる。これらの活動は，機能別組織の中に部門として設置することも可能であるし，事業部制組織において各事業部の中の小部門として置くこともできる。また，差別化を導くような製品の企画やアイディアを出すことを従業員に奨励し，評価する仕組みも取り入れるべきである。特に高品質・高性能な製品を開発することで差別化を達成しようとするならば，科学者やエンジニア，アーティストなど創造的な活動を好む人材をひきつけておく方法を考えねばならないだろ

▷**競争戦略**
⇨ Ⅳ-2「競争の基本戦略」また，バリューチェーンの分析を通じて競争優位を構築する組織を考える方法もある。それについてはⅢ-6「PPMの展開」を参照。

▷**QC（Quality control）**
QCは単なるコスト削減の効果だけでなく，それらの活動を通じて従業員たちがその技術を高める学習効果や，成長感や達成感を得て動機づけにつながるという点においてもしばしば注目される。

▷**模倣できない**
⇨ Ⅴ-3「VRIOフレームワーク」参照。

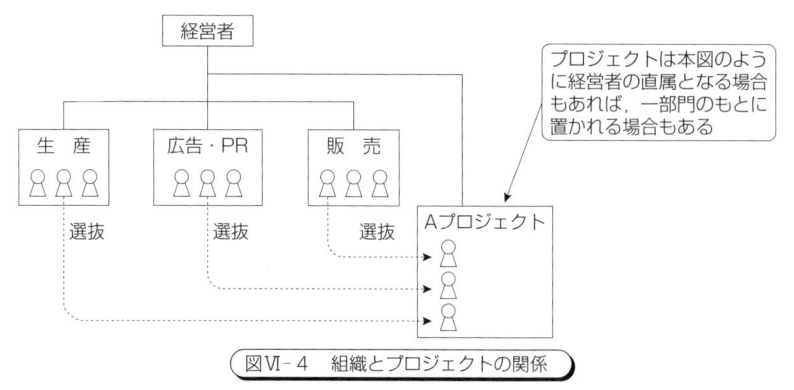

図VI-4 組織とプロジェクトの関係

出所:筆者作成。

う。

　1つの企業または事業部が複数の製品・サービスを扱っている場合には，部門間の調整が複雑になりやすい。そこで，各部門から従業員を選抜して**プロジェクト**を組ませ，差別化された製品・サービスを考えさせる企業もある（図VI-4）。企業によっては，プロジェクトなどで生み出されたアイディアが素晴らしいものであると認めるやいなや，**社内ベンチャー制度**などによって新規に事業部を立ち上げさせたり，関連会社として独立させて事業を展開させることもある。

3 集中戦略を実現する組織

　すべての企業がコスト・リーダーシップ戦略や差別化戦略を行うための資源を十分にもっているわけではない。そうした経営資源の面で不利な状況に置かれている企業は，第3の競争戦略である集中戦略を採用する。集中戦略では，業界全体ではなくもっと狭い特定の顧客グループや特定の製品の種類などに経営資源を集中させる。経営資源の集中をつうじて，コスト面で優位な地位もしくは差別化された競争上の地位，場合によってはその両方を達成することを狙うのである。したがって基本的に，コスト面での優位を狙うならば上記の「❶コスト・リーダーシップ戦略を実現する組織」を，差別化された競争上の地位を狙うならば上記の「❷差別化戦略を実現する組織」をめざすことになる。また，コスト面で優位で差別化された競走上の地位をめざすならば，それらを組み合わせた組織づくりを行うことになる。

　また，集中戦略を採用する企業には，その経営者がどの狭い市場の領域や顧客にターゲットを絞り込むかを大胆に決断することが求められる。くわえて，その決断に従って下位の部門がすばやく動くことができなければならない。つまり，経営資源の投入に関して経営者が強い権限と責任をもつように集権化されている組織でなければ，集中戦略はなかなか実行できないであろう。

▷プロジェクト（project）
プロジェクトとは，独自の製品やサービスを創造するために，明確な始まりと終わりをもって行われる業務のことである。

▷社内ベンチャー制度（intrapreneurship）
社内ベンチャー制度とは，旺盛な起業への意欲と事業アイディアをもった社員へその企業の経営資源や権限を付与することによって，社内で新規に事業を立ち上げさせる制度のことをいう。

VI 経営戦略と組織

5 協調戦略による組織の変化

① 協調による優位性の確保

　競合する他の企業よりも優位に立とうと考えるとき，必ずしもその企業だけの力で優位性を獲得する必要はない。企業にとっては他の企業との協調関係を結ぶことによって優位性を保つこともしばしば有力な選択肢となりうる。協調戦略が必要とされる状況はいろいろと考えられるが，競合企業が非常に高い競争力をもっている場合には，すべての点においてその競合企業よりも優位に立つことは難しい。そこで自社が得意な領域だけに活動を集中させて，不得意な領域についてはその領域に強い他の企業の力を借りる形で協調関係を結ぶのである。また，大規模な経営資源を必要とする事業を行おうとするとき，もしくは未知の事業へと進出するようなときも，他の企業との協調戦略がしばしば採用される。これら場合には，相互に弱みを補うというだけでなく，単一企業で事業に取り組むリスクを分散させるという狙いも含まれている。

② 契約による協調

　ひとくちに他の企業と協調関係を結ぶといっても，さまざまな形態がある。どの形態の協調が最もふさわしいかは，協調戦略が狙う成果を得るためにどの程度，緊密にやり取りを重ねようとするかによって変化する。最も軽いやり取りの形態は契約によって製品・部品・資金・サービス等をお互いに提供し合う方法である。契約を結ぶ前には各企業の代表者が会合して条件について話し合いを重ねるが，契約が成立した後にはやり取りはほとんど必要なくなる。技術やノウハウのような**移転が難しい知識**の提供などのために，より緊密なやり取りを行おうとするならば，どちらかの企業から他の企業へと人材を派遣する形での契約もある。人材を派遣する場合においては，受け入れ側の企業はどの部門またはチームに受け入れるかを決めておき，送り出す側の企業は人の選出と派遣先からの報告・指示の方法について定めることになる。

③ 協調関係の組織化

　契約はあくまで一時的な協調関係で終わりやすい。技術等の機密保持は契約内容によってある程度守ることができるが，1つの技術を完璧に保持し続けることは非常に難しい。より長く強固な協調関係を望むならば，その協調関係を

▷移転が難しい知識
⇨ V-6「知識創造の『SECIモデル』」参照。

VI-5 協調戦略による組織の変化

組織化することが必要である。そのための1つの方法として、**M&A**（merger and acquisition）等によってどちらかの組織が他の組織へと組み込むか、2つの組織を1つの組織へと統合することがある。しかし、M&Aにはしばしば膨大な資金が必要となり、実施できる企業も限られてくる。また、M&Aに成功したとしても、その後の部門の整理や統合の過程において、それぞれの組織の従業員たちがそれまで培ってきた固有の考え方や価値観などのちがいによって衝突が起こることも少なくない。そのためM&Aによる協調関係の組織化においては、その効果が発揮されるまでにある程度の時間がかかることを覚悟しなければならない。

もう1つの方法は、**ジョイント・ベンチャー**のように2つの組織の間に組織を新たにつくることである。**キリング**によれば2つの組織と新たにつくられた組織の関係には3つのパターンがある（図VI-5）。1つめは、どちらかの組織が、新たにつくられた組織に責任をもってかかわるパターンである。2つの組織の管理者が新しい組織にかかわっているとはいえ、新しい組織のけん引役がはっきりしているために、意思決定は明確で混乱が少ない。ただし、けん引役にならなかった側の組織のかかわりが弱い分だけ、協調の効果も弱くなる。2つめは、2つの組織の両方が新しい組織の管理にかかわるパターンである。このパターンにおいては、各組織がそれぞれの得意な領域で技術や人材などを積極的に提供することになりやすく高い協調の効果が期待できる。しかし、他のパターンに比べて2つの組織の間で意見の衝突などが起こる可能性も高い。3つめには、新たにつくられた組織が自律的に活動を展開するパターンである。この組織では2つの組織からのコントロールが弱くなるため、さまざまな判断が迅速になされる。ただし、新しい組織に集まった従業員たち独自の視点や考え方が組織の中で重要視されることになりやすく、バランスを欠いた判断による失敗の危険性にも十分に注意しておかねばならないといえよう。

▷ M&A
⇨ VIII-2「M&Aの形態と手法」

▷ ジョイント・ベンチャー（joint venture）
複数の企業が経営資源を出し合ってつくった企業のこと。
⇨ XII-1「起業とは」、第VII章「ネットワーク組織と組織間関係」も参照。

▷ キリング（Killing, Peter J.）
経営学者。主に戦略的提携とM&Aに関する研究で有名である。

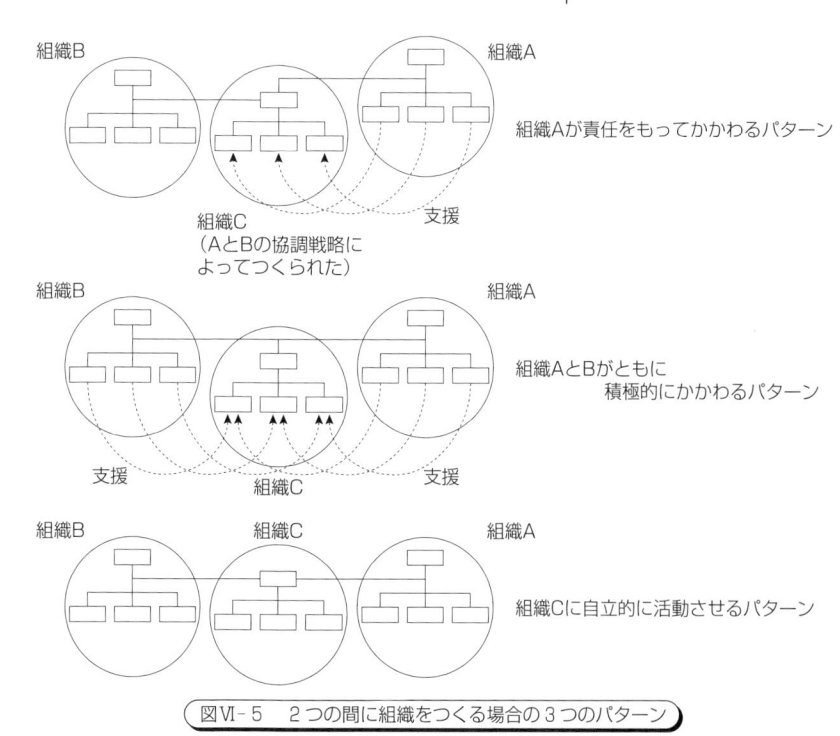

図VI-5 2つの間に組織をつくる場合の3つのパターン

- 組織Aが責任をもってかかわるパターン
- 組織AとBがともに積極的にかかわるパターン
- 組織Cに自立的に活動させるパターン

出所：筆者作成。

VI 経営戦略と組織

6 顧客重視戦略による組織の変化

1 顧客の変化に対応する組織

　企業間の競争が激しく拮抗すればするほど，競合する企業からも続々と魅力的な製品やサービスが提示され，顧客は不断に製品やサービスについて学びながら好みや要求を変えていくようになる。そのような状況において競争の優位性を確保し続けるためには，顧客についてつねに学習しつつ，彼らの好みや要求の変化に柔軟に対応できなければならない。

　顧客への対応を重視する企業の多くは，まず顧客の動向を探るための部門を設置する。例えば，お客様相談室やサービス・センターなどを設けて顧客からの苦情や問い合わせに対応できるようにしている。また，顧客心理を分析したり市場の動向を調査したりするために，機能別組織の一部門としてマーケティング部門を設ける企業も多い。さらに企業が顧客の変化への対応力を高める顧客重視戦略をとろうとするならば，**ガルブレイス**が指摘するように，組織の部門間の「横断的調整 (lateral coordination)」の能力を高めていく必要がある。

2 横断的調整の諸段階

　横断的調整の最も初歩的な段階は，従業員間での自由で自発的な情報交換を奨励することである。同僚や経験の豊かな先輩の従業員と相談することで，顧客への対応もより間違いが少なくなるだろう。各部門内に従業員のためのアドバイザー・スタッフを置くことも1つの方法である。

　次に考えられる段階としては，顧客のプロフィールや要求に関する情報を自由に蓄積したり引き出したりできる仕組みの導入がある。例えば，各部門を社内ネットワークで結び，顧客の電子データベースを整備することによって，従業員に顧客の履歴や類似したケースの情報を参考にさせることができる。

　さらに横断的調整能力を上げようとするならば，**カスタマー・チーム**を設置することが必要となる。ただし，公式的にチームをつくる一方でそのチームのために人材を引き抜かれた部門の業務負担が大きくなるという点に注意しておかねばならない。場合によっては，部門内の事情や要望によって，あるチームに属しながら同時に既存の部門の仕事もしなければならなくなるかもしれない。また，集められたチーム内でも最初からメンバーの足並みが揃うとは限らない。こうした問題を解決するために企業は**統括責任者**という役割を置くことがある。

▷ガルブレイス
⇨ VI-1「経営戦略と組織の関係」

▷カスタマー・チーム (customer team)
特定の顧客に対応する専門のプロジェクトのことである。プロジェクトについては VI-4「競争戦略による組織の変化」を参照のこと。

▷統括責任者 (integrator)
統括責任者は，カスタマー・チームが顧客の要求に応えるという目的を達成することを助けるだけでなく，チームのメンバーたちの間にチームワークを育て，それぞれのメンバーとその出身部門との関係を良好に保つように配慮するなどの責任も負う。統括責任者は高い横断的調整能力をもった管理者であるといえる。

図Ⅵ-6　フロント/バック型組織

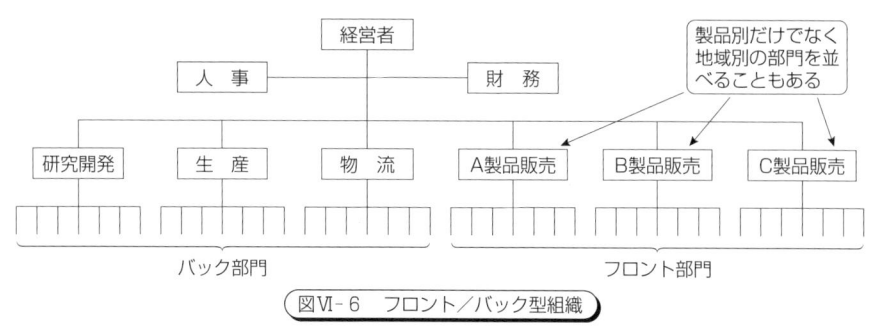

出所：筆者作成。

3　カスタマー・チームの部門化

　企業が多数のカスタマー・チームを継続的に抱えるのであれば，カスタマー・チームを部門へと編成するという選択肢もある。機能別組織においてカスタマー・チームが既存の部門と同等の位置にまで引き上げられたとき，その組織は**フロント/バック組織**となる（図Ⅵ-6）。フロント/バック組織は，機能別組織や事業部制組織に比べて，顧客に対応する活動を重要視する側面を強く打ち出しているといえよう。しかしながら，顧客の要求に細やかに応えていくためには，研究開発部門や製造部門などの後方部門と連携して製品・サービスを改善したり新たに開発したりしていくことが欠かせない。フロント部門とバック部門との連携という課題が出てくるのである。

　そこで，フロント部門とバック部門の間にコミュニケーションの経路を公式的に設置し連携を高め，**マトリックス型組織**とする方法が考えられる（図Ⅵ-7）。マトリックス型組織にすると，非常に多様な顧客に対応することができる。しかし，それぞれの部門編成ごとの管理者同士の対立が起こることや，2人の管理者からの異なる助言による従業員間の混乱などの危険も同時に抱えている。マトリックス型組織においては，管理者はもちろん，現場の従業員まで，高いコミュニケーション能力と高い判断能力が求められる。

▷**フロント/バック組織**
(front / back organization)
顧客に接する部門を前線（フロント）部門とし，それ以外の部門を後方（バック）部門として位置づけた組織のこと。

▷**マトリックス型組織**
(matrix organization)
2つの部門編成の基準を交差させて組み合わせている組織は一般的にマトリックス型組織と呼ばれる。顧客別/製品別や地域別/機能別の組み合わせなどであってもマトリックス型組織ということができる。

図Ⅵ-7　マトリックス型組織

出所：筆者作成。

VI 経営戦略と組織

7 創発的に戦略を生む組織

1 戦略を見直す仕組みとしての戦略的プランニング

　企業にとってその存続を脅かす要因は，競合企業の行動や顧客の要求の変化だけに限らない。経済全体の好不況や，新技術の発見と普及，政府による政策や規制の新設や撤廃，文化や慣習の移り変わりなどもまた企業の存続に影響を与える要因となりうる可能性がある。いわゆる環境全体の変化への対応を強く意識すればするほど，つねに企業の経営戦略を見直すことができる仕組みも，組織に組み込んでおこうという考え方になる。

　では，戦略を立案するまたは既存の戦略を見直す作業は組織の中で，どのように行われるべきなのであろうか。ミンツバーグによれば，その最も代表的な方法は戦略的プランニング（strategic planning）と呼ばれるものである。戦略的プランニングでは，市場や競合企業などの情報を収集・分析するとともに自社の強み・弱みなどの分析も行い，合理的な計算と手順によって明快かつ具体的な戦略を導き出そうとする。戦略的プランニングを重視する企業ではそのための部門を設置したり，専門家を雇ったりする。それらの部門もしくは専門家によって立案された戦略案は，経営者によって検討され経営戦略として採択されることになる。

2 戦略的プランニングの問題点

　戦略的プランニングは一見，経営戦略の変更のための安全で確実な方法であるように思われる。けれども，ミンツバーグは戦略的プランニングはいくつかの前提に立っており，それらへの過剰な依存は危険であると指摘する。第1の前提は，環境変化の予測が可能であるという前提である。季節のような繰り返しのパターンは予測できるかもしれないが，これまでの企業の歴史からみて，新しい技術の発見や，物価や景気，世界情勢などの重要な変化はほとんど予測不可能である。また，企業では戦略の立案から承認まで通常1年ほどの時間をかけるが，戦略的プランニングの議論ではその間に外部の要因が変化することをほとんど考慮していない。

　第2の前提は，戦略立案の専門家は現場で働く従業員たちと別世界に存在できるという前提である。戦略を立案するために専門家や部門の担当者たちはしばしば，政府の公表する経済指標をチェックしたり，企業の財務諸表を見比べ

▷ミンツバーグ（Mintzberg, Henry, 1939-）
経営学者。その研究領域は経営者職能論，経営戦略論，経営組織論，経営教育論など多岐にわたり，それぞれの分野で多大かつ輝かしい業績をあげている。また，産業界や政府などへのコンサルティングなども積極的に行っている。日本語に訳されている主な著作として『マネジャーの仕事』（白桃書房，1993年），『戦略サファリ』（東洋経済新報社，1999年），『人間感覚のマネジメント』（ダイヤモンド社，1991年），『MBAが会社を滅ぼす』（日経BP社，2006年），『H.ミンツバーグ経営論』（ダイヤモンド社，2007年），などがある。
▷1　ほとんどの場合に戦略プランニングのための部門はスタッフ部門として位置づけられる。

たり，関連する情報を現場から報告させたりする。しかし，それらはある報告の形式に沿って取捨選択がなされた"加工された"情報である。それらには現場の雰囲気や社内の噂話などのとりとめのない雑多な情報などに豊富に含まれている新しい戦略へのヒントは専門家には届かない。

第3の前提は決まった手順を踏めば必ずよい戦略が立てられるという前提である。戦略の見直しにおいて大切なことは，なかなか数字に出てこない小さな変化を敏感に感じ取り，現場から新しい戦略のヒントを掘り出すことである。そのためには，つねに自らのやり方や考え方を疑い，試行錯誤しながら学習していくことが必要なのである。

3 日々の学習から戦略へ

戦略的プランニングの示す方法では，効果的な戦略の見直しや新しい戦略の立案は難しい。外部の変化を敏感に感じ取ることのできる現場の中で行われる雑多な情報や日々の学習の中からこそ新しい戦略へのヒントや使われたアイディアが生まれてくる。日々の活動から生まれたアイディアは現場の従業員たちによって試され修正されながら，次第に他の従業員たちにも広められる。そうして最初はほんの一部の従業員たちのアイディアであったものが，企業全体の経営戦略として認められていく。ミンツバーグはこのように生まれてくる戦略を創発的な戦略（emergent strategy）と呼んでいる。

創発的な戦略を導き出すためには，現場の従業員達の一人一人に，戦略立案者としての立場を強く意識させることが必要である。そして，彼らに日々の業務の中で感じた変化に創意工夫をもって対応し，学習していくことを奨励しなければならない。一方で，組織の中に庭の雑草のように育ってきた新しいアイディア・行動を集める役割が必要でもある。ミンツバーグによれば，それこそが戦略の専門家や戦略策定を担う部門が果たすべき本来の役割である。彼らは組織の中に散らばっている情報やアイディアを総合して，新しい方向性を発見して経営陣に向けてそれを示さねばならない。それらが企業の全体を統括する経営陣に了承されたとき，それが新たな戦略となる。次に承認された戦略が実現可能になるように手順や部門分け等を考えて，従業員たちへわかりやすく伝えることも彼らの役割となる。彼らが現場の従業員たちと経営者の媒介役を務め上げることで，創発的な戦略を導き出すことができるのである。

▷2 日々の活動や学習などによる新しいアイディアの発生などについては，Ⅴ-5「知識創造と競争優位」参照。

図Ⅵ-8 創発的な戦略と戦略家の役割

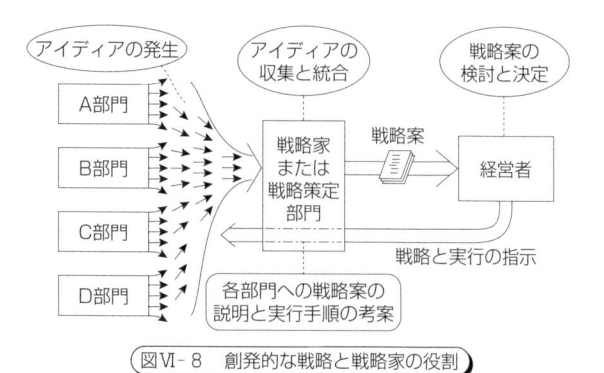

出所：筆者作成。

VII ネットワーク組織と組織間関係

1 ネットワーク組織とは

1 ネットワーク組織とは

　企業が存続していくための方策としてネットワーク組織による戦略がある。ネットワーク組織というと，複数の企業が集結した企業のネットワークから，情報技術によって結合した情報ネットワーク，そして中小企業の異業種交流グループまでさまざまに用いられている。本章では，ネットワーク組織を，複数の企業や組織が何らかの目的を遂行するためにかかわり合いをもった状態にある組織と定義して議論を進めたい。

　従来の大量生産方式が主流だった経営活動において，消費者の多様化や情報技術の導入は新たな組織のあり方を必要とした。そこで議論されるようになったのがネットワーク組織である。柔軟な生産体制や個別に対応する販売活動など，脱大量生産を志向した新たな組織形態として，ネットワーク組織は**新時代の到来**を予感させた。また，企業存続の方策としてネットワーク組織を重要視する考えもあり，新製品開発，新技術開発，新事業創造といった1社単独では困難な取り組みについても，ネットワーク組織による相互作用に期待が寄せられた。

2 なぜネットワークを構築するのか

　なぜ，企業は他社とネットワーク関係を構築するのか。これについては，さまざまな議論がなされてきた。

　激しい経営環境の変化によって存続が危ぶまれる企業は少なくない。そのため，企業はなんとかして存続・発展しようと経営活動を活発化させるが，経営資源の制約から，なかなか思惑どおりにいかないことが多い。そのため，他社と協力関係を構築して資源の相互依存によって取り組みを実現させるためにネットワークを構築するという考え方がある。これを資源依存（resource dependent）アプローチという。

　また，他社との取引が組織内部で行われるのか，それとも市場をつうじて行われるのかという問題に注目するものがある。これを取引コスト（transaction cost）アプローチという。これは企業が経営活動に必要な部品や素材を内製するのか，それとも外注するのかという問題にほかならなく，その決め手となる要因は組織内部と市場の取引のどちらが効率的なのかである。市場取引が効率

▷新時代の到来
来るべき情報化ネットワーク社会の議論には，今井賢一『情報ネットワーク社会』岩波書店，1984年や今井賢一・金子郁容『ネットワーク組織論』1988年に詳しい。

的であれば，その企業は外部との取引を志向するのでそこに一時的にネットワークが発生することになる。

その他に，他社とネットワークを構築することで自社の存在を正当化できるという役目もある。これまでに取引実績のない企業でも，信用のある金融機関との取引があれば販路拡大するときに相手方も安心して取引開始をすることができる。そのため，ある金融機関のグループに属することによるメリットを享受できるのである。これはスタートアップして間もないベンチャー企業でも同じである。地域に根ざした中小企業では，その地域の中核企業と取引することがひとつのステータスとなることもある。

3 「組織か市場か」を超えて

日米の自動車メーカーにおける部品調達を比較すると，日本では特定の部品サプライヤーに依存する度合いが強く系列的な取引が特徴だったのに対し，米国では内製する傾向が強く部品取引は市場的に行われているといわれてきた。しかしながら，日本の自動車メーカーにおいて部品の世界最適調達が志向されたり，逆に米国が長期的取引のメリットに気づいて日本的な取引慣行を取り入れたりして，両者の取引慣行は収斂化の傾向にあるといわれている。

このように，実際の取引関係は従来の「組織か市場か」という議論から，その中間的な位置でのやり取りであることが指摘されており，ここで取り上げるネットワーク組織はこうした**中間的な組織形態**の1つであるといえる。自動車生産の系列関係も，長期にわたり特定サプライヤーと取引することもあるが，部品によっては市場的な取引をすることもあることから，やはり中間的な組織に位置づけるのが妥当である。つまり，現代社会における取引の多くは，厳密に組織だとも市場だとも峻別することが困難であり，その中間的な位置のどこかにプロットされるものであるといえる（図Ⅶ-1）。

▷中間的な組織形態
中間組織に関する議論に関しては，今井賢一・伊丹敬之・小池和男『内部組織の経済学』東洋経済新報社，1982年を参照されたい。

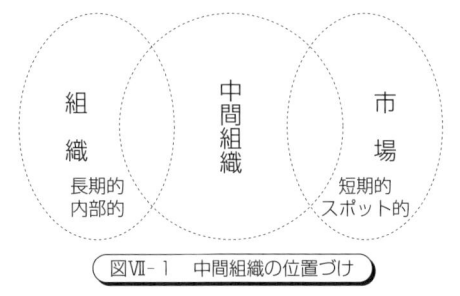

純粋な組織内取引であれば，安定した取引関係が築かれるし，問題が発生しても当事者はいずれも内部者なので問題解決に対して積極的に発言をする。しかしながら，取引関係が安定しているために自社努力を惜しむようになり，結果として提供するサービスの価値が低下する危険性をはらんでいる。他方，純粋な市場原理の場合だと，取引が一時的なものととらえられるため，両者の関係に不満が生じたとしても積極的な問題解決に向かう動機づけは乏しく，取引関係を破棄する動きに出ることが予想される。この点でネットワーク組織のような存在であれば，関係メンバーを問題解決に向かわせるだけの一体感も持たせうるし，サービス内容についても一部は市場原理が働いているため，各メンバーで努力をしなければ取引がなくなるという危機感を醸成させる機能も働くのである。

組織　中間組織　市場
長期的　　　　　短期的
内部的　　　　　スポット的

図Ⅶ-1　中間組織の位置づけ
出所：筆者作成。

Ⅶ ネットワーク組織と組織間関係

2 垂直型ネットワーク組織

1 系列というネットワーク

　情報技術を多用した企業集団がネットワーク組織であるというイメージが先行している感があるが，自動車産業等でみられる**系列**もれっきとしたネットワーク組織である。系列というと，元請企業と下請企業という支配従属関係によって，がんじがらめに縛りつけられた取引関係が想起されていた。しかし，日本企業が世界的に発展を遂げるにつれて系列は競争優位の源泉として認識されるようになり，協力企業も近年は主体的な経営活動を展開している意味合いを強め，部品サプライヤーという表現に変わっている。とはいえ，自動車メーカーを頂点とした生産ネットワークを形成していることから，こうしたネットワークをここでは垂直型ネットワークと呼ぶ。

　従来の日本的な系列関係は長期的取引を基本にした同業他社のサプライヤーとの棲み分けがなされていたが，バブル経済の崩壊によって経営状態が悪化した自動車メーカーの中には，系列の見直しに着手する企業もみられた。系列の見直しによって，部品開発や加工，**サブアセンブリ**に優れたサプライヤーが系列の中で活躍している。こうした現象も，ネットワークの視点からとらえると，自動車の需要に合わせた最適な生産力を実現するための調整であり，この柔軟性が世界的な競争力をもたせる基盤となっている。

2 系列の柔軟性

　系列のネットワーク組織には，生産能力の緩衝としての柔軟性だけではなく，企業同士の関係性に起因する柔軟性がある。つまり，長年にわたる取引関係だからこそ発揮される企業間の柔軟性である。

　1997年2月，トヨタ自動車に部品供給するアイシン精機が工場火災に見舞われ，余剰在庫をもたないトヨタ生産方式の脆弱さが露呈される出来事が発生した。アイシン精機では，自動車生産に不可欠なPバルブという部品を製造しており，トヨタグループでは，この部品供給が停止することで甚大な被害を受けた。この災害による被害を最小限にとどめたのが同業他社のサプライヤーであった。数日のうちに，それまでPバルブを製造したことのないサプライヤーたちが，複雑な工程を分担して製造に取りかかり，トヨタへ納入するまでにこぎつけた。こうした代替生産には200社を超える企業が参加し，そのうちの

▷**系列**
系列とは，生産活動や販売活動における企業間の連結した関係で，資本関係や長期的取引が特徴である。

▷**サブアセンブリ**
サブアセンブリとは，部品サプライヤーが自動車メーカーに納入されるまでの部品を，ある程度まで組み立てておくことをいう。部品サプライヤーがある程度まで組み立てて部品納入することによって，自動車メーカーでの生産活動が容易になる。

62社がPバルブの製造に直接的にかかわったという。ここで重要なのは，これらの活動がトヨタによる直接的なコントロールによるものではなく，サプライヤーにおいて整然と組織化され技術所有権や金銭面での補償問題に関する駆け引きがなかったことである。

2007年7月には，中越沖地震によって重要なエンジン部品を供給するリケンの工場がダメージを受け，多くの自動車メーカーに被害が及んだ。災害後，各自動車メーカーからすぐに応援要員が現地に駆けつけ，工場再開に向けてメーカー，サプライヤーという立場を超えた取り組みがなされた。結果，1週間後には一部のラインが稼動しはじめるに至った。

以上のように，系列は，問題が発生したときに企業の垣根を越えた協力体制が迅速に構築される柔軟性をもち合わせ，被害を最小限に留める機能を発揮するポテンシャルをもつネットワーク組織なのである。

3 系列の将来

自動車生産における系列ネットワーク組織では，**モジュール化**の取り組みが進展している。これまでは別々に納入していた部品を，関連した部品群であればサプライヤーがサブアセンブリを実施した後に自動車メーカーに納入する生産（組立）のモジュール化が顕著な例である。このモジュール化によって，自動車メーカーの最終組立が容易になるほか，サプライヤーにおいても部品の限りなきコストダウンの要求に応えることができ，生産ネットワーク全体に貢献するものでもある。また，部品の設計・開発段階からいくつかの機能を統合させる開発段階からのモジュール化も進展しており，サプライヤーには部品を統合して生産する能力だけでなく，部品開発力も要求されるようになっている。

こうした動きを受け，自動車生産ネットワークでは，サプライヤー間の部品製造・開発の調整が盛んに実施され，高度な部品統合ができない場合はモジュール対応のサプライヤーとして選定されず，部品によっては自動車メーカーとの直接取引がなくなるという事態が発生している（図Ⅶ-2）。

もちろん，自動車メーカーでは，部品納入するサプライヤーの数は少ないほうが調整コストも節約できるため，モジュール化によって一次サプライヤーの選定が厳格化されることの効果は小さくはない。そのため，モジュール化の進展によって，生産ネットワーク組織はサブアセンブリにおけるサプライヤー間の調整活動が重要になってくると考えられている。

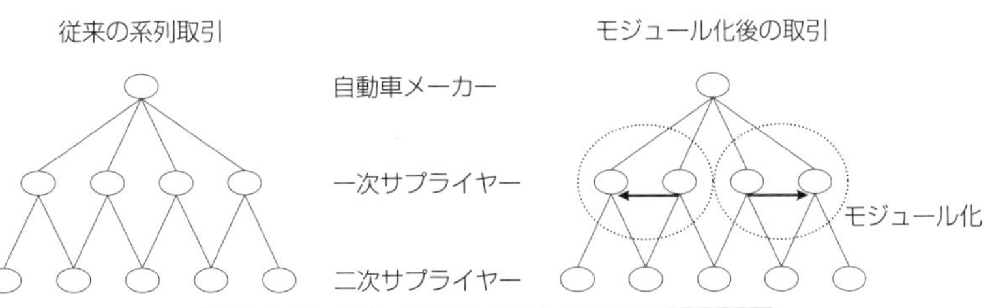

▷モジュール化
ここでのモジュール化とは，生産のモジュール化のことを指す。自動車生産を例にすると，ドア部分は多くの部品が組みつけられている部品であるが，その部品群のことをモジュールという。そして，このモジュールを組み合わせて自動車メーカーへ納入することをモジュール生産という。モジュール生産によって，コスト削減や工数減少というメリットがある。

参考文献
西口敏宏・アレキサンダ・ボーデ「カオスにおける自己組織化―トヨタ・グループとアイシン精機火災」『組織科学』Vol. 32, No. 4, 58-72頁, 1999年。

図Ⅶ-2 従来の系列とモジュール化後の取引概念図

出所：筆者作成。

Ⅶ ネットワーク組織と組織間関係

③ 水平型ネットワーク組織

１ 水平型ネットワーク組織とスマイルカーブ

　水平型のネットワーク組織は主にIT産業でよくみられる形態である。この業界では，自社は得意分野に特化して，それ以外はアウトソーシングするという体制がとられるようになった。IBMは価格競争の激しいハードウエア部門から撤退し，新たな事業部門を**M&A**や提携関係によって補完する水平的なネットワーク組織を構築した。IT業界でこうしたネットワーク型の組織形態が一般的になったのは，他の産業に比べ，部品間のモジュール化が高度に進展し，どの企業の部品を使用してもパソコンなどの製品は容易に完成するからである。そのため，パートナー企業を変更するリスクも少なく，企業間関係はより柔軟性をもつため，ここでは水平型ネットワーク組織と呼ぶことにする。

　パソコン生産の工程をみると，研究開発，部品生産，組立，販売，サービスという流れである。一連の工程を横軸にとり，収益性を縦軸にとってグラフにすると，**図Ⅶ-3**のように示される。グラフが笑ったときの口の形に似ていることから「スマイルカーブ」と呼ばれている。グラフからいえるのは，商品開発や部品製造といったメーカーが担当する上流部と，販売やアフターサービスを提供する下流部は収益性が高いが，組立工程の中央部は収益性が悪いということである。パソコンのような製品は**オープンアーキテクチャ**が推進されており，自動車のような複雑な部品の組み付けが要求されるような製品に比べると組立工程における付加価値が低いためである。

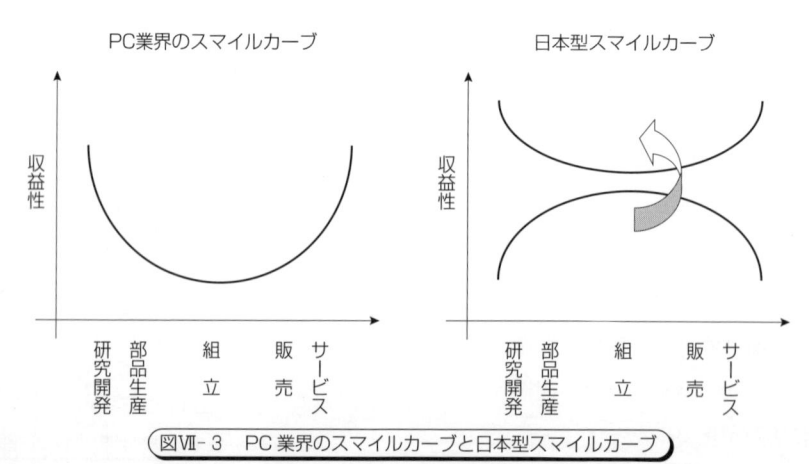

▷ **M&A（Mergers and Acquisitions）**
企業の合併・買収を意味する。⇨Ⅷ-2「M&Aの形態と手法」参照。

▷ **オープンアーキテクチャ（open architecture）**
製品設計を公開して，さまざまな企業に同様の製品や互換機の生産を可能にすること。

図Ⅶ-3　PC業界のスマイルカーブと日本型スマイルカーブ

出所：筆者作成。

2 特定分野での活躍

しかし，スマイルカーブの中で最も収益性が低いとされる組立工程で活躍する企業がある。それがEMS（Electronic Manufacturing Service）企業である。EMS企業は本来収益性が低いとされてきた分野で好業績をあげるため，部品や材料の大規模な内製化によるコストダウンや，リードタイムの短縮化によるムダの排除を徹底しているほか，部品の成形技術等についても高い技術をもっている。これらの能力をさらに高度化させることで，スマイルカーブの中央部でも発展する企業であり続けることができるのである。

下流部で活躍している企業にデルコンピュータがある。デルはパソコンの販売とサービスに特化している。デルはパソコンの受注が入ると，提携している海外のEMS企業に生産指示を出し，パソコンが製造されるとそれを顧客に届けていくネットワーク組織を構築している。デル自体は，個々人のニーズに合ったパソコンを受注して迅速に届けるというサービス提供に特化しており，パソコンの組立等の工程については水平分業によって補完しているのである。

このように，水平的なネットワーク組織において大事なのは，各企業がそれぞれの事業段階の中で経営活動する領域を明確に定め，そこに要求される能力を強めながらネットワーク組織を構築することだといえる。

3 日本企業におけるスマイルカーブ

経済産業省の『ものづくり白書2005年版』には，製造業に従事する日本企業の多くが，最も利益率の高い工程として組立工程をあげている調査結果が出ている。次いで販売工程が高いという。つまり，日本の製造業では，中央部の製造・組立工程が最も収益を上げているが，両端の開発・設計や販売・サービスの工程の収益性は低くなっており，先のスマイルカーブとは逆の形となっている（図Ⅶ-3）。

1980年代から，日本企業でも収益性が低いと考えられていた製造・組立部門は人件費や土地代の安価な東南アジアや中国へ海外移転され，**国内産業の空洞化**が危惧された。しかし，日本企業は**サプライチェーンマネジメント**（SCM）による生産活動の効率化によって，市場に出す製品を必要なときに必要なだけを出荷する方策を強化してきた。そのため近年では，一時は海外移転した組立工場も市場により近い国内へ回帰させ，開発から製造，そして販売に至る一連の流れの効率化を継続して推し進めている。

今後，日本企業に求められているのは，組立工程の収益水準を維持したまま，上流部と下流部の収益性を上昇させることだといわれている（図Ⅶ-3）。つまり，ものづくりにおける「頭脳」と継続して顧客と対話できる販売・サービス部門において収益力をアップさせることが課題となるのである。

▷国内産業の空洞化
国内工場の急速な海外移転に伴い，国内生産活動とともに雇用も減少すると不安視する議論がなされてきた。一時期は海外流出が目立っていたが，近年は工場を国内回帰させる日本企業も増加している。

▷サプライチェーンマネジメント
⇨ⅩⅡ-4 「起業後の競争戦略」

Ⅶ　ネットワーク組織と組織間関係

4 中小企業のネットワーク組織

1　中小企業とネットワーク組織

　中小企業は経営資源の制約から，その活動は自ずと限られたものになる。中小企業においては新製品開発や新分野への進出，自社製品をもつことなど発展志向であるものの，実際は系列取引の見直しや高付加価値化している海外企業の台頭によって，これらを容易に実現できる環境にあるとはいえない。それゆえ中小企業にとって，経営資源を相互に補完し合うネットワークという言葉は自社単独では不可能な問題についても実現への期待を高め，無限の可能性があるような印象をもたせる。

　中小企業のネットワーク組織は異業種交流や**産学連携**，さらには戦略的な取り組みへと発展している。しかし，ネットワーク組織を形成すればすぐに取り組みが成功するほど容易なものではなく，ネットワーク組織がうまく機能するような仕組みづくりが重要な課題となっている。

2　異業種交流

　中小企業にとってネットワーク組織を構築するメリットは，他社から経営資源を取り入れたりサービス内容を結合させたりすることによって，イノベーションを実現できることにある。この効果に着目したのが異業種交流である。産学連携は1970年代から始まったとされ，80年代になって制度面での整備も進んだため全国で盛んに形成されるようになった。異業種交流は，その地域の中小企業をまとめる団体等が音頭をとり，それに呼応した企業が集結して形成されることが多い。そして，それぞれの業種のノウハウを出し合って情報交換したり，さらには新製品・新技術開発へと発展したりするものもある。異業種交流には，とりあえずメンバーが集結し，その後に自社紹介を終えた後から異業種交流会で何をしていくのかを明確にすることもあるが，成功する異業種グループを考察すると，設立当初から目的や役割分担を明確にしておくことが重要だといえる。

3　産学連携

　中小企業にとって，大学等や**公設試験研究所**とのネットワーク組織を構築する産学連携も経営資源を補完する重要な取り組みである。中小企業の中には研

▷産学連携
産学連携という言葉が通常用いられる場合，産学官連携や産学公連携という語彙も含まれているため，ここでも産学連携を用いる。産学連携とは，企業と大学，公設試験研究所等が共同で新技術や新製品開発を実施する試みのことである。

▷公設試験研究所
産業技術センター，工業技術センター，農業試験場，水産試験場等々の名称で全国に設置されている支援機関。研究設備のない中小企業でも，実験や試験等を実施することができる。

究開発部門をもたないものも少なくない。大学や公設試験研究所等との協力関係によって，中小企業では実施が不可能な実験や測定が可能になるため，産学連携にはイノベーションの実現を高める効果が期待されている。

　日本では90年代から産学連携に関する制度が整備され，現在では多くの大学にTLOや共同研究センターが設置されている。しかし，中小企業はいまだに連携相手の大学等に敷居の高さを感じていたり，自社にとってメリットがあるのかどうか疑問視していたりと，産学連携に対してあまり良い印象をもっていないことが多い。今後の産学連携において，大学等が中小企業にもっと接しやすい環境づくりを提供することが課題としてあげられる。

　これまでの産学連携は大企業中心であったのと個人レベルで展開されることが多かったことも，中小企業に対して大学等の敷居を高くする要因であった。今後は，産学連携が従来の企業と研究室（または個人）のような「点と点」の関係から，大学等と民間等が組織として協力し合う「面と面」への関係に変革することが望まれている。

▷ TLO (Technology Licensing Organization) 技術移転機関。TLOは「大学等における技術に関する研究成果の民間事業者への移転の促進に関する法律（大学等技術移転促進法）」によって，大学等の研究成果を産業界へ移転させる組織である。TLOでは，大学等の技術，アイディア，発明などを特許化し，それらを適切な企業へマーケティングを行って技術移転を行っていく。

4　自立した企業に向けて

　中小企業は異業種交流や産学連携というネットワーク活動を通じてさまざまな経営資源を得ることができ，新製品開発や新分野，そしてまた自社製品をもつという目標に近づくことができる。また，最近では電子メールによって情報交換が便利になっているので，より柔軟性のある活動をする中小企業ネットワークもみられはじめている。こうしたネットワークの取り組みは，脱下請をめざしているような中小企業にとっては大変重要な問題である。

　こうした中小企業にとって，ネットワーク組織をどのように活用すればいいのだろうか。

　1つめは，技術や提携によるハード面での資源補完である。これは，自社にはない技術や人材，設備といった「モノ」をネットワークによって融通し合い，自社の経営活動の幅を広げていく効果をもつものである。2つめは，経営ノウハウのような不可視的なソフトの面である。たとえ技術や設備といったハード面を利用したとしても，自社の従業員は従来と同様の意識のままでは自立した企業への変革は困難かもしれない。そこで，従業員の意識レベルから変えてしまう必要がある。ネットワーク活動をつうじて，自社とは異なる経営のやり方を異業種から学ぶことで，既存事業に対しても新たな視点で取り組むことができる。例えば，創業以来ずっと単純加工の下請企業でやってきた中小企業だと，ネットワーク活動をつうじて自社開発型企業で活躍しているメンバーから経営スタンスや従業員の心構えまで，学び取るものは数多くあるだろう。ハード面だけではなく，こうしたソフト面についても自社に取り入れることで，徐々にではあるが自立した企業へと進化することが可能になると考えられる。

Ⅶ ネットワーク組織と組織間関係

5 地域社会とクラスター

1 地域社会と企業

　企業のドメインというと事業内容での生存領域のことを想起しがちである。しかし，企業が実際に活動する「地域」も重要なドメインである。世界各国で事業展開しているグローバル企業だと地域の活動領域は全世界ということになるし，特定の地域に集中して活動を展開している企業であれば，そこが主要領域となる。

　国内外を問わず特定の地域で活動することは，その地域における経済的側面だけが問題ではなく，社会・文化的側面も看過できない問題であるし，大規模な企業であれば，逆に地域社会に対して影響を及ぼしている場合もある。企業城下町はその典型である。企業城下町を支える大企業は地元自治体の経済面だけではなく，雇用問題など社会的側面での役割も重要であり，CSR[1]として近年その重要性を増している。

　大企業だけではなく，地域の中核企業を支える中小企業の存在も軽視してはならない。地元中小企業の活躍なしに地域経済が本当に活性化しているとはいえず，大企業はもちろん，それを取り巻く中小企業を含めた大きなネットワークとして地域社会をとらえる視点が重要である。

2 クラスターとは

　ポーター（1998）はクラスター（cluster）という概念を提示している。クラスターとは，特定分野において関連企業，専門性の高い供給業者，サービス提供者，関連業界に属する企業，大学などの関連機関が地理的に集中して，競争しながらも協力関係にある状態のことを指す。そして，競争優位性のかなりの部分が任意の企業内部や業界内部というよりは，むしろその事業部の立地にあることが指摘されている。

　クラスターの地理的な広がりは一都市のものから，国全体や数カ国にわたるネットワークまであるとしている。クラスターの大きさは，ある分野の経済活動が他の分野に影響を及ぼす影響の強さ（スピルオーバー）と，生産性やイノベーションに与える影響によって境界が決められる。クラスターは近接した地域におけるネットワークにほかならなく，企業や各種機関が接近していることで相互の交流頻度も増し，単なる階層的なネットワークを超えて，個人，企業，

▷ CSR（Corporate Social Responsibility）
企業の社会的責任のこと。企業も経済面だけではなく，環境問題や社会問題に対しても責任をもつことの重要性を唱えている。
⇨ Ⅰ-5 「経営戦略のレベルと対象範囲」も参照。

各種機関が無数に重なり合う流動的な結びつきである。

クラスターという概念は新たな生産拠点を構える場合にも重要な示唆を与える。単に人件費や土地代が安いからといって立地を選定するのではなく，既存のクラスターや発展中のクラスターに進出することによって，全体として調整コストが下がったり，イノベーションが容易になったり，情報共有が楽になるという効果に注目すべきだという視点の指摘である。

❸ 産業集積の強み

経営学において地域を重視してきた研究領域には，中小企業論や地場産業論がある。これらの領域では，技術や経営資源の蓄積といった歴史・伝統面や社会的分業，産業集積などが議論されてきた。

本章で取りあげる企業のネットワーク戦略に関連する議論に，ピオリー＝セーブル（1984）がある。ピオリー＝セーブルは今後の多様な経営環境には従来のような大量生産では対応することが困難であるため，中小企業などが結合してクラフト的生産パターンの再現が重要であることを指摘している。中小企業それぞれが得意分野に特化しながら生産活動を展開していく形態として，柔軟な専門化（flexible specialization）が重要な役割を担うとしている。その事例として日本の工作機械の生産をあげ，下請企業の柔軟な専門化が実現した分業体制によって成長を遂げたことがあげられている。

こうした現象は製造業だけにいえることではない。IT産業の成長の原動力となった**シリコンバレー**についても，地域の産業システムの重要性が唱えられてきた。サクセニアン（1994）が指摘したのは，発展が著しいシリコンバレーと産業停滞が問題視されていたボストン近郊のルート128における地域産業システムについての比較である。サクセニアンによると，シリコンバレーでは多種多様な関連技術をもつ専門企業が水平的なつながりを重視しながら，集団で学習したり柔軟な調整をしたりする地域特性があったという。また，労働市場も開放的で流動性が高いことや起業活動も盛んに行われていたため，産業全体が活発化するような環境が形成されていた。企業も市場や技術の変化に対応しながら厳しい競争環境下で活動を展開している。対してルート128の地域では，少数の独立性の高い企業を中心とした垂直統合された地域システムが形成されている。ここでは，研究，設計，生産，販売などが社内で行われており，自己完結型の形態をとる。そのため，企業は階層的構造を保持して権限が上部に集中しているため，情報の流れも垂直型になるのが特徴である。両地域の比較から，地域の発展格差には地域内に専門企業がネットワークによる分業体制を形成しているかどうかが影響していると結論づけた。

このように，地域におけるネットワークは地域全体で競争優位や柔軟に環境適応を可能にする機能を果たすのである。

▷シリコンバレー

米国カリフォルニア州サンフランシスコ湾南岸一帯の地域を指す。シリコンを原料とする半導体メーカーが集積したことからこの名がついた。米国を代表する企業や大学が存在するため，多くの人材が集まってベンチャー企業の設立も目立った。現在では，インテル，ヒューレットパッカード，オラクルといったIT企業でも有名である。

参考文献

Porter, M. E., *On Competition*, Harvard Business School Press, 1999（竹内弘高訳『競争戦略論Ⅱ』ダイヤモンド社，1999年）．
Piore, M. J. & C. F., Sable, *The Second Industrial Divide*, Basic Books, 1984（山之内他訳『第二の産業分水嶺』筑摩書房，1993年）．
Saxenian, S., *Regional Advantage*, Harvard University Press, 1994（大前研一訳『現代の二都物語』新評社，1995年）．

VII ネットワーク組織と組織間関係

6 ネットワーク組織と競争優位

1 戦略的提携

　近年，企業のM&Aが盛んに取り上げられている。買収によって他企業を自社に取り込んで，自社グループを拡大させることは可能である。しかし，M&Aで相手企業を手中に収めたとしても，買収される側の企業の自律性は著しく阻害されることが少なくない。そのため，企業相互の信頼関係や友好関係を維持したうえでネットワークの有効性を享受するために戦略的提携（strategic alliance）という形態がとられることがある。

　戦略的提携とは，複数の企業間における協力関係のことを意味し，企業間でさまざまな技術や経営ノウハウを融通し合うことができる。その形態には，株式相互持合い，長期取引契約，ジョイント・ベンチャー，OEM生産などがあげられる。提携内容としては，経営戦略の基幹部分で提携するものや，業務全般に及ぶもの，特定業務に限って提携するものに区分される。

▷ジョイント・ベンチャー
⇨ Ⅵ-5「協調戦略による組織の変化」
▷OEM
⇨ Ⅲ-3「経営資源の蓄積と獲得」

2 ネットワークの外部性

　こうした提携関係が結ばれるのはネットワークの外部性（外部効果）が発生するからである。ネットワークの外部性とは，ネットワークに属することによって利用者が得ることができる便益のことである。ネットワークを利用する加入者が増えれば増えるほど，そのネットワークの利便性は高まり，そのネットワークに属さなければならない状況は高まっていく。企業においても，そのネットワークに属すことで得られる効果への期待が高い場合に，ネットワーク関係を構築するのである。他に比べて競争優位なネットワーク組織を構築することが，この外部性を高めることになる。

3 コラボレーションと企業

　企業間のネットワーク活動を円滑に運営していくために重要なのが**コラボレーション**という概念である。コラボレーションとは，企業の境界や業界を超えてアイディアや資源を出し合い，それらを融合させて，一社単独では不可能な取り組みを実現させていくことである。企業間でのコラボレーションで問題なのは，異なる組織間での調整をどのように解決していくのかということであり，その提携関係の成否の行方が左右される重要な要因である。相互の協力体制を

▷コラボレーション（collaboration）
コラボレーションというと，音楽業界でアーティストたちが分野を超えてユニットを組んだりすることがすぐに思い浮かぶ。こうした芸術的な活動においても，それぞれの持ち味（資源）を持ち寄りながら，それらを融合させていく現象であることに違いはない。無論，ここでは企業活動におけるコラボレーションに注目する。

個人レベルはもちろん，組織レベルでの良好な関係にしていく信頼関係の構築が不可欠となる。

　企業間だけではなく，企業と消費者の間にもコラボレーションは存在する。消費者情報を企業に提供する**マーケティング会社**▷は，一般家庭におけるインターネット環境が整備されるに伴い，消費者の詳細なデータの入手可能性が高まったことで，その重要性が認識されている。電子メールを活用し，数百万人にわたる主婦の声をわずか数時間で収集できることのメリットは計り知れない。こうした企業と消費者との接点から，新商品を提案するというコラボレーションが発生している。

　企業が商品開発をする場合，意識しないままに企業の論理に基づいた発想をしてしまいがちであるが，そこに消費者の生の声を入れることで企業の論理に偏らない消費者主体に立った商品開発が実現する。また，一度は世に出た商品でも，継続して消費者の意見を取り入れ続けることで，それらの意見を反映させながら改良商品の開発ができるため，消費者の満足する商品を市場に送り出し続けることが可能になるのである。このように，企業と消費者間においても広範なネットワークを構築し，新商品開発を実現させるような取り組みがなされているのである（**図Ⅶ-4**）。

4　ネットワークによる競争優位

　近年のネットワーク活動はより戦略性を増してダイナミックなものになっている。ネットワークをなぜ形成するのかという議論として，これまでに資源依存や取引コストの問題，自社の存在を正当化することを理由として取り上げてきた。実際には，これらは同時に達成するのが可能である。資源依存や取引コストといった諸要因はすべてが競争優位に結実していくものであり，要するにネットワーク活動を通じて競争優位を得る事が重要であり，そのためにネットワークを志向しているといえる。

　ネットワーク組織によって競争優位性を得るには，まず，企業相互の関連性が必要である。自社もしくはパートナーとの関係がその事業を実現するにあたって相補関係にあり，それらが結合することで何らかのメリットが得られることが重要である。次に，パートナーがその分野で高い技術や経営ノウハウをもっているような希少性の高い企業であると，ネットワーク組織による競争優位が得られやすい。自社は希少な優良企業と手を組んでいるのに，ライバル企業はそうした企業との関係が希薄な場合，両社間の競争優位の差は歴然であろう。最後に，パートナー間の信頼関係の構築がある。取引する企業間では，信頼を醸成したり奨励したりする制度的な環境が必要であり，これらがネットワーク組織における諸活動を安心して実施できる基盤となるからである。

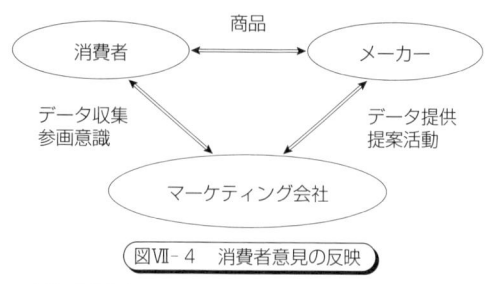

図Ⅶ-4　消費者意見の反映

出所：筆者作成。

▷**マーケティング会社**
ここで取り上げるようなマーケティング会社では，例えば独自に主婦会員のネットワークをもっており，電子メールで膨大な数の意見を収集したり，モニターを募ってメーカー側の商品担当者に率直な意見を提供したりする役目を果たしている。

VII ネットワーク組織と組織間関係

7 事業ネットワークの視点

1 事業とネットワーク

　本章では，企業が競争優位性を求めるためにネットワーク組織を構築することが有効的であることを取り上げてきた。新商品や新技術を開発するためのネットワークや，系列のように1つの完成品をつくり上げるためのネットワークが形成されることにふれてきた。最後に本節では，事業（ビジネス）システムとしてのネットワーク組織を取り上げていきたい。

　加護野・井上（2004）では事業システムの重要性が指摘されている。企業競争における差別化には，製品・サービスレベルの差別化と，事業レベルでの差別化がある。前者の差別化は企業も比較的に取り組みやすく消費者の目でも判別しやすいが，ライバル企業も模倣しやすいため優位性は長続きしない。一方で，後者の事業レベルの差別化は消費者の目にはとまりにくく他社との判別は困難であるが，ライバル企業の模倣は困難で企業の優位性は継続しやすい。こうした差別化は，製品やサービスの開発のための要素技術，部材の調達，生産，販売，物流，アフターサービスの仕組みなどをうまく組み合わせて実現するが，この仕組みこそが事業システムである。事業システムは，協力企業を含めて，かなりの時間を費やして形成される巨大な企業ネットワーク組織である。そしてまた，単にそのやり方をモデルとして取り入れるだけでは，ライバル企業は競争優位に結びつくようなパフォーマンスを発揮できないほど簡単に構築できるものでもない。

2 ネットワーク内の調整主体

　事業レベルでの差別化がなぜ困難なのか。長期間かけてつくり上げてきた事業のネットワークには，当事者たちの能力や精神といった，**ビジネスモデル**では表現しきれない要素がその原動力になっているからである。

　例えば，事業システムの例で取り上げられるセブン-イレブン・ジャパンでは，本部での商品企画や店舗運営管理体制によって魅力ある商品が棚に並ぶようにしている。逆に消費者に受け入れられそうな商品については，各店舗から送られるデータを分析して次の開発に活用できる。店舗においても日々の売上や売れ筋商品を的確に把握してデータベース化し日々の発注活動に活用し，**売れ残りのロスを最小限に留める努力**を惜しまない。

▶ビジネスモデル
明確な定義はなされていないが，通常，あるビジネス（事業）の目的や業務を明確にして，それらの内容や収益はどこで得られるのかといった構造が示されたものがビジネスモデルである。

▶売れ残りのロスを最小限に留める努力
セブン-イレブン・ジャパンでは，発注者はデータに基づいてある仮説をもとに発注品やその数を決め，売れ残りがあるとそれをまた次の発注の時に活用する。こうした一連の活動から，「仮説検証型」企業という側面もある。

また，店舗からの発注に基づいて弁当や惣菜を製造する契約工場では，セブン－イレブン・ジャパンが要求する安全性の高い商品製造や納期を厳守する高度な生産管理の能力をもたなければならない。そしてそれらの品を店舗に送り届ける物流業者の配送時間や品質保持に対する取り組み姿勢も要求される。

そして商品が店舗に到着すれば，それらを棚に並べて実際に消費者に購買してもらう。その時にアルバイト店員の接客が悪ければ店に客は来ることもなく，これまで多くの工程で付加されてきた協力企業の努力が無駄になってしまう。

良い品を店舗に常時揃え消費者に購入してもらうためには，以上のような事業ネットワーク全体の協力が不可欠である。それも高品質を維持するために，さまざまな要求がなされる。これらの要求に対して解決策を見出していくのは，それぞれの担当企業であり，担当者である。ネットワーク内のあらゆる箇所で担当者は問題解決にあたり，これまで以上に高度なサービスを提供するために改善活動に傾注する。そして情報ネットワークによって，全社的に情報共有して次にそれらを活用していくので全体として発展することができるのである。

3 企業の成長とネットワーク

現在のような変化の激しい経営環境において，単独企業ですべてを内在化させるのは極めて困難である。そのため，最終製品を組み立てるような企業では，他社から部品，原材料，サービスの提供を必要とするため，有能なパートナーをいかに自社のネットワーク内に属させるのかが重要である。

逆にこうした部品やサービスを提供する企業では，自社にとってプラスとなるネットワークとの安定的な取引をいかに実現させるのかが重要になる。自社が属するネットワークが全体として成長志向をもち，自社もそれに合わせた成長が実現すれば，自社にとっても取引先にとっても，そしてネットワーク全体にとっても価値のあることになる。

本章で先に取り上げたトヨタ自動車では，自社内への品質やコストダウンの要求が厳しいが，協力サプライヤーに対しても同様の要求をする。そのため，トヨタに追従できるのは比較的大規模であるサプライヤーが多い。その中で小規模なサプライヤーでも，トヨタの担当者が直接に部品の品質や工程管理を評価して直接取引が開始されることがある。従業員が20数名であっても，こうした企業はトヨタと取引を開始することで大きな信用を得ることになる。あのトヨタが認めた品質なら間違いない，というのはネットワークによる正当性の獲得にほかならない。そしてまた，ここでの評価が高まってトヨタ以外の自動車メーカーからの打診があれば，販路を拡大する可能性も高まるのである。

参考文献

加護野忠男・井上達彦『事業システム戦略』有斐閣，2004年。

第2部　応用理論

Ⅷ　M&A戦略と企業価値

1 M&Aの動向とその特徴

1 近年のM&Aをめぐる動向

○日本の動向

近年，わが国企業が関与するM&A件数が大きく増加している。**図Ⅷ-1**をみるとおり，1990年代末頃から国内企業間のM&A（In-In型），および海外企業による日本企業のM&A（Out-In型）の件数が増加するようになった。

1980年代前半までは，日本企業のM&A活動はそれほど活発化することはなかった。1980年代後半になって，円高と企業の資金余剰を背景に，日本企業による海外企業のM&A（In-Out型）がやや目立ったが，全体的な件数は多かったわけではない。戦前の日本において，M&Aは企業の成長戦略の手段として比較的利用されていたことを考えると，戦後長らくM&A活用が停滞し，近年になってM&A活用が顕著に増加したことは，経営戦略上どのような意味をもつものであろうか。このことを明らかにすることは重要な問題意識である。

○アメリカの動向

アメリカにおいては，20世紀の間，何回かのM&Aブーム（**表Ⅷ-1**）を経験し，それぞれ異なる特徴を有した。そこでは，M&A活動に影響を与える諸々の要因，すなわち，反トラスト法による合併規制や**コングロマリット**による投資行動，またM&A専門業者が編み出した資金調達法（**LBO**）等，さまざまな要因が作用し，それぞれのブームを形成してきた。そして，1990年代以降

▷コングロマリット
M&A等により多角化を行い，事業間に直接的な関係をもたない事業を抱えた複合企業のこと。

▷LBO（Leveraged Buyout）
買収先企業の資産などを担保にして，買収に要する資金を金融機関や投資家から調達することで経営権を取得する方法である。少ない自己資金で買収を可能にする（レバリッジの効果）ことからこの名称になった。日本ではファイナンスや税制の制約条件の問題で効果は低く，これまで利用は少ない。

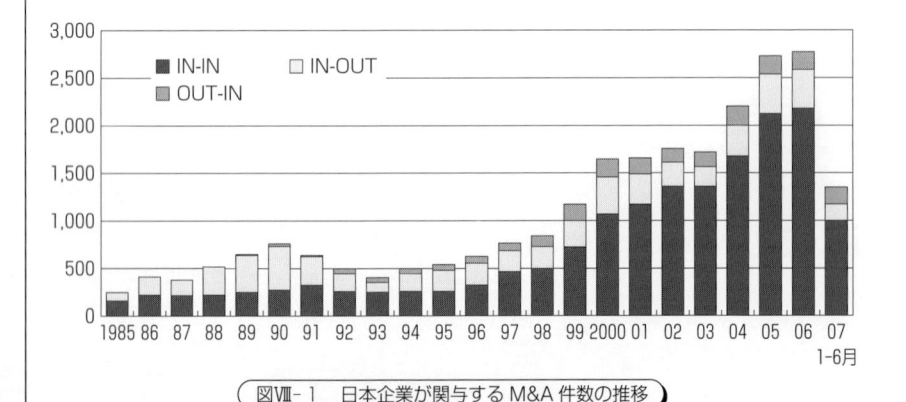

図Ⅷ-1　日本企業が関与するM&A件数の推移

（注）経営支配権を獲得しない資本参加や出資拡大などを含む。
出所：レコフ社による集計（同社HPのマール統計より）。

は，買収そのものが目的といった1980年代のM&Aと異なり，**シナジー効果**を重視した戦略的なM&A活用が目立つようになった。

これら日米企業のM&A戦略の活用は，それぞれの時代の経営環境を反映するものであり，それに対処する企業行動を考察する視点として興味深いものであるといえる。すなわち，近年の経営環境の変化を明らかにし，M&A戦略の活用をめぐって生じている企業行動の変化を考えることが必要になってきているのである。

2 M&A活用の背景と特徴

近年の経営戦略におけるM&A活用については，多くの国において増加傾向にある。産業構造の変動の中で，世界規模での企業再編が進行する中，企業は自社の競争力を高めていく必要に迫られているのである。

そのような状況の下で，企業がM&A戦略を活用するうえでの第1の特徴は，自社の事業の成長・強化を図る手段として，あるいは衰退事業の再編のための手段としての活用が目立つようになったことである。自動車，医薬品，鉄鋼を含め，多くの産業において，グローバルなレベルで大型M&Aが発生している。また，わが国においては，製紙，卸売，セメント，化学などで業界再編を含むM&Aも行われた。

第2の特徴は，世界的な資金余剰が投資案件を求めて，M&A取引に向けられていることである。**投資ファンド**による株式取得は，単なる買占め（グリーンメール）として利ざやの獲得に終始するケースも少なくないが，一方で投資ファンドによる経営関与が非効率な経営を改善させているケースもある。

このような企業側の経営戦略上の動機と資金運用主体の投資行動が，今日のM&A活発化の最大の要因となっている。そして同時に，M&Aを支援するさまざまな仕組みの整備が，今日的なブームを形成した要因として重要である。

例えば，各国のM&A関連法制の整備が進展したことである。日本においては，1990年代後半から，商法等の改正が行われて，それに伴いM&Aの活用が活発化するようになった。また，M&A取引を扱う専門業者の発達が果たした役割も大きい。M&Aに関与する企業は，M&A専門業者とアドバイザー契約を結ぶケースが多く，企業価値評価等の場面において，彼らの技法がM&A取引において不可欠な位置を形成するようになった。

さらに，企業価値評価を行うには，企業側の**ディスクロージャー**への積極的姿勢が欠かせず，企業レベルでのコーポレート・ガバナンスの質の向上こそがM&A取引が円滑に行われるためのインフラストラクチャーを形成する。近年の各国でのコーポレート・ガバナンスの整備がその点からみてM&A取引を行ううえで重要な意味をもつのである。

表Ⅷ-1　アメリカのM&Aブーム

	特徴（時期・M&Aタイプ・産業）
第1の波	1890～1900年代 水平型M&A 石油，鉄鋼，鉄道など
第2の波	1920年代 垂直型M&A 食品，自動車など
第3の波	1950～1960年代 混合型M&A コングロマリット（非関連事業買収）
第4の波	1980年代 メガ・ディール（大型取引），敵対的M&A 石油，食品，医薬など

出所：筆者作成。

▷**シナジー効果**（synergy effect）
複数事業を展開することで，単独で行う総和以上の力を得る相乗効果のこと。⇒Ⅱ-5「シナジーと中核的能力」も参照。

▷**投資ファンド**（Investment fund）
株式取得を通じた企業への投資を行い，企業価値を向上させたうえで，売却益による利益獲得を目的とする基金をいう。買収の対象が主に未公開会社の場合を「プライベート・エクイティー・ファンド」と呼ぶ。

▷**ディスクロージャー**
⇒Ⅺ-2「環境問題と企業経営」

Ⅷ M&A戦略と企業価値

2 M&Aの形態と手法

1 M&Aの定義と形態

M&AのMはMerger（合併），AはAcquisition（買収）の略である。合併は2社以上の会社が法的に1社に合同することを指すが，これには他企業を自社に取り込む「吸収合併」と，複数の会社が対等な立場で合併する「対等合併」がある。

買収には，「株式取得」と「資産取得」（**事業譲渡**）がある。株式取得は，友好的に相手企業から株式を取得するケースと，敵対的に株式の買い集めを行って**経営支配権**を獲得するケースがある。また，資産取得は，相手企業が保有する工場等の資産や，事業部門等を買い取る形で自社に取り込むことである。

一般に，M&Aを「広義」に考えると，経営支配権の移転を伴わない提携や合弁なども含める場合があるが，「狭義」では，M&A対象企業の全部または一部（資産・事業部門等）の支配権を獲得する手法を指し，通常は狭義の意味で用いられる。

2 M&Aの分類

○対象による分類

日本からみた分類として，「In-In型M&A」は，国内企業同士のM&Aのことをいう。また，「In-Out型M&A」は，日本の企業や投資家による海外企業のM&Aである。「Out-In型M&A」は，海外の企業や投資家が日本企業のM&Aを行うことである。

○市場による分類

「水平型M&A」は，同一の製品・サービス市場で競合し合う企業同士のM&Aであり，市場独占を監督する政府当局による規制を受ける場合がある。また，「垂直型M&A」は，当該企業の川上分野（原材料・部品供給業者）や川下分野（販売先など）にあたる企業・事業のM&Aを行い，垂直統合をめざすものである。「混合型M&A」は，上述の2つのタイプに属さない多角化型M&Aである。既存事業と関連のない非関連事業への進出を図るケースと，既存事業とのシナジー効果を追求する関連型多角化をめざすケースがある。

▷**事業譲渡**
従来，「営業譲渡」と呼ばれていたが，会社法による名称変更で「事業譲渡」と呼ばれるようになった。

▷**経営支配権**
経営支配権獲得のための株式比率についての考え方は必ずしも一様ではない。ちなみに，買収の定義は，50％を超える株式取得とする場合が多い。その場合，50％以下の株式取得を「資本参加」と呼ぶ。また，3分の1以上の株式取得を買収に含めて考える場合もある。

3 M&Aの手法

○株式取得による方法

株式取得によるM&Aは大きく分けて，新規発行株式を取得する方法と既発行株式を取得する方法がある。新規発行株式を取得する方法としては，買収先企業が**第三者割当増資**を行ってそれを引き受ける方法がある。また，既発行株式を取得する方法として次があげられる。

①買収先企業の大株主からの譲渡

創業者など既存の大株主から直接譲り受けるもので，通常，友好的M&Aの形をとる。

②株式市場を通じた買い付け

株式市場で流通している買収先企業の株式を買い集めることでM&Aを達成しようとするものである。一般に株価の高騰を招く場合が多く，安定株主が一定割合を保有する場合，敵対的なM&Aの実現は難しい。

③株式公開買い付け（TOB: Takeover Bid）

TOBとは，証券市場外にて，一定の期間に買収先企業の株式を相当の価格で買い取ることを公告して，株式を買い集める方法である。市場外での一定以上の株式取得は，TOBを行うことを原則とする場合がある。

④株式交換による方法

M&Aの対価として，現金でなく，自社等の株式を交付するものである。わが国では，これまでグループ会社等を完全子会社化する際に多く用いられたが，法制度の整備がされたことで，株式交換の利用が増加していく可能性がある。

○事業資産の取得によるもの

①合　併

M&A対象の会社全体を取り込んで合同するものであるが，合併の法的手続きとして「吸収合併」と「新設合併」がある。一般に，新会社を設立する新設合併はあまり採用されず，1つの企業のみが存続する吸収合併を採用するケースが多い。

②事業譲渡（営業譲渡）

単なる事業用の資産のみならず，営業上の目的のために組織化された財産（人材，商権等）の全部または一部を取得（譲渡）することである。

③会社分割・吸収分割

他企業の事業部門を取得する際に，会社分割を行ったうえで当該会社・事業部門を取得するもので，その場合，吸収分割（分割手続きによって既存の会社に吸収される）を行うことで，事業譲渡と異なり，現金支出を要さずに目標を達成することができる。

▷第三者割当増資
特定の株主に対して，新株を割り当てて資金を調達する増資のこと。不特定多数を相手とする公募増資と異なる。買収者の持株比率を低下させる買収防衛策として用いられる場合がある。

第2部 応用理論

Ⅷ M&A戦略と企業価値

3 外部成長戦略としてのM&A

1 内部成長と外部成長

　企業の戦略を分類する視点として，経営資源の展開方式から「内部成長」と「外部成長」という2つの区分の仕方がある。内部成長とは，自社の資源展開を自力で行うことである。例えば，工場設立に際しては，用地取得から開始し，機械設備の購入や設置，人員の採用など，操業のためのすべての手順を独自に進めることである（グリーンフィールド投資）。

　一方，外部成長は，他社が有する生産（工場・機械設備等），販売（店舗・ブランド等），技術（知的財産権，研究開発能力等）の諸機能を活用する戦略である。当然のことながら，自社での内部開発・構築には時間と手間を要する。一方，すでに存在する他企業の経営資源を取得することは，即座に効果を生み出すのは必ずしも容易でないが，さまざまな条件が適合すれば大幅な時間節約が可能になる。

2 外部成長戦略

　外部成長の方式については，経営統合の度合いに応じて，とりあえず，「提携」，「合弁」，「M&A」という3つの区分が可能である。

　提携は，複数の企業が契約に基づいて実現する協力関係のことである。経営支配権の移転を伴わず，互いの独立性を維持しつつ，技術やノウハウなどを共有し合うことでメリットを構築するものである。具体的には，生産面では部品供給，外注，OEM（相手先ブランドによる供給），販売面では販売代理店機能，技術面では研究開発機能の協力などがあげられる。また，株式保有を通じた資本提携を行う場合もある。

▷ OEM
⇨ Ⅲ-3「経営資源の蓄積と獲得」

　合弁は，複数企業が共同で事業体を形成するものと，共同で出資し会社を設立するものとがある。例えば，建設会社が大規模な工事受注にあたって共同事業体を形成し，各社の得意技術の活用とともにリスク分散を図るジョイント・ベンチャーがある。また，海外進出の際に現地企業との間で合弁会社の設立を行う形式も，現地での法的条件に見合う対応としてしばしば必要である。

　M&Aは，提携や合弁と異なり，外部の企業や事業部門に対しての支配権を獲得するものである。したがって，関係企業間でなんらかの調整が必要な事態が生じた場合には，自社の立場をもとにした戦略的なコントロールを行うこと

3 M&A戦略の目的

このように，M&A戦略の特徴は外部資源をすばやく獲得し，支配権を確保したうえで経営活動を行うことにあるが，今日の動向からみたM&Aの目的は次のようなものである。

第1に，事業を拡大し，市場支配力を強めるM&Aである。例えば，同業他社のM&Aを通じて，生産設備や流通店舗の獲得を行うことで規模の経済によるメリットを追求するものである。

第2に，成長分野への集中および多角化を行ううえでの手段としてのM&Aである。自社の中心的事業の構築を図るのに「選択と集中」を行って事業の入れ替えを志向する企業も近年少なくない。

第3に，業界再編を伴うM&Aである。例えば，衰退産業における上位企業同士の合併・統合による生き残りをめざすものである（表Ⅷ-2参照）。また，経営危機にある企業の救済を通じたM&Aにより，企業価値向上をめざすものもある。

そのほか，自社のグループ再編のために行われるM&Aもある。例えば，関係会社同士，あるいは親会社と関係会社との間で行われる合併である。その際，関連会社等の持株比率を引き上げて完全子会社化を図り，集権化を強める目的でM&Aを行う場合がある。

これらのM&Aは，自社の経営戦略の手段として展開する目的をもつが，一方で財務的利得の獲得をめぐるM&Aの利用も行われている。近年，買収ファンドや投資ファンドによるM&A取引の活発化の際には，企業経営の規律づけを訴求しながら，結果として，グリーンメーラー的な行動に終始するケースもみられ，M&Aの目的は必ずしも経営戦略上のものばかりでない。

▷選択と集中

経営資源の選択と集中のために，事業部門や子会社を売却するケースも多くみられるようになった。Divestiture（事業売却）のDを加えて，M&A&Dという表現も用いられる。

▷グリーンメーラー

グリーンメーラーとは，ターゲット企業の株式を買い集め，その企業や関係者に高値で買い取りを迫る買収者を指す。ドル紙幣の色である緑と，英語で脅迫状を意味するブラックメールを合わせた用語である。

表Ⅷ-2　業界再編・集約化が進んだ業種

紙パルプ	日本製紙グループ，王子製紙
食用油	日清オイリオグループ，J-オイルミルズ
石　油	新日本石油，新日鉱HD，東燃ゼネラル
セメント	住友大阪セメント，太平洋セメント
鉄　鋼	JFEHD，新日鉄グループ（住友金属工業，神戸製鋼）
通　信	KDDI，ボーダフォン，DOCOMO
半導体	ルネサステクノロジー，エルピーダメモリ，NECエレクトロニクス
医薬卸	メディセオHD，アルフレッサHD
銀　行	三井住友FG，みずほFG，三菱東京FG

出所：梅本建紀「わが国企業のM&A活動の動向と特徴」『上級商法M&A編（第3版）』商事法務，2006年を参考に作成。

VIII M&A戦略と企業価値

4 M&A戦略の機能と成果

1 シナジー効果の内容

　M&A戦略は，企業が必要とする経営資源をすばやく獲得する手段であり，「時間を買う」ことが最大の機能であるが，より具体的な機能についてM&Aのタイプに応じた考察を試みよう。ここでは，経営戦略としてのM&Aの利用について外部資源を自社に取り込むうえでの**シナジー効果**の内容について考えてみる。

　第1に，「**規模の経済**」を志向するタイプのM&Aである。製造業，金融業，小売業などで市場支配力を強化するM&Aが行われているが，このような水平型M&Aを行うことで得られるシナジー効果として，①生産設備の獲得およびその統廃合，②店舗網の獲得およびその統廃合，③既存技術の活用，研究開発投資の共有化，④既存ブランドの獲得とその活用，⑤資金管理面での効率化，⑥間接部門統合によるコスト節約などがあげられる。このうち，①と③は技術上のシナジー効果であり，②と④はマーケティング上のシナジー効果である。

　例えば，小売業では市場支配力強化を目的としたM&Aにより，規模拡大の下で大量仕入れを行うことで，商品供給先との間の交渉力を増大させる効果をもつ。また，鉄鋼業においても，業界集約により，買い手の自動車メーカーに対して交渉力の強化を志向している。

　第2は，「範囲の経済」を志向するM&Aである。範囲の経済とは，複数の製品を別々の企業が提供するよりも，1つの企業によってすべてを提供するほうが少ないコストで済むときをいう。企業がM&Aを活用して多角化していく際の重要なポイントになるものである。

　例えば，製造業の川上分野（原材料・部品）への進出（垂直型M&A）は，市場取引に伴うさまざまなリスク（交渉などの取引コスト）を独自に管理できるようになり，そのことでコスト節約が図れる場合がある。また，日用品メーカーは，さまざまな種類の製品多角化を行うことで広告宣伝面でのシナジー効果を得ることができる。

　その他，自社の弱みを補完するような外部資源を取り込むM&Aは，既存事業を補強するシナジー効果を得られるものといえよう。また，電力や通信といった産業では，「ネットワーク外部性」がシナジー効果の源泉となる。固定

▷シナジー効果
⇨Ⅲ-4「経営資源と多角化戦略」
▷規模の経済
⇨Ⅳ-2「競争の基本戦略」

設備の利用の拡大や整備をつうじてメリットを形成する。電力産業では広範な設備を有することで，需給調整などのネットワークの機能を発揮することができる。

② M&A 戦略のデメリット

短時間での戦略展開を可能にする M&A は，上にみるようなシナジー効果を発揮することでメリットが得られる。だが一方，デメリットとして，友好的 M&A であっても短時間で買収の意思決定を行わざるを得ず，その場合，買収先企業の調査が不十分なものになってしまう可能性がある。

また，M&A 後の人事面での融合も一般的には困難である。買収先企業の従業員の処遇が下がる場合など，「信頼の破壊（breast of trust）」を招く場合がある。

とりわけ，敵対的 M&A において，非効率経営を是正し，経営規律効果を招いたとしても，信頼破壊コストがそれを上回るような場合，M&A は成功したとはいえない。

敵対的 M&A については，英米においては，M&A のターゲットになる企業は経営資源が適切に生かされていないとされることが多く，その場合，敵対的 M&A の効果を比較的ポジティブにとらえる傾向がある。一方，日本では，敵対的 M&A に対する抵抗感はなお大きく，近年，株式の買占めに対する会社側の**買収防衛策**が具体的な形で講じられるようにもなった。また，**MBO**による株式非公開化を行って，外部からの買収の脅威を遮断する例もいくつか出てきた。

③ M&A 戦略の成果

M&A の効果を測定する方法としては，M&A 前後の株価の推移に着目する「イベント・スタディ」と，企業業績（会計データ）の変化から分析しようとする「パフォーマンス・スタディ」がある。前者は株価に対して M&A によるシナジー効果や経営改善効果が反映されていることを仮定し，M&A の期待効果や事後的な効果の分析を行うものである。

後者のパフォーマンス・スタディの一端を紹介してみると，1997～2002年に M&A を実施した日本企業（買収側1572社，被買収側387社）について M&A 前後の業績推移を分析したところ，M&A 後の被買収企業は，売上高が拡大する効果は確認できないが，総資産利益率（ROA）の改善がみられた。そして ROA 上昇の要因として，共同仕入れや部品共通化による原価削減の可能性が考えられるとされ，また工場の統廃合等による資産売却により，資産回転率の上昇などもみられたとしている（『経済財政白書（2007年版）』）。

▷**買収防衛策**

ポイズンピル（毒薬）：既存株主にあらかじめオプションを付与しておき，買収者が一定比率以上の株式を取得した場合，それを行使することにより，買収者の持株比率低下や買収コストの増加などで買収を困難にする方策。

ゴールデン・パラシュート：敵対的 M&A が成功し，それまでの経営陣が解任されることを想定して，あらかじめ巨額の役員退職金を支払う契約を結んでおく方法であり，M&A の魅力を乏しいものにさせる効果をもつ。

クラウンジュエル（王冠の宝石）：敵対的 M&A が起きたときに，会社の重要資産や重要部門などを売却し，M&A の魅力を減じる方法。

ホワイトナイト（白馬の騎士）：敵対的 M&A を仕掛けられた際に，買収者に対抗して，友好的 M&A を行う企業や投資家のこと。

ゴーイング・プライベート：敵対的 M&A の脅威を除去するのに，株式の非公開化を行うこと。

パックマン・ディフェンス（逆買収）：敵対的 M&A を仕掛けられた際に，逆にその相手に対して敵対的 M&A を仕掛けるもの。

▷**MBO（Management Buyout）**

子会社や事業部門等において，事業継承を前提に現在の経営者や部門責任者を中心とする関係者が株式を買い取って経営権を取得すること。従業員が買収する場合，EBO（Employee Buyout）という。

VIII M&A戦略と企業価値

5 M&Aにおける企業価値評価

1 デューディリジェンス

　M&A戦略において重要な手続きは，**企業価値評価**である。とりわけ，企業価値評価を行う前工程として，**デューディリジェンス**と呼ばれる買収先企業の調査が重要となる。デューディリジェンスとは「相当なる注意義務」を指し示す言葉であるが，買収者が買収先企業の実態を正確に把握するための調査のことをいい，一般に次の側面で実施される（伊藤，2007等を参照）。

　①事業デューディリジェンス：買収先企業の事業環境を精査し，その将来の成長力・収益力に関して評価を行う。具体的には，当該事業が属する市場の成長可能性を分析するとともに，事業の強みと弱みについて客観的な把握を行う。

　②財務デューディリジェンス：会計決算書にかかわる調査を行い，買収先企業の資産・負債の詳細な評価を行う。会計処理の適法性をチェックするとともに，不良資産や簿外債務などのリスクについても可能な限り調査を行う。

　③法務デューディリジェンス：買収先企業の定款や登記事項などの法的基本事項の把握に始まり，株主関係，契約関係，知的財産権，係争案件など，買収条件に影響を与える事項の調査を行う。

　その他，税務，不動産，環境などの側面において，デューディリジェンスが必要に応じて行われる。実施される時期は，M&Aの基本合意の後に行われ，買収先企業の協力の下に進められる。したがって，友好的M&Aにおいてのみ実施され，敵対的M&Aにおいては実施されない。また，デューディリジェンスを受ける側の負担は非常に大きいため，経営権を取得しない株式取得や営業譲渡においては実施されないことが多い。

　企業価値評価に最も直結する作業として，事業デューディリジェンスでは，買収先企業の経営をバリューアップさせる仕組みをデザインすることで，将来の事業収益力の算定基礎を形成することになる。一般に，自ら経営にかかわることで付加される価値が**買収プレミアム**とみなされる。この買収プレミアムをいかに測定・評価するかが企業価値評価における重要な眼目となる。ただし，デューディリジェンスの方法については，なお模索の途上にあるともいわれる（岡・冨山，2006）。

▷**企業価値評価**
実務的には，企業価値評価はバリュエーション（Valuation）と呼ばれる。また，取引価額を算定するプロセスは，プライシング（Pricing）と呼ばれる。

▷**デューディリジェンス**
（Due Diligence）
マスコミ等では，「資産査定」とされる場合があるが，それでは意味する内容が「財務デューディリジェンス」のみを指し示すことになり，用語の意味が狭くなってしまう。

▷**買収プレミアム**
買収先企業の取引価格と市場での価値との差額。多くの場合，取引価格は株式市場の時価総額を上回る。買収側がのれん代等として支払ってもなお価値あるとする部分である。

2 企業価値評価の方法

M&Aにおける企業価値の算定方法は，概ね次の2つのアプローチに分類される。通常のM&A取引においては，複数の手法が併用されることで企業価値評価が行われる。

①インカム・アプローチ：企業および事業の収益力に注目するアプローチである。代表的手法として，「DCF法（割引キャッシュフロー法）」では，対象事業・企業が将来生み出すキャッシュフローを予測し，それを現在価値に置き換えて眺める。DCF法はM&Aのみならず，設備投資などの評価に用いられる一般的な手法であるが，資本コストや将来キャッシュフローの見積もりなどに恣意性が入り込みやすい面がある。その他，「収益還元法」などがある。

②マーケット・アプローチ：市場の株価をベースに企業価値評価を行うアプローチである。代表的手法として「市場株価法」と「類似会社比準法」がある。市場株価法では，買収先企業が株式公開企業である場合，株式市場での一定期間における平均株価をもとに，発行済み株式総数を乗じて算出する。その際，買収プロセスで株価を左右する情報があると判断される場合には，それらを加味して評価を行うことになる。類似会社比準法では，業態および規模が類似した上場企業を選び出し，その類似会社の1株あたり純資産，純利益，配当金と平均株価の比準値をもとに算出する。買収先企業と類似会社の特徴の違いに留意する必要がある。なお，類似会社比準法は，非上場会社にも適用することができる。

3 企業価値評価の推進体制

今日，M&A取引におけるアドバイザー（投資銀行・証券会社系，コンサル系，法律事務所，会計事務所等）の役割が重要性を増している。実務的には，売り手と買い手の双方がアドバイザーを雇い，互いに算定した企業価値評価にもとづいて交渉を行い，取引価額を決めていくというプロセスをたどる。

また，当然のことながらM&A実施主体の担当部署等の組織体制の整備も重要である。M&Aは多くの場合，トップ・マネジメントの専管事項となるが，それを支える社内外のスタッフの補佐によってスピーディな意思決定が可能になる。デューディリジェンスや企業価値評価については，その技法は精緻化されつつあるが，多くの場合，買収先企業についての完全情報をもたない状態で最終的判断を下さねばならないといえる。

参考文献

伊藤邦雄『ゼミナール　企業価値評価』日本経済新聞社，2007年。

岡俊子・冨山和彦「M&Aと企業評価」『上級商法M&A編（第3版）』商事法務，2006年。

第 2 部 応用理論

Ⅷ M&A 戦略と企業価値

6 M&A と法制度

1 商法・会社法

▷**純粋持株会社**
他の株式会社を支配する目的で，その会社の株式を保有する会社である。ホールディングカンパニーとも呼ぶ。本業を行いながら，他の会社を支配するものを事業持株会社と呼ぶ。

1997年の独禁法改正で「**純粋持株会社**」が解禁されたことを受けて，99年の商法改正により，純粋持株会社と株式移転を利用した M&A が可能となった。具体的には，戦略立案やグループ企業の監督を主要な役割とする純粋持株会社の下に既存事業部門を株式会社化して配置し，他企業との統合を行いやすくするものである。近年，製造業，金融業，小売業などで持株会社設立の動きが進展し，これまでの合併に代えて，持株会社の下での統合が増加することになった。また，99年の商法改正による「株式交換・移転制度」により，少数株主の排除が可能となり，子会社の完全子会社化（100％所有）を進めやすくなった。日本では，企業グループでの事業重複を整理しつつ，経営資源の集約化を行う目的で利用されることがこれまで多かった。

2000年には，「会社分割制度」の導入が行われ（施行は2001年4月），自社を複数の会社に分割することで，事業部門の別会社化とその処分を容易にさせることになった。

2002年には，「種類株式」が認められ，議決権を制限する株式の発行を通じた買収防衛も行えるようになった。合併や取締役の解任などの重要事項に対して1株でも拒否権を行使することができる「黄金株」の発行が可能になった。

2006年には，新会社法が施行され，M&A に関する重要な改正として，一定の条件の下で株主総会での特別決議が不要となる「簡易組織再編の緩和」と

▷**三角合併**
外国企業が日本に子会社を設立し，自社（親会社）の株式を保有させる。そして，その子会社が日本企業を吸収合併して，その対価として，子会社の保有する親会社株式を交付するというものである。2007年5月から施行された。

「略式組織再編の新設」が行われた。また，「再編対価の柔軟化」が進められ，合併・株式交換の対価として買収側の存続企業の株式のみならず，親会社等（海外企業も含めて）の株式を用いることが可能となった（いわゆる「**三角合併**」）。

2 会計基準

会計基準の変化も M&A を取り巻く環境に大きな影響を与えている。日本の会計基準は，これまでアメリカ基準（USGAAP）やヨーロッパ基準（IAS）と比べて異なる側面を有してきたが，近年，国際会計基準への収斂を強めている。具体的には，2000年には実質支配基準による連結決算が開始され，それに伴い単体決算中心から連結決算中心に改められた。また，2002年には持合株式の時価会計が導入され，株式持合いを見直す動きも生じた。

表Ⅷ-3　M&Aに関連する法制度の改正

年	商法	その他法律	会計	税務
1997	簡易合併制度	純粋持株会社解禁（独禁法）	合併手続きの簡素化	
1999	株式交換・移転制度	産業活力再生特別措置法	税効果会計 キャッシュフロー計算書	
2000	会社分割制度 簡易な営業全部譲渡	民事再生法	金融商品の時価評価 新連結会計基準	
2001			持合株式の時価評価	企業組織再編税制
2002	種類株式，新株予約権の規制緩和			連結納税制度
2003		会社更生法全面改正 産業活力再生法改正	減損会計基準	
2005	会社法制の現代化			
2006		金融商品取引法	企業結合会計	

出所：岡部光明『日本企業とM&A』東洋経済新報社，2007年，215頁を参考に加筆。

また，2006年には，「企業結合会計」としてM&Aの態様にあわせて「パーチェス法」と「持分プーリング法」の2種類の会計処理方法をそれぞれ適用することになった。

パーチェス法は，買収に要したコストと買収先企業の帳簿上の金額との差額を「のれん代」として資産計上し，規則的に償却する方法である。一方，持分プーリング法は，買収先企業の資産を帳簿上価格でそのまま受け入れる方法で，のれん代は発生しない。これまでは随意に2つの方法が使い分けられ，日本では持分プーリング法が主流であったが，いくつかの例外を別として原則的にパーチェス法が適用されることになった。パーチェス法の下では，巨額ののれん代が発生した場合，合併後の収益を圧迫することになる。

❸ 税制

税制は企業の競争力に影響を与える重要な政策手段としてとらえることが必要であり，M&A活動においては極めて重要な要素として位置する。合併，株式取得，事業譲渡，株式交換といったさまざまなM&Aの手法のうち，どれを選択するかといった問題は，税務の観点から比較検討されることが多く，近年の税制改正の動向も大いに注目されている。

❹ 金融商品取引法（証券取引法）

証券取引法は，2006年に「金融商品取引法」への改組を含む大幅な改正が行われた。このうちM&Aに関連するものとして，株式公開買付制度の見直し，**大量保有報告書制度（5％ルール）**の見直し等のほか，開示規制の見直し（四半期開示），財務報告にかかわる内部統制の強化などが行われた。

▷大量保有報告書制度（5％ルール）
上場企業の発行済み株式総数の5％超を保有することになった株主（＝大量保有者）は，5日以内に内閣総理大臣に「大量保有報告書」を提出しなくてはならないとするルールである。

第 3 部

展 開 理 論

guidance

　第3部では，企業を取り巻く経営環境の変化の中でも特に顕著な動きを見せている要因を取り上げ，それに対して企業がどのような「戦略展開」を行っているのかに焦点をあて，5つの章に分けて解説しています。

第IX章：情報技術（IT）革新によって経営情報システムが進化していく中で，企業が「情報ネットワーク」をどのように経営戦略へ活用し展開しているのかについて学びます。

第X章：「グローバリゼーション」が進展する中で，経営活動が多国籍化していることから，企業がグローバルな戦略展開をどのように展開しているのかについて学びます。

第XI章：地球環境が悪化する中で経営活動も環境への配慮が求められていることから，企業がどのように環境と共生しながら「環境経営戦略」を展開しているのかについて学びます。

第XII章：新しいビジネスを創造するという観点から「起業」に注目し，その経営戦略の展開について学びます。

第XIII章：技術革新が進む中で，企業が「イノベーション」により企業価値を創造しどのように経営戦略を展開しているのかについて学びます。

IX 情報ネットワークと経営戦略

1 経営情報システムの変遷

　企業経営とは，事業環境の変化に対して持続的に成長あるいは勝ち残るための意思決定を下していくことである。そのためには，企業活動にかかわる情報を効率的に処理し，かつ効果的に活用することが求められている。

　世界初のコンピュータは1946年に開発された**ENIAC**である。それから間もなくコンピュータは企業活動を統制管理するために利用されていった。初期の経営情報システムは日常業務の自動化による業務の効率化であったが，やがて意思決定を支援するための情報提供システム，そして企業間の競争優位を築くための戦略的な情報システムへと利用目的が変わっていった。そこで，ここでは経営情報システムの利用方法を中心に，その変遷を振り返ってみよう。

1 90年代までの経営情報システムの変遷

○EDPS（電子データ処理：Electronic Data Processing System）

　EDPSは1960年代の経営情報システムの概念であり，自動データ処理（ADP）と統合データ処理（IDP）を総称したものである。これは，あらかじめ決められた手続きに従って手作業で行われていた業務をコンピュータに置換して自動化・統合化するものであった。これによって，省力化やコスト削減などの効率化が図られた。ADPは個々の業務を自動化するものであった。本社や工場などの拠点ごとにコンピュータを設け，個別の業務データを一定期間または一定量まとめて**バッチ処理**した。その後，IDPが実用化され，拠点に分散する各部署のデータをオンラインによって1カ所に集め，中央のコンピュータで集中的にバッチ処理されるようになった。これによって集中処理による効率化とファイルの共有化が図られた。また，ファイルの共有化によって処理後のデータが蓄積されたことにより，関連業務の統合化が推進されていった。

○伝統的MIS（経営情報システム：Management Information System）

　伝統的MISは1960年代初頭から70年代初頭にかけて提唱された概念である。EDPSは業務データを対象に自動化・統合化が進められたのに対し，MISでは管理活動がその対象であった。これによって管理者が必要な情報を，必要な管理者に，必要な時に，必要な形態で提供することが目的となり，その実現のために機能別サブシステムで処理されるデータを全社的データベースに統合する取り組みが行われた。

　しかし，MISによって処理される情報は現場レベルのものであった。その

▷ ENIAC（Electronic Numerical Integrator And Computer〔エニアック〕）
米国ペンシルバニア大学で陸軍の大砲の弾道計算を目的として開発された大型コンピュータ。

▷バッチ処理
データ処理を一定量あるいは一定期間で区切り，まとめて処理を実行すること。バッチ処理はデータ処理のリアルタイム性が損なわれるが，一括処理することによって稼働率・効率性を高めた。

ため，管理者が管理活動に必要な情報をあらかじめ定義することは難しく，かつ膨大な情報をあらかじめ全社的データベースに蓄積することは，当時の技術力の面から困難であった。そのため，このような情報システムが実現されることはなかった。

○DSS（意思決定支援システム：Decision Support System）

企業経営における意思決定は，解決すべき課題が一様でないため一定の規則やルールで管理することができず，意思決定者の経験や勘に依存する。そのため，意思決定者である経営管理者が解決すべき問題と判断すべき決定のために，情報システムとの対話を通じて必要とする情報を提供するDSSが1970年代に提唱された。このDSSは，過去の取引データ等を蓄積するデータベース管理システム，データ分析や予測モデルを行うモデルベース管理システム，そしてDSSの利用者がシステムと対話するための対話生成管理システムから構成された。DSSはモデルに基づいてデータ分析を行うが，そのデータをユーザである意思決定者に提供することで意思決定者の判断を支援することが目的である。意思決定者は，これまで培った経験や知識を下に意思決定を行うことから，意思決定の有効性を高めることが可能になった。

○SIS（戦略的情報システム：Strategic Information System）

DSSに至る経営情報システムは，自社内での内部環境における自動化や意思決定の支援が目的であった。これに対してSISは，1980年代半ばから提唱された概念であり，情報システムを競争優位の実現のための手段として利用することが目的となった。

SISの事例として，米国大手航空会社の座席予約システムである**Sabre**，Apollo，アメリカン・ホスピタル・サプライ（現バクスター）社の受発注システムであるASAPが取りあげられる。これらに共通するのは，情報システムを業務の効率化だけではなく，情報の観点から川上から川下までの業者を統合し，価値連鎖として機能させる点であった。これによって顧客の囲い込みや参入障壁の構築など，情報システムを戦略的に活用する素地が生まれた。

② 90年代以降の経営情報システム

1990年代以降，SISに次ぐ経営情報システムの概念は現れていない。これは，企業革新をリードするには，企業の問題意識や特性に応じて情報技術を組み合わせることが重要であると理解されたためである。そのため，情報システムは**ビジネスプロセス**の革新を促す要因（イネーブラー）として利用されている。つまり，情報技術そのものが競争優位をもたらすのではなく，情報技術を自社のプロセスに組み込んで活用する手法が競争優位をもたらすのである。

次節では，企業における情報通信技術を活用したビジネスプロセスの革新に焦点をあてて検討を行う。

▷ Sabre（セイバー）
アメリカン航空がIBM社と開発した，航空会社の座席予約や販売情報を管理する予約管理システム。1978年の航空規制の自由化に伴い，料金や飛行ルートが頻繁に変更されたことから旅行代理店では発券業務の合理化が急務となった。そこで，アメリカン航空は積極的に予約管理システムを代理店に導入させていった。Sabreではアメリカン航空が優先的に表示させるバイアス表示を組み込む等の戦略的な施策によって，40%以上の市場シェアを確保し，競争優位を確立した。さらに，Sabreで販売される他社便の状況をもとに路線設定を優位に進めることや，Sabreで予約することによる手数料収入を得ることに成功した。このように，座席予約システムが航空会社の市場支配力を強める源泉となった。

▷ビジネスプロセス（business process）
購買から販売に至る一連の企業の諸活動のこと。

第3部　展開理論

IX　情報ネットワークと経営戦略

2　ビジネスプロセス革新

▷情報技術
情報技術はInformation Technologyであり，一般的にはITと略される。ITの同義語として国際的には，ITの本質であるCommunicationを付加したICT (Information Communication Technology) が用いられる。

▷1　Hammer & Champy, 1993.

▷2　情報技術は重要なイネーブラーの役割を担うとし，IBMクレジット社の例を挙げて説明する。IBMクレジットでは，融資業務や金利決定など業務プロセスが組織ごとに分断された結果，実処理時間は全体で90分にもかかわらず実際には平均6日以上かかっていた。そこで，これまで部門ごとに担当していた業務を始めから終わりまでゼネラリストが1人で処理するプロセスに変更し，必要に応じて信用調査や金利調整等のスペシャリスト集団の支援を受けるプロセスに変更し，この処理を支援する情報システムを新たに導入した。その結果，融資案件の受け渡しが皆無となり，融資案件の処理時間は4時間に縮まり，かつ取扱件数を100倍に増やすことが可能となった。

▷3　Davenport, 1993.

　情報技術[1]の進展は，既存のビジネスプロセスを効率化するだけではなく，情報の流れに沿ってビジネスプロセスそのものの変革をもたらしている。

1　BPR（ビジネスプロセス・リエンジニアリング）

　1990年代初め，米国では情報技術の活用を前提としたプロセス改革として，リエンジニアリングという概念が広く流行した。ハマー＝チャンピー（1993）[1]によると，企業のパフォーマンスを急激に改善するには，既存のビジネスプロセスや慣習にとらわれることなく，今日の情報技術や市場を前提として新たなビジネスプロセスを構築し直すことが重要であることを示した。そして，収益性を高めるために顧客満足度の向上に焦点をあて，その実現には企業内部における一連のビジネスプロセスを漸進的に改善するのではなく，抜本的に構築し直すことが重要であることを提示した。[2]

　このようにBPR（Business Process Reengineering）による価値創造は，既存の組織構造や慣習の維持による部分最適化した修正を積み重ねるのではなく，全体最適の視点でビジネスプロセスを再構築することを意図したものである。しかし，ハマー＝チャンピーのリエンジニアリングは一過性のブームを引き起こして衰退した。これは，企業が急激な成果向上を短期的に実現することに焦点をあてるため，非現実性が認識されたためである。

　一方，ダベンポート（1993）[3]はプロセスを「組織が顧客に対して価値を創造するために，必要なことを実行する構造」と定義し，プロセスの漸進的な改善（プロセス改善）と根本的な改革（プロセス・イノベーション）の組み合わせが有効であると指摘する。つまり現場レベルで漸進的に進められるボトムアップ型の改善だけでなく，組織横断的な視点に立った，プロセス全体の最適化のための再構築を進めるにはトップ主導によるプロセス改革に取り組むことが重要なのである。そして，このようなプロセス改革を促進する要因は情報技術だけがもたらすのではなく，組織構造と組織文化および人的資源を考慮する必要性があることを示した。

2　プロセス変革による経営手法

　情報技術とプロセス改革を相互発展させることが，持続的な成長の重要な要因だということは理解できた。そこで情報技術によってビジネスプロセスを革

新する新しい経営手法として取り組まれるSCMやCRMの概要をみてみよう。

○サプライチェーンマネジメント(SCM：Supply Chain Management)

SCMとは，顧客に商品やサービスを届けるまでの業者を1つの鎖（チェーン）で結びつけたシステムとしてとらえ，システム全体の効率化や業務処理のスピードアップを促進する管理手法である。ここでの業者とは部品メーカー・原材料納入業者，製造メーカー，販売業者，運送業者といった顧客に価値を提供する企業群をいう。そして，このシステム内において業者間という組織の壁を越えてやり取りする情報，例えば需要予測や販売情報等のデータをシステム全体で共有することによって，情報流通や物流のスピードアップや経営資源の効率化を図るのである。

SCMが注目される主な理由として，①不良在庫の減少，②間接部門の効率化，③納期対応等のサービス水準向上があげられる。顧客ニーズの多様化と製品のライフサイクルの短縮化に伴い，企業は迅速に変化に対応しなければ不良在庫を持つリスクが高くなる。そのためには，開発・生産**リードタイム**の短縮と在庫の削減が課題となる。そこで，SCMでは企業横断的に情報を共有することでサプライチェーン全体の最適化を図り，経営資源の効率化と不良在庫の削減を図るのである。加えて，ボトルネックとなる工程の改革を集中的に図ることでスループット（処理能力）の向上を高めて，さらなる効率化を進める。さらに，顧客に納期等を迅速に回答することで，顧客満足度を高めていくのである。

このようなSCMを構築するには，情報ネットワークで企業群をシームレス（継ぎ目がない）に連結することが不可欠である。そのためには，企業間の信頼関係に基づく戦略的な提携関係を樹立することが求められる。

○CRM (Customer Relationship Management)

CRMとは，企業が顧客の購買行動や個人属性等の情報に基づき，顧客に最適なサービスを提供することによって，長期的な関係性を築く経営手法である。CRMが注目される理由として，取引情報，問い合わせやクレーム情報など，顧客との対応を一元的に管理することで費用対効果の高い優良顧客の囲い込みや顧客ごとのニーズ把握が可能となる。これを駆使することによって，顧客のロイヤリティを高め，**LTV**（**顧客生涯価値**）の最大化を図るのである。顧客にとっても，購買履歴や個人属性をもとに異なるサービスが提供されることが可能となり，顧客満足度を高めることになる。

このようなCRMを構築するには，顧客に関する情報を個別に収集し，管理するデータベースが必要である。一方，蓄積された膨大なデータから，データ間の因果関係を探るデータマイニング技術とそれを使いこなす組織的な能力が必要となる。

▷ リードタイム (lead time)
ある業務に対する命令（オーダー）から完遂するまでに要する時間のことである。一般的にリードタイムの短縮は，計画変動に対する柔軟性を増すとともに，仕掛かり在庫を減らす効果をもたらす。

▷ LTV (Life Time Value)
顧客が生涯を通じて製品やサービスを購入することによって，企業が獲得する累積利益額のことをいう。企業は取引を増やすことによって経済的な価値（利益）を獲得する。そこで企業は，顧客を開拓してから取引がなくなるまでの間，適切なサービスをタイムリーに提供することによって顧客価値の最大化を図るのである。

参考文献

Hammer, M. & Champy, J., *Reengineering The Corporation*, Nicholas Brealey Publishing, 1993（野中郁次郎監訳『リエンジニアリング革命』日本経済新聞社，1993年）．
Davenport, T. H., *Process Innovation*, Harvard Business School Press, 1993（卜部正夫他訳『プロセス・イノベーション』日経BP出版センター，1994年）．

IX 情報ネットワークと経営戦略

3 企業間情報ネットワークの進展

今日の企業経営において，市場競争で勝ち残るには情報技術を積極的に使いこなすことが求められている。情報技術がもたらす最も大きな影響は，コミュニケーション能力の増大にある。情報技術の進展によって情報流通の時間と費用が低下するとともに，情報を受発信する**リーチ**と**リッチネス**が豊かになることによって，情報の受け手と送り手の関係性がますます緊密になっている。

1　EDIの概要

○EDI (Electronic Data Interchange) とは

EDIとは「異なる組織間で，取引のためのメッセージを，通信回線を介して標準的な規約（可能な限り広く合意された各種規約）を用いて，コンピュータ（端末を含む）間で交換すること」である。つまり，企業間の取引情報や文章等を，情報ネットワークを介して伝達あるいは交換するものである。

○EDIの構成要素

EDIで情報交換するには，あらかじめ企業間で情報交換の手順や方法を合意しなければならない。特に複数企業間で情報交換を行うには，標準化された規約に則って運用することが必要となる。標準化すべき規約の中でも，①情報伝達規約（通信プロトコル）と，②情報表現規約（シンタックスルール）が重要となる。前者はコンピュータ間でネットワーク通信を行う際の技術的な接続手順であり，後者は交換する情報それ自体の項目やその定義，そして書体（フォーマット）を指す。特に後者が標準化されていなければ，データを標準化様式へ変換することが必要となり，即時に処理するリアルタイム性，変換ミス等の信頼性，省力化等の効率性に影響を及ぼすことになる。

2　オープン・ネットワーク

これまで情報ネットワークは特定企業間で構築されており，閉鎖的なネットワークであった。このようなネットワークの特徴はネットワークごとに独自の標準化がなされ，系列傘下の部品メーカーや販売会社を含めた垂直統合的なネットワークであった。しかしインターネットによるオープンなネットワークは，企業規模や業界に偏らない開放的なネットワークをもたらした。このネットワークの特徴は，複数企業が標準化に則って情報交換を行う「場」を創出することにある。インターフェースの標準化は，①他企業との水平的かつ対等な連携

▷**リーチとリッチネス**
リーチ（reach）とは情報の到達範囲，つまり情報交換可能な人数のことをいう。一方，リッチネス（richness）とは情報の密度（深さ）を意味し，情報の詳細さや情報量の豊かさのことをいう。従来はリーチとリッチネスは二律背反（トレードオフ）の関係にあった。例えば電話は1対1の会話なのでリーチが狭いが，会話の内容に制限はないのでリッチネスは豊かであった。一方，テレビCMは幅広い世帯に一度に情報伝達できるが，その内容は15秒ないし30秒という時間的制約の下で編集しなければならず，リッチネスが浅くなる。しかし，インターネットの進展によって「広く・深く」情報を入手できるようになったことから，トレードオフの関係が打破されつつある。

▷1　EDI推進協議会によるEDIの定義。

が進展する，②コア・コンピタンスに基づく事業領域の選択と集中が進展する，③バリューチェーンで弱い領域はアウトソーシングによって補完する，といった動きが加速した。

3 ネットワークの外部性

　オープン・ネットワークは標準化されたインターフェースを利用することから，ネットワークの外部性の影響を大きく受けることになる。

　ネットワークの外部性とは，電話網やインターネット網，あるいはある特定の製品・サービスの規格の利用者がネットワークにつながり，その利用者の規模がネットワークによってもたらされる利用者に与える便益に影響を及ぼす性質を指す。また，コンピュータ・ネットワークにおける通信規格であるイーサネット（Ethernet）を開発した**メトカーフ**は，経験則として「ネットワークに接続する価値は，ネットワークに接続する人数の二乗に比例する」と指摘した。つまり，ネットワークの利用者の増大は，ネットワークの価値を指数関数的に増大させるとした。

　ネットワークの外部性がもたらす効果には，直接的ネットワーク効果と間接的ネットワーク効果の2種類が考えられる。

　直接的ネットワーク効果とは，ネットワークに接続する利用者の増加が，利用者に便益を直接的にもたらす効果である。例えば，携帯電話で通話する場合，通話する相手が同一通信会社ならば通話料金は安価に設定されている。つまり，同じ通信会社を利用する利用者（通話する相手）が多ければ多いほど，利用者にもたらされる便益は大きくなる。このような利用価値の増加に対して，ユーザーは新たに対価を支払うことはない。

　一方，間接的ネットワーク効果とは，ネットワークに接続する利用者に対して，補完的な製品やサービスの入手性や利用価値が利用者の便益にもたらす影響をいう。例えば，家庭用ゲーム機は各社独自の仕様に基づいて製品が供給される。しかし，ユーザーにとってゲーム機の技術的な差異はあまり影響がなく，供給されるゲームの選択肢が増えることに価値を見出す。この補完材であるゲームの供給量が増えるほど，利用者にもたらされる便益が大きくなる。

　ネットワークの外部性が働く市場では，利用者の増大がネットワークの価値を生み，さらに利用者を増やすという好循環サイクルが起こる。その結果，ある一定の普及率であるクリティカル・マス（限界量）を超えると雪だるま式に収益が増大する「収益逓増の法則」が成立する。また，ネットワークの外部性を最大化すると，**ロックイン効果**によって市場を事実上独占するデファクト・スタンダードの形成に至る。

▷メトカーフ（Metcalfe, R. M., 1946-）
1973年に米ゼロックス社 Palo Alto Reseach Center で Ethernet を発明した。1979年に共同設立者として米3Com社を立ち上げ，Ethernet の幅広い普及に努めた。

▷ロックイン効果
同じシステムを継続的に利用すると，他システムに入れ替える際の乗り換え費用（スイッチングコスト）が多大となり，容易に乗り換えることができなくなる。このような囲い込み効果のことをいう。

IX 情報ネットワークと経営戦略

4 電子商取引

情報技術の進展，特に**インターネット**は取引形態も変えていった。ここでは，企業間および消費者向け電子商取引の概要について考えてみよう。

1 電子商取引（e-コマース）とは

電子商取引とは，「コンピュータ・ネットワーク・システムを介して商取引が行われ，かつその成約金額が捕捉されるもの」と定義される。従来のEDIは取引主体が大手企業で，かつその対象となるのは反復的な大口取引である。それに対し，電子商取引とは，取引規模や系列とは無関係な企業が取引主体であり，一回限りの取引も対象となる。このような取引によって，**中抜き**や入札制によるコストダウンが図られるとともに，取引先の新たな開拓が可能となった。このような電子商取引を行う市場をe-マーケットプレースという。

2 電子商取引の類型と規模

○企業間電子商取引（BtoB：Business to Business）

BtoBとは，メーカー間やメーカーと販売業者などのような企業対企業の商取引をいう。経済産業省によると2006年の国内BtoB市場は，インターネットのみでは148兆円，従来型のEDIも含めると231兆円にのぼる。特にBtoBを先導するのは製造業であり，その中でも「輸送用機械製造業」と「電機・情報関連機器製造業」がインターネットによる電子商取引の比率を高めている。

○消費者向け電子商取引（BtoC：Business to Consumer）

BtoCとは，メーカーや販売業者が情報ネットワークを通じて消費者に販売する商取引をいう。従来，消費者は対面販売を通じて商品やサービスを購入する選択肢しかなかった。しかしインターネットが普及すると電子モールといった仮想的な市場を構築し，消費者はそこから購入することが可能となった。経済産業省によると2006年の国内におけるBtoC市場は4.39兆円にのぼる。

3 ビジネスモデル革新の類型

國領（1985）は電子商取引を①戦略提携型と②電子市場型の2つに区分する。戦略提携型とは，アパレル業界で導入された**QRシステム**にみられるように，提携関係にある特定の企業間で販売データや在庫データ等幅広く情報を共有することによって，全体最適となる生産調整や在庫調整を図るものである。一方，

▷**インターネット**
(internet)
インターネットの主な特徴は，以下の4点である。
○広域性・非同期性
  インターネットによって地理的・時間的制約を超えることが可能。
○リアルタイム性
  利用者は自由に情報を発信することが可能なため，即時応答が双方向の情報交換が可能。
○低発信コスト
  通信インフラの整備によって，情報流通が大容量化し，かつコストが従量制から定額制へとシフトした。そのため，利用者は印刷物に比べてより精彩かつ詳細に情報を発信することが可能。
○検索容易性
  利用者が必要とする情報はキーワードを検索することによってアクセスすることが可能。

▷1 経済産業省「平成18年度電子商取引に関する市場調査」。

▷**中抜き**
中抜きとは，メーカーと顧客の間に位置する卸売業者等の中間業者を省くこと。中抜きによって，中間業者に対する販売管理費用が削減可能となる。

▷**QR（Quick Response）システム**
アパレル業界を中心に生産メーカーと販売業者が提携

電子市場型は，不特定の多対多取引を支えるネットワーク上の市場を創出するものである。例えば電子部品のロゼッタネットにみられるように，誰もが明確な条件で取引が可能なプラットフォームを構築することにより，新しいビジネスを創出する基盤を担うものである。これには取引ルールの共通化や標準化が整備されることが必要となる。

また，歌代（2007）は情報技術によるビジネスモデルの類型を図Ⅸ-1に示す。これは，電子商取引の対象者に対する取引方針とその取引によって垂直統合的な組織間関係が強化されるか，あるいは新たな領域が創出されるのかという組織間構造の組み合わせによって図のとおり4事象に分類されるとした。

図Ⅸ-1　ITによるビジネスモデル革新の類型

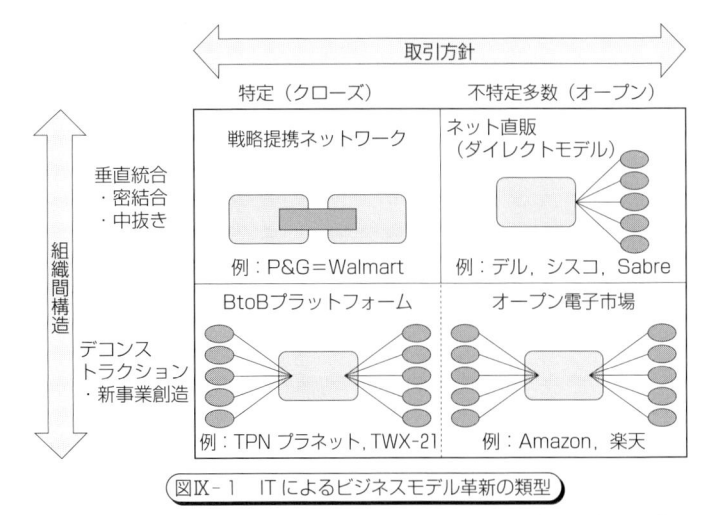

出所：歌代豊『情報・知識管理（インフォメーション・マネジメント）』学文社，2007年，120頁。

4　ロングテール理論とは

インターネットの特徴は，キーワードによって容易に関連する情報を検索できることにある。そこで，「死に筋」とみられていた商品やサービスを対象にして，顧客をキーワード連動型広告で積極的に誘引することで，新しい市場を創出することが可能となる。またBtoCでは，これまでの取引から購入履歴や個人属性が蓄積され，メール等で容易に関連製品やサービスの告知等が行われるようになった。ネット販売は膨大な商品をデータベース上で管理するため，豊富な品揃えを低コストで実現することができる。そこで，「死に筋」商品を販売リストに掲載し，同じ好みをもつと思われる客層にお勧めとして宣伝することで，新たな販売機会を創り出すことが可能となる。このように，従来ならば切り捨てられていた商品が，ネット上で集積することによって新たな収益源にすることをロングテール理論という（図Ⅸ-2）。

し，生産から流通に至るプロセスにおいて無駄を排除する業界間取引の仕組みである。

参考文献

國領二郎『オープン・ネットワーク経営』日本経済新聞社，1995年。

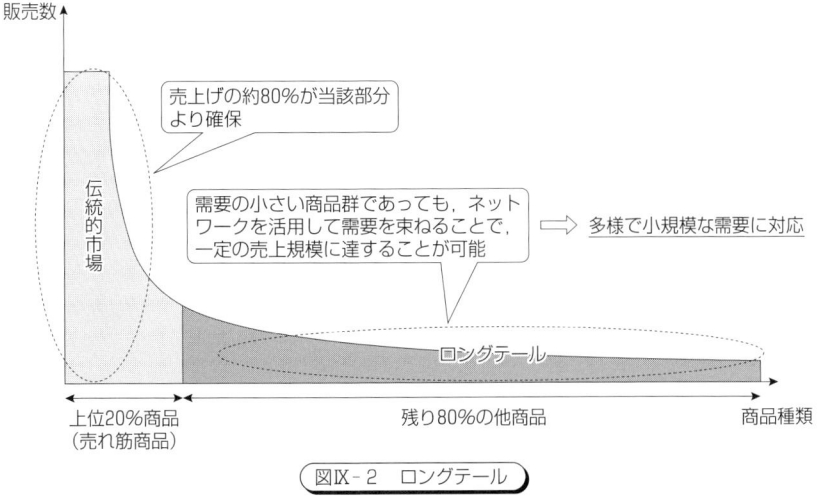

図Ⅸ-2　ロングテール

出所：総務省『平成18年度版情報通信白書』。

IX 情報ネットワークと経営戦略

5 経営戦略における情報技術の位置づけ

情報技術の進展は，情報収集や処理するスピードとコストの大幅削減に寄与した。また，情報技術の進展は競争の土台を変え，競争優位を育む新しい手段として利用される。ポーターによると，持続可能な競争優位を実現するには，①オペレーション効率を上げること，②戦略的ポジショニングを実現することの2点が重要と指摘されている。

▷1 Porter, 2001.

そこで，情報技術が企業の価値連鎖や競争戦略にどのように影響を及ぼしているのか，その戦略的な意義について考えてみよう。

1 情報技術と競争戦略

○価値連鎖における情報技術の役割

情報技術は価値連鎖の隅々に浸透すると，各プロセスのやり方やプロセス間の相互依存関係の性格が変化する。これを図IX-3に沿って説明していこう。

価値連鎖内の各プロセスでは，製品やサービスを創出する物理的な仕組みと，その活動を実施するのに必要なデータ処理やデータを転送する情報処理の仕組みが表裏一体となっている。そのため，この情報処理面から情報技術が効率化や差別化を図る手段として利用され，その影響は価値連鎖全体に及ぶこととなる。また，情報技術は自社の活動情報と価値連鎖内の外部企業との活動情報を連結させることを促し，両者をより密接に連携させることを可能にした。この

支援活動	全般管理	計画作成モデル			
	人的資源管理	人事管理の自動化			
	技術開発	コンピュータによる設計，市場調査のコンピュータ化			
	調達活動	部品のオンライン調達			
		自動化倉庫	融通のきく製造工程	受注処理の自動化	マーケティングのためのセールスマンの遠隔端末／電話によるマーケティング	コンピュータによる修理サービス車の日程及び巡回経路作り	電話による機器のアフターサービス
		購買物流	製造	出荷物流	販売・マーケティング	サービス	付加価値
		主力活動					

図IX-3 価値連鎖内に浸透する情報技術

出所：Porter, M. E. & Millar, V. E., "How information gives you competitive advantage", *Harvard Business Review*, July-August, 1985／小野寺武夫訳「進展する情報技術を競争優位にどう取り込むか」『ダイヤモンド・ハーバード・ビジネスレビュー』ダイヤモンド社，1985年10-11月号。

表Ⅸ-1 競争要因の影響

競争要因	影響結果	IT利用による対抗
新規参入業者の脅威	新しい供給能力 資源大規模投入 価格低下／コスト増加	参入障壁の確立 　大量販売等による規模の利益 　スイッチングコストの増加 　製品の差別化 　流通チャネル支配
買い手の交渉力	値下げ要求 高品質要求 サービス要求 競争激化	買い手の選択 スイッチングコストの増加 差別化 参入障壁
供給業者の交渉力	値上げ要求 品質／サービスの低減	業者選択 川上統合
代替品の脅威	利益の頭打ち 価格の頭打ち	価格性能比の改善 製品／サービスの再定義
業界の競争業者	競争 　価格，製品，物流，サービス	コスト効率 市場参入 差別化 　製品／サービス／企業

出所：Cash, James I., McFarlan, F. W, McKenney, J. L., *Corporate Information Systems Management, 2nd Edition*, Richard D. Irwin, Inc, 1988／小澤行正・南隆夫訳『情報システム企業戦略論』日経BP社, 1987年。

ような顧客を基点とした価値連鎖によって, 戦略的ポジショニングを実現することが可能となる。

○競争要因の影響

情報技術が5つの競争要因にもたらす影響について**表Ⅸ-1**に沿って説明する。これはポーターとミラーの競争要因フレームワークを基にキャッシュとマクファーランが情報技術の潜在的な影響を加えたものであり, 戦略的ポジショニングを獲得するための情報技術の対抗策を述べたものである。これによるとポーターが指摘した5つの競争要因（1列目）がもつ力は影響結果（2列目）に表される。例えば, 買い手の交渉力が大きければ値下げやサービスに対する要求が強まり, 競争も激化する。これに対応するには, IT利用による対抗（3列目）が必要となる。つまり, 情報技術を利用することによって, ①製品やサービスの差別化を図ること, ②買い手や供給業者が新たな参入業者に移行することを避けるためにスイッチングコスト（切り替えコスト）を高めること, ③新規参入業者に対する参入障壁を築くこと, などが考えられる。

2　情報技術と戦略的ポジショニング

情報技術は, 価値連鎖のコスト構造やプロセス間の関係性, 競争の範囲などを一変させる**イネーブラー**である。しかし, 情報技術自体は模倣可能であり, それによるオペレーション効率の上昇は一時的な競争優位にすぎない。したがって, 企業は情報技術をイネーブラーとして利用し, 事業活動の手法や企業間関係を変化させながら独自の差別化を進めていくことが重要となる。

▷イネーブラー (enabler)
促進要因。⇨Ⅸ-1「経営情報システムの変遷」

参考文献
Porter, M. E., "Strategy and the Internet", *Harvard Business Review*, Mar. 2001.

IX 情報ネットワークと経営戦略

6 ITケイパビリティの構築

▷リソース・ベースト・ビュー
⇨ V-2 「経営資源とリソース・ベースト・ビュー」

▷バラドワジ (Bharadwaj, A. S.)
Emory大学Goizuetaビジネススクール准教授。

1 ITケイパビリティとは

　今日の企業においてヒト・モノ・カネ・情報が重要な資源であると認識されている。しかし，企業が競争優位を獲得するには，これらの経営資源を確保するだけではなく，経営戦略に沿ってこれらの資源から価値を生み出していく組織能力（ケイパビリティ）が必要となる。このような考え方を**リソース・ベースト・ビュー**（資源ベース理論）というが，企業自身が保有する独自の資源と能力によって差別化を図ることによって競争優位を獲得するというものである。

　情報技術は企業のバリューチェーンを支える役割を担い，ますますその重要性が認識されている。そのため，企業はビジネスプロセスの革新や効率化を実現するため，積極的に情報化投資を推し進めている。しかし，単に情報システムを導入するだけでは一時的な効果を得るだけにすぎない。そのシステムを活用する組織的な能力が組み合わされることによって，はじめて効果がもたらされるからである。このような情報システムとそれを駆使して企業活動に活用する組織的な能力を合わせてITケイパビリティという。

2 ITケイパビリティの構成要素

　バラドワジ（2000）は，経営資源を有形資源，属人的資源，無形資源に分類した枠組みを基にして，ITケイパビリティを「他の資源やケイパビリティと共同してITベースの資源を結集し，効果的に活動させる能力」と定義した。そしてITケイパビリティは①物理的なITインフラストラクチャー，②ITスキルをもつ人的資源，③ITが可能にする知的資産，顧客志向，シナジーといった無形資産，の3点の相互作用によって創造されるものと指摘した。

　ITインフラストラクチャーとは，コンピュータ技術，コミュニケーション技術，技術的プラットフォーム，データベース技術など，情報システムを構成する情報機器のことである。情報技術それ自体は，広く社会で共有されている。例えば，ネットワークに流れる情報は，接続プロトコル（通信規約）やデータフォーマット（データ形式）が標準化され，相互接続性と相互操作性が維持されることによって利用者のメリットが高まっていく。また，情報システムやシステムを運用するソフトウェアはコモディティ（汎用化）し，新しい機能を備えたソフトウェアが開発されても，容易に模倣することが可能である。ソフト

ウェアの汎用化が進むと，情報システムの利用方法の標準化が進むこととなり，情報技術の導入だけでは持続的な競争優位を獲得することができない。

　企業がビジネスプロセスにITインフラストラクチャーを活用するには，システムを使いこなすITスキルをもつ人的な資源が必要となる。つまり，①開発者，②管理者，③ユーザー，の三者のITスキルを高めることが求められる。開発者のITスキルとは，システムを開発するための技術的なスキルを指す。これはシステム分析やプログラミングといったスキルである。管理者のITスキルとは，プロジェクトの進捗管理やユーザーとの利害交渉，情報システムの運用管理などの管理的なスキルである。最後にユーザーのITスキルとは，導入されたシステムを利活用するスキルを指す。しかし，このような人的資源も企業外部から調達可能な資産であり，模倣可能である。

　企業における模倣困難な資源とは，経営課題を解決に導く手法や知識といった無形資源とそれを実行する組織的な能力である。ITケイパビリティの観点では，経営課題の解決のために人的・組織的資源がITインフラストラクチャーの提案を行うという，組織そのものがもつIT活用能力あるいは経営資源や活動を調整する能力が，市場から簡単に調達できない固定的資源となる。つまり，このIT活用能力が持続的競争優位の源泉になりうるのである。

❸ コンビニエンスストアにおけるITケイパビリティ

　例えばコンビニエンスストア業界各社では，各店舗に蓄積されたPOSデータをネットワークで本社のデータベースに蓄積する情報システムが構築されている。しかし，業界首位のセブン-イレブン・ジャパンでは1店舗あたりの平均日販が同業他社に比べて格段に差異が生じている。この要因の1つとして，POSデータを活用した仮説検証型プロセスの実行力にあると考えられている。

　1982年に流通業界で初めて導入されたPOSシステムによって単品管理が実施された。その管理手法や事業効率を最大化する取り組みが継続的に実施され，ビジネスプロセス改善と情報システムの革新が共進的に進められた。現在の第六次総合情報システムでは，400日にわたる販売・欠品・廃棄・客層データに加え，天気，イベント，立地条件等のデータが蓄積されている。そして，これらのデータを基に仮説検証を支援するシステムが構築されている。このようなシステムの発展とともに，販売機会ロスや廃棄ロスを削減する発注の仕組みが強化され，本部の商品開発や店舗の発注に対する仮説検証の体制づくり等に役立てられている。さらに，フィールド・カウンセラー会議として，経営トップ層，MD，店舗を指導するOFCが本社に毎週1度集まり，全体会議を行う。この直接対話を通じてPOSデータに反映されない情報が交換され，仮説検証のプロセスを補完するのである。このような共進的な発展によって，他社に模倣されないコア・コンピタンスを強化しているのである。

▷ POS（Point of Sales）
POSシステムとは販売時点情報管理システムのこと。POSがもたらす主なメリットは，レジ打ちや値付け作業の省力化や売上管理・在庫管理の効率化が挙げられる。

▷ MD（マーチャンダイザー）
商品開発担当者。セブン-イレブンでは独自製品を開発するため，チームMDが導入されている。これはセブン-イレブンと食品メーカー，ファストフードメーカー，雑貨メーカー等が技術協力や情報共有を行い，顧客の嗜好にあった商品を迅速に提供する仕組みを構築している。

▷ OFC（Operation Field Counselor）
店舗経営相談員。フランチャイズ制をとる店舗オーナーとセブン-イレブン本部とを取りもち，店舗経営を支援する役割を担う。

【参考文献】

Bharadwaj, A. S., "A Resource-based Perspective on Information Technology Capability and Firm Performance : An Empirical Investigation" *MIS Quarterly,* Vol. 24, No. 1, 2000, pp. 169-196.

第3部　展開理論

IX　情報ネットワークと経営戦略

7 経営情報システムの要件

▷ダウンサイジング(downsizing)
大型汎用コンピュータ(メインフレーム)から小型コンピュータ(サーバ、パソコン)へ置換する流れのことである。情報技術の進展、特に半導体の微細化技術によってムーアの法則に代表されるように、単位面積あたりの機能数(トランジスタ数)が18カ月で2倍になる技術革新は、発表から30年以上が経過する現在でも継続している。この微細化技術により、コンピュータは小型化・軽量化・省電力化が進み、コンピュータの小型化・高機能化・低価格化が進んだ。
▷1　経済産業省「EA入門 経営者向け」(www.

　情報技術の進展によって、情報システムは企業活動を支えるインフラとなっている。しかし、同時に**ダウンサイジング**が進展し、クライアント・サーバシステムに代表されるような分散処理を容易に導入させることとなった。企業では部門や業務プロセスごとに情報システムが導入されたことから、全社統一的なデータ管理やセキュリティ、重複投資の回避といった課題に対処することが求められている。

　そこで、組織全体の業務や情報システムの理想像を描き、そのモデルの実現をめざして具体的な計画を策定する取り組みが必要となる。このような取り組みをエンタープライズ・アーキテクチャ(EA)という。ここではEAの概要とその目的について考えてみよう。

1　EA(Enterprise Architecture)とは

○EAの定義

　経済産業省によると、EAとは「組織全体の業務とシステムを共通言語と統一的手法でモデル化し、部局ごとでなく『全体最適』の観点から業務とシステムを同時に顧客志向に改善していくための組織の設計・管理手法」である。つまり、①鳥瞰的な観点から組織構造と情報システムの相互関係を明確にし、②現状の問題点と組織の目標やミッションの達成に至る方向性を理想像として示すことによって、③組織全体の改善活動を促すものである。

　EAは1987年に発表されたザックマン・フレームワークが基礎となっている。これは、6行3列の単純なマトリックスの縦軸(行)に6つの異なる視点、横軸(列)に対象となる切り口を「What(データ)」「How(機能)」「Where(ネットワーク)」で表示したものである(**表IX-2**)。その後1992年に組織全体を対象とするため、「Who(ヒト)」「When(時間)」「Why(動機)」が加えられた。このマトリックスによって、情報システムの概念が容易に確認できるようになった。

表IX-2　ザックマン・フレームワーク

	What (データ)	How (機能)	Where (場所)	Who (組織・ 人材)	When (時間)	Why (動機)
領域・全体像 (計画立案者の視点)						
ビジネスモデル (経営管理者・利用者の視点)						
システムモデル (設計者の視点)						
テクノロジーモデル (開発者の視点)						
詳細表現 (作業担当者の視点)						
稼動システム						

出所：相原慎哉「経営とシステムをつなぐEAフレームワーク」『日経ITプロフェッショナル』2004年4月を一部加筆修正。

② EA の概要

EA は組織全体の業務と情報システムを一体的に設計・管理することによって行政サービスの質の向上をめざすものである。

○EA の体系

① 政策・業務体系（ビジネス・アーキテクチャー）
  組織の政策や戦略に基づいた業務プロセスの内容，業務フロー，実施主体などを体系的に示したモデル
② データ体系（データ・アーキテクチャー）
  業務および情報システムで利用されるデータおよびデータ間の関連性を体系的に示したモデル
③ 適用処理体系（アプリケーション・アーキテクチャー）
  業務処理に必要な情報システムの構成を体系的に示したモデル
④ 技術体系（テクノロジー・アーキテクチャー）
  情報システムの技術的構成要素（ハードウェア，ソフトウェア，ネットワーク）とセキュリティ基盤の構成を体系的に示したモデル

○EA の目的

EA は組織全体を最適化させるための方法論の1つである。これは都市計画における街づくりと似ており，初期条件（目的・コンセプト）に基づいて設計図を作成し，全体最適化を図りながら街を発展させていくという手順に従う。

EA では上述の4階層の現状を AsIs モデルとして整理して，問題点を明確にする。加えて，あるべき姿である理想像（ToBe モデル）を策定し，その実現に向けた次期モデルを作成する（図Ⅸ-4）。これによって統合化・合理化の方向性を組織全体で共有することができる。このように EA による業務と情報システムの可視化を通じて，社内のコミュニケーションを円滑にするとともに作業や管理の効率化を図ることができる。

企業を取り巻く事業環境は時間とともに変化する。そこで EA で検討される ToBe モデルも，その変化に対応させなければならない。反復的な改善活動である **PDCA** を継続することによって，理想モデルに近づけていくことが重要となる。

meti.go.jp/policy/it_policy/ea/nyumon/formanager/manager.pdf）

▷ PDCA
計画（Plan）―実行（Do）―検証（Check）―改善（Action）に至る，継続的な改善活動のことである。提唱者にちなんで，シューハート・サイクルとも呼ばれる。
⇨ Ⅻ-3「起業のプロセス」も参照。

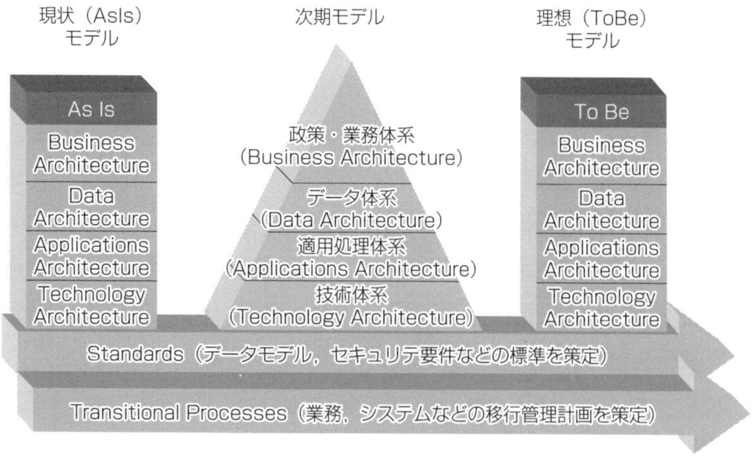

図Ⅸ-4 EA のフレームワーク

出所：経済産業省 IT アソシエイト協議会（2003年）「業務・システム最適化計画について（Ver. 1.1）」。

第3部　展開理論

X　グローバリゼーションと経営戦略

1 グローバル化，経営戦略，多国籍企業

1 企業・経営活動のグローバル化

　ここ20年ほどの間，世界では社会主義体制の崩壊や**BRICs**に代表される新興市場の台頭など，世界経済は**市場主義**の様相を強めている。そこでは世界各国による市場開放や規制緩和など経済の自由化が活発化している。このため，世界の国々はヒト，モノ，カネなどの諸側面において世界経済と密接な結びつきを深めるようになってきている。

　このような経済の自由化に伴い，企業の活動は必然的に一国の国境を越えて世界中へとその広がりの様相を見せている。こうしたことは企業による経営活動がある特定の一国だけでなく複数の国々にまたがって行われていることを意味し，そこでは企業による経営活動の舞台が従来の国内から海外へと地理的に拡大化している。加えて，近年の米国，欧州，日本などの先進国企業では世界を1つの市場ととらえ，世界規模での**経営資源**の最適な調達，生産，販売，開発などの経営活動が行われている。こうした一連の現象はグローバル化（globalization）と呼ばれているのである。

2 環境と戦略・組織の相互作用

　経営活動のグローバル化の進展の中にあって企業は必然的に世界の多様な環境と何らかの係わり合いをもつようになる。その際，こうした企業と環境との関係に関しては伝統的に2つの考えが存在する。1つは，企業は環境との対応関係において受動的な行動を取る存在であり，その結果として，企業の運命は環境によって決定づけられるという環境決定論の考えである。もう1つは，企業は環境に対して能動的に働きかけをすることで自らの環境を開拓し，創造していく存在であり，そこでの企業の運命は企業自身が切り開いていくという主体的選択論の考えである。

　企業と環境との関係においてはこのような2つの異なる考えが存在するが，現実において両者の関係は環境が企業の運命をある程度決定づける部分もあれば，場合によっては，企業による**環境選択**や**環境創造**の部分も存在するといえる。つまり，両者の関係は環境から企業側に影響を及ぼす側面がある一方で，逆に，企業から環境に対する影響の側面も同時に存在しており，両者間には互いに影響を及ぼし合う相互作用の関係にあるととらえるのが賢明である。

▷ BRICs
近年，新しく台頭してきた経済発展が著しいブラジル（Brazil），ロシア（Russia），インド（India），中国（China）の頭文字をとった新興経済国。

▷ 市場主義
市場（market）における需要と供給関係を通じて物事が決まることを意味し，それを実現しているのが資本主義である。こうした市場主義に基づく典型的な資本主義国は米国である。

▷ 経営資源
⇨ Ⅲ-1「経営戦略と経営資源」

▷ 環境選択や環境創造
企業はある程度自社を取り巻く環境を新規事業進出などの行動によって選択したり，創りかえることができるとするチャイルド（Child, J.）やワイク（Weick, K.）などにみられる考え方である。

図X-1　環境と戦略・組織の関係

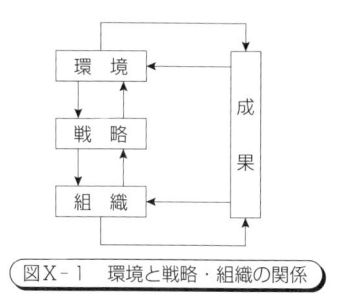

出所：筆者作成。

　このような企業もしくは組織と環境との相互作用の関係を仲介する役割を担っているのが**経営戦略**である。つまり，組織は戦略を通じて環境とのやり取りを行っているのである。このため，環境と戦略および組織の関係は**図X-1**のように示すことができる。そして成果はこうした三者間の相互作用の結果として生まれてくるのである。

3　多国籍企業とは

　企業と環境の係わり合いにおいて戦略を駆動させる中心的な役割を演出しているのがグローバル化の中においてはグローバル企業と呼ばれる存在である。このようなグローバル企業に対する明確な定義は存在しない。しかし，それは1つの統合された経営戦略の下で世界レベルにおいて経営活動を展開している**多国籍企業**を指す言葉として用いられている場合が多い。

　このような多国籍企業（MNC: multinational corporation）の定義と関連して有名なのが**ハーバード大学の多国籍企業研究プロジェクト**によるものである。そこでは米国の多国籍企業を調査研究するために，次の2つの要件を満たす企業を多国籍企業としている。第1は，経済雑誌『**フォーチュン**』に掲載された米国企業の中でも上位500位以内であること。第2は，海外製造子会社を6カ国以上においてもつことである。日本においてこうした定義は吉原（2005）によって行われている。そこでは日本の多国籍企業の要件として，第1は，最大500社以内（売上高基準，東京証券取引所1部上場企業）であること。第2は，5カ国以上において海外製造子会社を所有していることである。こうした日米の多国籍企業の定義に共通するのは，企業規模面において大規模であること。加えて，経営活動面において複数の国々に経営拠点を所有していることである。

　このような多国籍企業の定義は製造業にその範囲を限定している。このため，もしこれをサービス業にも適用する場合においては多少の修正，変更が必要である。一般的に，こうした多国籍企業はその売上高や利益の多くを海外に依存する場合が多いのである。

▷経営戦略
⇨ I-1「経営戦略とは」

▷多国籍企業
複数の国々にまたがって経営活動を展開している企業。

▷ハーバード大学の多国籍企業研究プロジェクト
米国ハーバード大学を中心とした多国籍企業を研究するための研究会。そこには約20人以上の研究者が参加し，そのリーダーであるバーノン（Vernon, R.）は初期の多国籍企業の理論構築に大きな貢献をした。

▷『フォーチュン』（Fortune）
米国の経済雑誌で毎年7月には売上高に基づく「グローバル企業500」を発表しており，世界中の経済人・経営者らに広く読まれている雑誌。

参考文献
吉原英樹『国際経営論』放送大学教育振興会，2005年。

X グローバリゼーションと経営戦略

2 経営理念と戦略ドメイン

1 グローバル化と経営理念

　企業による経営活動のグローバル化に伴い，企業は世界各国で多様な形での活動を展開することとなる。そこでは世界の人々の意識，価値観，習性などをうまくまとめて企業経営の求心力としての役割を果たすことになる経営理念が必要である。このような経営理念は経営者の哲学と企業の過去の歴史などから形成され，特に経営者の信念と価値観が強く反映される。そこでは企業が存在する理由や**企業の社会的な使命**などが具体的に表現されることが多く，それは経営活動の基軸となるものである。

　このような経営理念の機能としては企業内部における統合機能と企業外部に対する適応機能の2つがある。まず，企業内部の統合機能とは，組織メンバーがその活動において行動をとり，判断する時の基準となるものであり，それは人々の意識を1つにまとめあげる役割を果たすものである。次に，企業外部に対する適応機能とは，企業の対外活動における自社活動の正当性を得るものであり，それは企業の社会的な存在意義や環境変化に対する適応を促す役割を果たすものである。

2 人間尊重の経営理念

　このような経営理念は日本では一般的に，**社是・社訓**などと呼ばれている。こうした経営理念の重要性は日本だけでなく，欧米でも広く認識されている。それは世界的なベストセラーとなったコリンズ＝ポラーズの『**ビジョナリー・カンパニー**』（1994）などがそのことをよく物語ってくれる。彼らによれば，競争力が強く業界で卓越した地位を確立し，同業他社の間で広く尊敬を集める企業の多くはこうした経営理念を具現化することに極めて熱心であるとし，彼らはそうした企業をビジョナリー・カンパニー（visionary company）と呼んでいる。そしてそのような企業は長期的な収益性が高いのである。

　このような世界のエクセレント・カンパニー（優良企業）となるためには多くの人々に受け入れられる経営理念の存在が必要である。それは特にグローバル化を指向する企業ほど世界共通の基盤としての経営理念が重要であり，そのような企業には人類共通の基盤としての人間尊重の経営理念が必要である。

▷**企業の社会的な使命**
企業が自社のビジネス活動を通じて社会に対してどのような責任や貢献などを果たすことができるのかを示すものである。

▷**社是・社訓**
経営理念をより具体的な言葉で表したもので，例えば，三菱重工業株式会社の場合，「①顧客第一の信念に徹し，社業を通じて社会の進歩に貢献する。②誠実を旨とし，和を重んじて公私の別を明らかにする。③世界的視野に立ち，経営の革新と技術の開発に努める。」となっている。こうしたものは社長室などに額縁に入れられて飾られている場合が多い。

▷**『ビジョナリー・カンパニー』**
GEやP&Gなどの世界的な優良企業とそうでない企業との比較研究から優良企業に共通する経営特性は何であるのかを分析した1990年代のベストセラー書籍（Collins&Porras，原書1994年／山岡洋一訳『ビジョナリー・カンパニー』日経BP出版センター，1995年）。そこでは基本理念を維持することの重要性が強調されており，こうした考えは，時を越えて現在でも十分に通用するものである。

X-2 経営理念と戦略ドメイン

③ 戦略ドメインとは

このような抽象的な経営理念に従い，企業がより具体的に自社の進むべき方向性を示したのがドメイン（domain）と呼ばれるものである。ドメインとは企業の活動の範囲ないしは領域のことであり，それは企業の生存・存在領域とも呼ばれている。このようなドメインは企業を取り巻く環境の中から企業自らが自社の活動のために戦略的に選択した環境の特定部分であり，こうしたことからそれは戦略ドメインと呼ばれる。それはある意味において自社の製品・サービス，顧客，市場などに関する縄張りのようなものである。

このような活動範囲としてのドメインには企業が将来どうあるべきか，その目指すべき方向性などについての考え方が反映されている。そして策定されたドメインには企業内外の人々の共感と納得が得られるものでなければならない。というのは，ドメインは組織メンバーおよび社会に支持され，受け入れられてこそ，機能するからである。このため，ドメインはできるだけ簡潔でわかりやすい言葉で表現されることが望ましいのである。

▷ドメイン
⇨ Ⅳ-3 「ドメインと競争地位」

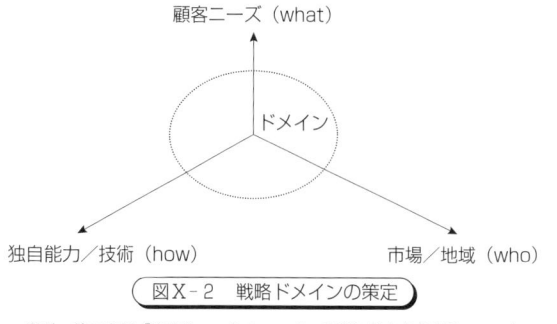

④ ドメインの構成要素

このようなドメインは3つの要素によって構成される。第1に，どのような顧客ニーズを充足させるのか（顧客ニーズ）。第2に，どのような市場に焦点をあてるのか（市場／地域）。第3に，どのような**独自能力**や技術で対応するのか（独自能力／技術）である。これら3つを組み合わせることで，何を（what），誰に（who），どのように（how），という3次元からなるドメイン空間が形成されるのである。こうした関係は**図X-2**に示されている。企業はこうしたドメインの決定によって，どのような製品・サービスを扱い，どのような市場・地域に進出して，どのような事業展開を行っていくのかなどが決定されるのである。

このようにドメイン策定は企業における具体的な戦略策定作業における重要な第一歩である。このため，企業が当初意図した戦略を実現するためにはこうした自社のドメインの明確化が重要である。

企業は以上でみたような経営理念，それをさらに具体化させた戦略ドメインを決定してから自社の状況に応じて海外に向けての経営戦略，つまり，グローバル経営戦略を展開していくことが望ましいといえるのである。

図X-2 戦略ドメインの策定

出所：嶋口充輝『戦略的マーケティングの論理』誠文堂新光社，1984年，230頁を一部修正。

▷独自能力
他社とは区別される自社が独自的にもっている何らかの固有能力を指し，製造企業の場合，それは技術であることが多い。

参考文献
加護野忠男編『企業の戦略』八千代出版，2003年。

X グローバリゼーションと経営戦略

3 グローバル経営戦略の理論的背景

　世界レベルで経営活動を遂行している多国籍企業は次のような4つの概念を理解しながらグローバル経営戦略を展開する必要がある。それが規模の経済性，範囲の経済性，価値連鎖，連結の経済性である。

1 規模の経済性（Economies of Scale）

　規模の経済（性）とは，ある製品を生産する過程での生産規模が拡大していくと，その製品1単位あたりの生産コストが徐々に低下していくことを指す概念である。

　一般的に，製品を生産するためのコストは固定費と変動費に区分される。この場合，土地代や生産設備などの固定費は製品の生産量が増加しても一定であることから，企業が生産量を増やせば増やすほど相対的にそのコストは低下する。半面，原材料や電気代などの変動費は生産量の増加に伴い，そのコストは上昇するが，そうした場合においても生産量の増加に伴うコストの上昇分よりも，原材料などを大量購入することによる値引きによるコストの低下分の方がより大きいのである。こうしたことは企業が単一製品の生産量を増やすことができれば，コストや価格面において他社との競争に有利であるということである。こうした規模の経済が存在するがゆえに，企業は国内市場だけでなく，外国市場に向けてもその製品の販売を行おうとするのである。

2 範囲の経済性（Economies of Scope）

　範囲の経済（性）とは，単一の製品もしくは事業だけを行っている場合よりも製品・事業範囲を拡大化して，その製品や事業の種類を複数にした方が，その生産や販売などのコストが相対的に割安になることを指す概念である。そこには複数の製品や事業を1つの企業が同時に行うことで技術や生産設備，販売施設や**流通チャネル**，ブランドや企業イメージなどの有形・無形の経営資源を製品間もしくは事業間において共同利用することができ，その結果として企業はそれらを単独で行っていた時よりも費用の節約を実現することができるのである。

　このような範囲の経済が存在するがゆえに，企業は単一の製品ラインから**フルライン化**へと製品種類を多様化する。また，単一事業から複数の事業を手がける**多角化**事業へとその活動範囲を拡大するのである。グローバル経営戦略と

▷流通チャネル
メーカーで作った製品を消費者に届けるまでの道順（ルート）のことであり，別に流通経路とも呼ばれている。そこにはメーカーと消費者を直接つなぐ形もあれば，両者の中間に問屋が存在して仲介するものなど多様な形態が存在する。

▷フルライン化
1つの製品に対してその大きさや機能などを備えた多様な製品種類を作ることである。例えば，乗用車の場合，小型車から中型車，さらには大型車（高級車）などへと製品の製造ラインを増やしてその製品種類を拡大化することを意味する。

▷多角化
⇨ II-1 「製品・市場マトリックス」

関連して範囲の経済は，企業が外国市場に参入した後に，そこで構築された生産設備や販売組織，企業イメージなどを共同活用する形での製品・事業の海外展開が行われることを説明することができるのである。

③ 価値連鎖（Value Chain）

企業経営はさまざまな活動から構成されており，各々の活動は互いに異なる固有の特性をもっている。このため，**価値連鎖**（バリューチェーン）は企業の競争優位につながる価値が企業のどのような活動から生み出されるのかを分析するための概念である。ポーター（1985）によれば，価値連鎖は製品の製造，販売，サービスと関連する5つの主活動と，そうした主活動が円滑に行われるようにサポートする4つの支援活動から成り立っている。こうした9つの活動の中でどのような活動がどれぐらいの重要性をもつのかは企業が事業活動を行っている産業と個々の企業特性によって異なる。

企業はこうした価値連鎖を分析することで，自社の提供する製品やサービスが業務活動のどの部分においてその価値がつけられているのかを知ることができる。その結果として企業は自社の業務活動の中でどのような活動面に集中し，どのような部分を補強すべきなのかを知ることができるのである。このため，企業はグローバル経営戦略と関連して，価値連鎖を構成する諸活動の中でどの部分を自国に残し，どの部分を海外に移転すべきか，さらにはそれらを世界レベルでどのように管理すべきなのかについての知見を得ることができるのである。

▷価値連鎖（バリューチェーン）
⇨ Ⅳ-6「バリューチェーンの構造と事業システム」

④ 連結の経済性（Economies of Linkage）

連結の経済（性）とは，企業が世界レベルにおいてどの国から原料を調達し，それをどの国で加工・生産して，それをどこの市場・地域に販売していくのか，などの活動を最適化する場合，そのような経営活動を遂行する世界各地に散在する海外子会社と本社，そして海外子会社間における自立性に基づく柔軟な結びつきによる**ネットワーク**化の経済効果が発生することを指す概念である。このため，これは別にネットワークの経済（性）とも呼ぶことができる。多国籍企業は自社グループを構成するすべての企業間でのクモの巣のように張りめぐらされた各構成単位間での相互連結によってグローバルな相乗効果を享受することができるのである。

以上のような規模の経済，範囲の経済，価値連鎖，連結の経済という概念は企業がグローバル経営戦略を展開するにおいて，どのような行動をとるべきかに関して有用な示唆を与えるものである。企業はこうした4つの概念をうまく組み合わせることで世界レベルでの競争優位を獲得することができるのである。

▷ネットワーク（network）
一般的には情報・通信分野などで使われている用語であるが，それが経営学分野においても伝統的なピラミッド型組織の欠陥を克服する形でネットワーク型組織の意義が主張されている。こうしたネットワーク化によって企業は環境変化に柔軟に対処していくことができるのである。

（参考文献）
Porter, M. E., *Competitive Advantage*, Free Press, 1985（土岐坤他訳『競争優位の戦略』ダイヤモンド社，1985年）。

X　グローバリゼーションと経営戦略

4　グローバル競争戦略と産業特性

▷競争戦略
⇨Ⅳ-1「『5つの競争要因』フレームワーク」

企業は海外での事業展開に際して，どのように自社の競争優位を構築するのかという**競争戦略**を決定しなければならない。こうしたグローバル競争戦略には伝統的にマルチドメスティック戦略とグローバル戦略が存在し，それはその後，価値連鎖の配置と調整，トータル・グローバル戦略へと発展している。

1　マルチドメスティック戦略とグローバル戦略

マルチドメスティック戦略（multidomestic strategy）とは，多国籍企業が競争を展開するにおいて各国の市場の異質性に注目して競争する戦略である。世界各国は経済的，政治的，文化的，制度的な諸側面において大きな差異が存在する。このため，多国籍企業はこうした異質性に富んだ市場への対応から**現地適応化**を重視する。これは製品に対する要求が国ごとに大きく異なるような産業において適合する戦略である。例えば，食品，流通，日用雑貨，保険などがこれに該当する。

▷現地適応化
これは世界の国・地域ごとに各市場特性に応じたマーケティング・生産などの経営活動を展開すべきとする考えであり，単に適応化とも呼ばれている。

▷標準化された製品
これは製品の中身やパッケージなど，その製品の全ての側面において世界的に共通化ないしは画一化された製品のことを指すものである。

半面，グローバル戦略（global strategy）とは，マルチドメスティック戦略とは対照的に，世界全体を1つの同質化された市場とみなして，戦略を展開，実施するものである。この場合，企業は世界的に**標準化された製品**を世界市場に向けて販売し，生産やマーケティング面における規模の経済を活用することで自社の競争優位を獲得しようとする。例えば，自動車，家電，複写機，半導体などがこれに該当する。このようなマルチドメスティック戦略とグローバル戦略の2つの戦略は互いにそれぞれの産業特性によって影響を受けるのである。

2　価値連鎖の配置と調整

▷価値連鎖（バリューチェーン）
⇨Ⅳ-6「バリューチェーンの構造と事業システム」

ポーター（1986）によれば，企業が世界レベルにおいて競争優位を構築するためには**価値連鎖**の配置と調整が重要である。この場合，配置（configuration）とは価値連鎖を構成する諸活動が世界のどの地域で，どのように行うのが最適であるのかという地理的な問題であり，それは集中／分散に区分される。次に，調整（coordination）とは価値連鎖を構成する同じ種類の活動が地域別に，互いにどのように調整されているのかの問題であり，それは高／低に区分される。

企業は価値連鎖内の諸活動をどのように配置し，それらの活動をどのように調整するのかによって**図X-3**にみられる4つの戦略を選択することができる。第1は，価値連鎖の配置は一国に集中させ，販売・マーケティングでは各国の

環境に合わせる輸出中心戦略である。第2は，活動の配置を一国に集中させ，販売・マーケティングなどの対応では世界的に共通の手法で対応する単純なグローバル戦略である。第3は，価値連鎖の諸活動を世界各国に分散して配置し，販売・マーケティングなどでは各国間での共通のブランドなどを展開する高度なグローバル戦略である。第4は，活動の配置を世界各国に分散して配置し，世界のどの国にも全価値連鎖を配置するマルチドメスティック戦略である。この場合，企業がとるべき戦略タイプはその産業と企業特性によって異なるのである。

図X-3 グローバル競争戦略の4類型

出所：Porter, M. E. (ed.), *Competition in Global Industries*, Harvard Business School Press, 1986, p. 28（土岐坤他訳『グローバル企業の競争戦略』ダイヤモンド社，1989年，34頁）を一部修正。

3 トータル・グローバル戦略

世界レベルで多面的に展開されるグローバル戦略を体系化したのがイップ（1992）である。そこではグローバル戦略をうまく機能させるためには，5つの力に対する分析が必要であり，それは**図X-4**のように示される。

まず，企業のグローバル化を推進させる要因として作用するのは，企業がグローバル戦略を遂行できるような競争ポジションと資源の保有度合い，そして産業のグローバル化推進力であり，それには顧客などの市場要因，事業などのコスト要因，政府規制などの政府要因，ライバルによる競争行動などの競争要因，の4つが存在する。このことは企業の内部・外部要因によってグローバル化の圧力が決まるということであり，特に産業要因が重要である。次に，企業はグローバル化の推進要因と適合するような適切な戦略手段を選択しなければならない。そうした競争手段にはグローバル市場の選択という市場参入戦略，生産・サービスにおける**標準化・適応化**の選択という製品戦略，価値連鎖における配置の選択という活動拠点戦略，マーケティングにおける標準化・適応化の選択というマーケティング戦略，どのように国別の競争戦略を展開するかの選択という競争行動戦略の，5つが存在する。最後に，このような戦略手段をうまく実行するためにはそれに適合する組織能力も必要であり，そうした戦略の実行には利益とコストの計算が求められるのである。以上においてみたように，グローバル競争戦略においては企業が活動を行っている産業特性と企業特性によってどのような戦略を展開すべきかが決定されるのである。

▷標準化・適応化
これは伝統的に国際マーケティング分野において顕著にみられる問題である。標準化とは世界の市場は情報や人々の往来などによって顧客のニーズが似たような傾向をもつようになってきており，このため，世界共通のマーケティング手法でそれに対応しようとする考えである。逆に，適応化とは世界の国々の顧客ニーズは基本的に異なるものであり，このため，国・地域ごとに異なるマーケティング手法で対応しなければないとする考えである。

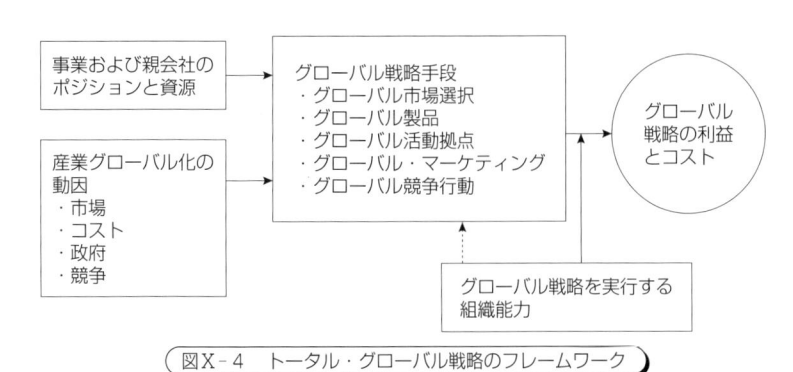

図X-4 トータル・グローバル戦略のフレームワーク

出所：Yip, G. S., *Total Global Strategy*, Prentice Hall, 1992, p. 8（浅野徹訳『グローバル・マネジメント』ジャパン・タイムズ，1995年，11頁）を一部修正。

第3部　展開理論

X　グローバリゼーションと経営戦略

5　グローバル市場参入と撤退戦略

▷プロダクト・ポートフォリオ
⇨ Ⅲ-5「PPM の基本概念」

▷間接輸出
自社が作った製品をダイレクトに外国に輸出するのではなく，総合商社などの中間業者を通じて海外輸出する輸出の一形態である。

▷技術供与
自社が保有する高度な技術などを他社に対してお金（ロイヤルティー：royalty）をもらって提供することであり，別にライセンシング（licensing）とも呼ばれている。

▷合弁
2社以上が資本を出し合って法的に独立した会社を作り，ビジネス活動を行うことである。

1　参入市場の選択

　企業が産業や自社要因によって海外へと目を向けるようになると，どのような市場に参入すべきかの問題が出てくる。こうしたグローバル市場参入と関連して有用なのが図X-5 にみられるグローバル市場ポートフォリオである。そこでは，従来のBCG（Boston Consulting Group）による**プロダクト・ポートフォリオ**を応用した形でもって，市場のグローバルな戦略的重要度と現地での自社の競争力という2つの軸に基づき，どのように世界レベルでビジネスを管理すべきかを教えてくれるのである。

　図X-5 によれば，花形（スター）は戦略的重要度が高く，競争力も高いことからこの市場・国については維持／支援戦略をとる必要がある。そして問題児は戦略的に重要な市場であるが，市場進出がうまく行われていないことから緊急補修が必要である。これは将来的に花形へと移動できるように支援する必要がある。金のなる木は戦略的重要度は低いが，競争力が高いことから防御戦略をとる必要がある。最後に，負け犬は戦略的に重要でなく，競争力も低いことから市場進出を避けるか，利益を刈り取る戦略をとるか，場合によっては撤退すべき市場である。

2　参入方式の選択

　グローバル市場への参入においてどのような参入方式を用いてその対象市場へと参入していくのかに関してはRoot（1994）の研究が有用である。そこでの参入方式には，輸出による方式（**間接**・直接等），契約による方式（**技術供与**等），投資による方式（**合弁**・単独・買収等）の3つが存在する。各方式には固有の特性があり，企業はその目的に応じて有効な方式を選択することができる。また，このような参入方式の選択においては技術，資本，経営ノウハウといった経営資源などの企業要因と対象国・市場による経済的，政治的，文化的な環境要因などがそうした選択に影響を及ぼすのである。

図X-5　グローバル市場ポートフォリオ

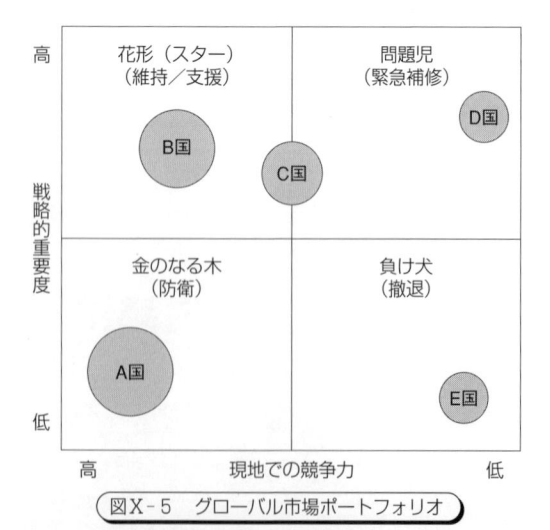

出所：Yip, G. S., *Total Global Strategy*, Prentice Hall, 1992, p. 82（浅野徹訳『グローバル・マネジメント』ジャパン・タイムズ，1995年，107頁）を一部修正。

このような企業のグローバル化に伴う参入方式は図X-6のような進化過程をたどる。そこでは，まず，間接輸出からスタートし，技術供与を行い，やがて現地での代理店／流通業者を通じた輸出段階を経て，海外支社／子会社を通じた輸出段階もしくは合弁投資へと発展して，最終的には，単独投資に至るプロセスである。

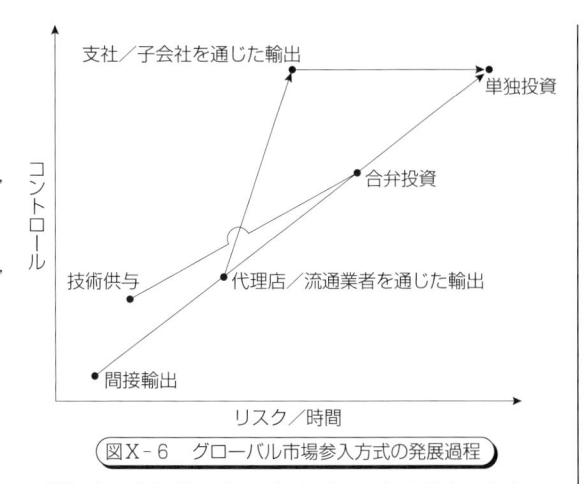

図X-6　グローバル市場参入方式の発展過程

出所：Root, F. R., *Entry Strategies for International Markets*, Lexington Books, 1994, p. 39.

つまり，参入方式は時間の経過とともにより高度化し，進化していくのである。

3 戦略的な撤退

　企業がグローバル市場へと参入を果たし，その経営活動を継続的に遂行していく過程においては，当初の意図とは異なる形でその市場からの撤退を余儀なくされる場合が出てくる。そこには個別企業ごとにさまざまな事情が存在するが，そうした中においても一般的にいわれている撤退要因は企業の内部・外部要因に区分できる。まず，外部要因としては進出国の**政情不安**や政府政策の変更，生産コストの上昇，市場競争の激化などであり，これは現地国要因とも呼ばれている。そして内部要因としては，本国の本社や現地子会社の業績不振，本社の戦略変更に伴う海外拠点間の活動調整，本社と現地子会社や現地パートナーとの経営上のトラブル発生などによるものである。こうした撤退要因の中で，企業は1つの要因だけで撤退を行う場合もあるが，場合によっては，2つ以上の要因が相互に関連し合うことでも撤退は引き起こされるのである。

　このような現地市場からの撤退に際してはヒトの問題が大きな障害として存在する。こうした問題を防ぐためには，事前に何らかの明確で客観的な撤退基準を設定しておくことが必要である。そしてこのような撤退に対して企業は受身的ではなく，グローバル経営戦略の一環として戦略的に撤退をとらえることが必要である。つまり，こうした撤退行動は企業による重要な戦略オプションの1つなのである。

▷政情不安
政治情勢などの不安定化を意味し，こうした問題は，先進国よりも開発途上国や後進国などにおいてよくみられる。例えば，アフリカ，中南米，中東諸国においては軍事クーデターによる政権交替やそれに伴う外国企業に対する資産凍結などが行われることもある。

第3部 展開理論

X　グローバリゼーションと経営戦略

6 グローバル経営戦略と組織

1　グローバル組織の発展過程

　企業の海外での事業活動に伴うグローバル経営戦略の展開においては組織のサポートが不可欠である。このような戦略と組織（構造）との関係についてはストップフォード＝ウェルズ（1972）の研究が有用である。彼らによれば，企業の**組織構造**が国際事業部からグローバル構造へと発展を遂げる過程は企業による製品種類の増大と海外事業の売上の増大という2つの要因によって決まる。この場合，企業は海外での**製品多様化**の程度が高まるにつれてグローバル製品別事業部に移行するが，他方で，製品多様化の程度は高くはないが，海外売上高の比率が増大するにつれてグローバル地域別事業部へと移行する。つまり，組織構造は企業が採用する経営戦略によって異なるのである。そして多様化の程度と海外売上の両方が同時に増大するにつれてグローバル・マトリックスへと移行するのである。このような関係は**図X-7**に示されている。

▷**組織構造**
これは仕事をどのように分けるのか（分業），そして分けられて仕事を最終的にどのようにまとめ上げるのか（調整），という分業と調整の体系とされる。このような組織構造は公式化の度合い，部門化の方式，権限の体系などから構成される広い概念であり，このため，時には広く組織と同義に使われたり，場合によっては組織形態として狭く用いられることもある。

▷**製品多様化**
製品の種類が拡大化していくことを指し，一般的には事業多角化とは区分される。

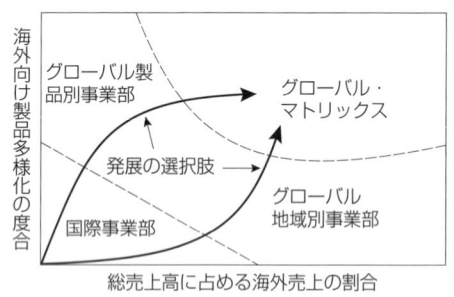

図X-7　グローバル組織の発展経路

出所：Bartlett, C. A., & S. Ghoshal, *Managing Across Borders,* Harvard Business School Press, 1989, p. 30（吉原英樹監訳『地球市場時代の企業戦略』日本経済新聞社，1990年，41頁）を一部修正。

2　グローバル化の進展と組織構造

○国際事業部組織

　企業は輸出から海外進出がスタートし，そうした海外業務を担当する組織として当初は輸出部がつくられる。しかし，その後，海外での現地生産に移行するに伴い，海外業務を一括して担当する国際事業部（海外事業部）が設置され，そこに海外事業に関する権限と責任が与えられる。これによって国内事業と海外事業は分離することになる。

○グローバル製品別事業部制組織とグローバル地域別事業部制組織

　製品別事業部制組織は製品ないしは事業ごとに独立した事業部を形成し，その製品・事業分野に関しては，各事業部が世界的視野にたって生産や販売など，製品全般に関する権限と責任をもつ組織構造である。これはグローバル効率性

の追求に適合した組織構造である。他方，地域別事業部制組織は世界をいくつかの地域単位に分割して，そうした地域ごとに地域別事業部を置き，その各地域事業部が業務全体にわたる権限と責任をもつ組織構造である。これは現地適応化に適合した組織構造である。

○ **グローバル・マトリックス組織**

世界規模での効率性と世界各地域での適応化の追求という異なる2つの要求を同時に満たすために考案されたのがグローバル・マトリックス組織である。一般的に，このようなマトリックス組織は製品別と地域別を軸にして編成され，海外子会社はこの2つの接点に位置する。マトリックス組織は理想的な組織構造であるように思われるが，そこには1人の部下（現地子会社の社長）に対して2人の上司（製品別と地域別の社長）が存在することからくる二重の命令系統のためにその業務活動の調整が難しく，このため，実際にはその運用が難しいのである。それは図X-8のように示される。

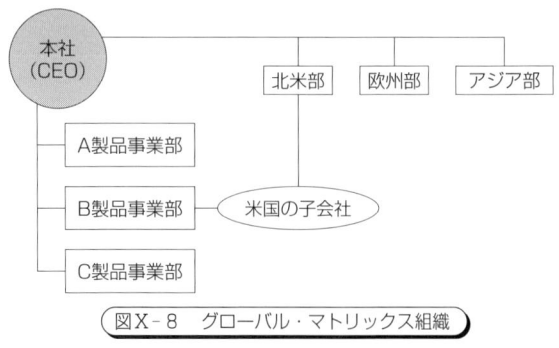

図X-8　グローバル・マトリックス組織

出所：吉原英樹『国際経営［新版］』有斐閣，2001年，177頁を一部修正。

③ グローバル・ネットワーク組織

理想的な組織であったマトリックス組織は現実には命令系統の重複による組織間でのコンフリクトの発生とそれに伴う意思決定の遅れなどの問題が生じた。このため，多くの企業はマトリックス組織を廃止し，製品別ないしは地域別事業部制組織へと回帰したり，より進化した組織の模索を始めた。そこで台頭してきたのがグローバル・ネットワーク組織である。つまり，伝統的なグローバル組織では多様性に富んだ環境状況にうまく対応することができず，このため，ネットワーク組織は企業内および企業間での柔軟な結びつきによって各状況への対応を図ろうとするものである。このようなグローバル・ネットワーク組織は高度にグローバル化された多国籍企業の海外子会社が自立性の下で，**イノベーション**を生み出せるように世界規模で共有された経営理念の下で1つに統合化された組織といえる。こうした組織をバートレット＝ゴシャール（1989）はトランスナショナル組織（超国家組織：transnational corporation）と呼んでいる。これは世界規模での効率性，各国対応の適応性，世界規模の知識移転などの異なる多様な課題を同時に追求する理想的な組織なのである。それは図X-9のように示される。

▷**イノベーション (innovation)**

革新を意味し，一般的には新しい技術開発を通じた新製品開発などを意味するものである。しかし，近年では技術面に限らず，新しいアイディアなどを通じて社会に対して何らかの大きなインパクトを与えるものへと，その概念を広くとらえるようになってきている。
◁XIII-1「企業におけるイノベーションの意義」

参考文献

Stopford, J. M., & L. T. Wells, *Managing the Multinational Enterprise*, Basic Books, 1972（山崎清訳『多国籍企業の組織と所有政策』ダイヤモンド社，1976年）.

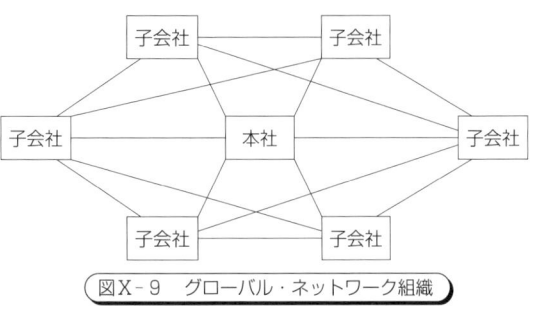

図X-9　グローバル・ネットワーク組織

出所：Bartlett, C. A., & S. Ghoshal, *Transnational Management*, Richard D. Irwin, 1992, p. 524（梅津祐良訳『MBAのグローバル経営』日本能率協会マネジメントセンター，1998年，129頁）。

第3部 展開理論

XI 地球環境問題と経営戦略

1 循環型社会の要請と環境政策

1 社会の動向と循環型社会の要請

今日の環境問題は，かつてのいわゆる公害問題とは性質が異なっている。環境被害の影響を受ける地域範囲も，環境被害の原因となる主体（加害者）の範囲も拡大しており，すべての人が被害者であり加害者であることが特徴といえる。環境問題の原因には，あらゆる企業活動や市民生活があてはまり，地域の自然環境，資源循環，さらに地球環境を含む広範囲で総合的な**環境影響**が問題となっている。

したがって環境保全への取り組みは，特定の地域や特定の企業だけでは事足らず，すべての業種，および中小企業を含むすべての規模の企業，そして生活者一人一人が果たすべきテーマとなっている。

また，ビジネスを取り巻く社会環境にも変化がみられる。地球温暖化対策など環境問題への配慮の重要性が改めて指摘されている（**図XI-1**）。

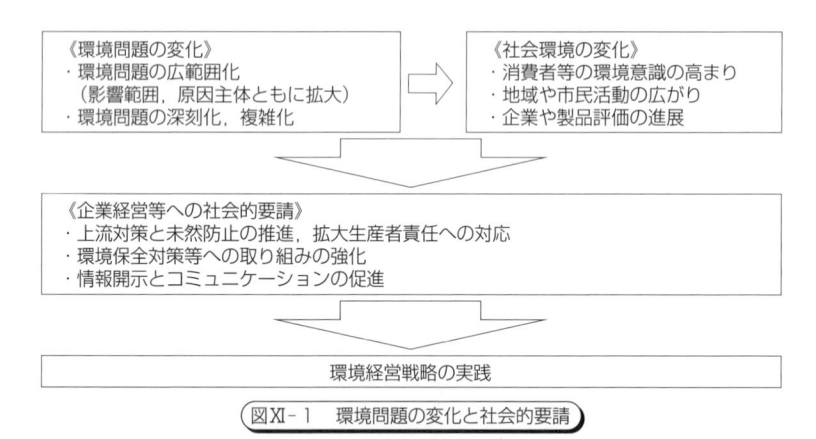

▷**環境影響**（Environmental Impact）
「環境負荷」は環境に与える"有害"な影響であるのに対し，「環境影響」は，有益（プラス）か有害（マイナス）かを問わず組織の活動・製品またはサービス等から生じる環境に対するあらゆる影響のことを指す。環境活動を起因とする結果として，環境に生じる変化のこと。

▷**グリーン・コンシューマー**（green consumer），**グリーン・コンシューマリズム**（green consumerism）
消費者の立場から，地球環境への配慮を考えるのがグリーン・コンシューマリズムである。環境へ悪影響を及ぼしかねない商品をボイコットしたり，企業や政府の活動を監視したりして，環境対策の訴求やリサイクルへの促進運動などを主な活動とする。また，そうした活動に参加する消費者のことをグリーン・コンシューマーと呼ぶ。

▷**エコファンド**（eco fund）
収益性や成長性またはキャッシュフローといった金銭的な投資尺度だけでなく，その企業の環境問題への取り組み度合や成果も投資尺度に加えて銘柄選定を行う投資信託のこと。

《環境問題の変化》
・環境問題の広範囲化
　（影響範囲，原因主体ともに拡大）
・環境問題の深刻化，複雑化

《社会環境の変化》
・消費者等の環境意識の高まり
・地域や市民活動の広がり
・企業や製品評価の進展

《企業経営等への社会的要請》
・上流対策と未然防止の推進，拡大生産者責任への対応
・環境保全対策等への取り組みの強化
・情報開示とコミュニケーションの促進

環境経営戦略の実践

図XI-1　環境問題の変化と社会的要請

出所：UFJ総合研究所作成資料より筆者加筆。

これに応えるように市民の環境保全意識は高まっており，地域における市民の活動も盛り上がりをみせている。企業は提供する製品・サービス，事業活動を通じて市民から厳しく評価されており，環境保全意識の高い**グリーン・コンシューマー**の中には，環境配慮型製品の購入（**グリーン・コンシューマリズム**）や株式市場での**エコファンド**の購入等を通じ，企業の環境保全活動へ積極的な働きかけを行っている。こうした意識の変化が，**循環型社会**の要請の背景であり，企業への環境情報の開示に関する要請の背景でもある。企業はこの要請に

応える形で**環境報告書**による情報公開など**環境コミュニケーション**の展開が図られるようになってきている。

2 環境政策の動向

政府の環境政策においても，循環型社会に向けた政策が講じられるようになってきた。直接的規制（特定の事業者，物質の排出規制など）だけでなく，さまざまな主体の取り組みを総合的に推進する法律（各リサイクル，エネルギー関連法など），情報開示や経済的手法により自主的取り組みを促す施策など，多様な組み合わせが展開されている。

環境関連規制について，重点的に取り組みが進められているテーマごとに分類すると，地球温暖化対策，環境汚染防止，循環型社会形成の3つに分けることができる。最近の法規制等の状況は**表XI-1**のようにまとめることができる。

経済の自由化や規制緩和が叫ばれる中にあって，環境関連の規制については一層厳しさが増している。

こうした中，各企業による環境対策の重要性はますます高まっている。また，これまでの取り組みの強化に加え，より上流部門での対策による環境汚染防止の促進や，**拡大生産者責任**への対応など，環境配慮への取り組み内容にも変化がみられる。

表XI-1 主な環境関連法規制の年表

	地球温暖化対策	環境汚染防止	循環型社会形成	その他
1995〜	97 新エネ法 97 京都議定書採択 98 省エネ法（改正）	96 大気汚染防止法（改正） 99 ダイオキシン類対策特別措置法 99 PRTR法	95 容器包装リサイクル法 97 廃棄物処理法（改正） 98 家電リサイクル法 99 家畜糞尿リサイクル法	99 持続可能な農業促進法
2000〜	02 京都議定書批准 02 地球温暖化対策推進大綱（新） 02 地球温暖化対策推進法（改正） 02 新エネ法（改正） 02 省エネ法（改正） 04 都市緑地保全法	00 水質汚濁防止法（改正） 01 フロン回収破壊法 02 土壌汚染対策法 03 化審法（改正） 04 大気汚染防止法（改正）	00 食品リサイクル法 00 建設リサイクル法 00 資源有効利用促進法 02 自動車リサイクル法	00 グリーン購入法 02 自然再生推進法 03 環境教育促進法 04 環境経営促進法

出所：環境白書等の政府白書及び政府予算書等より，UFJ総合研究所作成。

▷**循環型社会**
廃棄物等の発生を抑制（リデュース）し，再使用（リユース）や再生利用（リサイクル）を進めながら，最後には適正に処分が行われるような物質循環が実現され，環境への負荷が低減される社会のこと。

▷**環境報告書**
環境報告書とは，一般に企業等の事業者が自社の1年間の環境活動（環境配慮の方針，目標，取組内容・実績等）や発生させた環境負荷などについて，そのステークホルダーである投資家，消費者，地域住民等々へ公表する年次報告書のことをいう。環境報告書を作成・公表することにより，利害関係者との環境コミュニケーションが促進される。

▷**環境コミュニケーション**
持続可能な社会の構築に向けて，個人，行政，企業，民間非営利団体といった各主体間のパートナーシップやコンセンサスを確立するために，環境保全活動や環境負荷等に関する情報を，一方的に提供するだけでなく，利害関係者の意見を聞き討議することを含め，互いの理解と納得を深めていくための活動を指す。環境報告書の公表や環境広告はその一例である。

▷**拡大生産者責任（EPR：Extended Producer Responsibility）**
製品の使用後の回収や再資源化の費用を，製品コストとして生産者に負担させる考え方。生産者に対し，製品に加算されるコスト削減の努力を促し，環境負荷が少なく再利用できる製品の開発や普及を促進させようとする考え方のこと。

XI 地球環境問題と経営戦略

2 環境問題と企業経営

▷**環境負荷**
企業による生産活動などを含み,人間の社会活動によって与えられた自然環境に対するネガティブな変化(悪影響)と一般的に定義される。

▷**国際標準化機構(ISO)**
知識・技術・商品が国境を越え,世界的な規模で流通している今日,国際的な標準規格を制定することにより,消費者や企業間取引における商品・サービスの信頼性を担保することができる。ISOとは,この国際的な標準規格を制定する目的で組織された国際標準化機構(International Organization for Standardization)の略称であり,同機構が策定する標準化規格の総称としても使われている。2007年1月現在,世界159カ国が加盟している。

▷**ディスクロージャー(disclosure)**
ディスクロージャーとは,物事を明らかにして示すこと。経営に関する用語としては「経営内容の開示」「企業情報の公開」のことを指す。財産や収支の状況といった財務内容だけでなく,経営方針や組織,商品・サービスの内容など,企業活動全般の状態を判断するために情報を公開すること。ディスクロージャーをすることにより,企業経

① 環境問題と企業経営の関係性

近年,環境問題が企業経営に多大なる影響を及ぼすようになっている。以下の4つの事例をみても,環境問題と企業経営の関係性は,極めて多様性に富んでおり,またその重要性は,今後ますます高まってくるといわざるを得ない。

○自動車業界における製品戦略の変容

自動車業界では,燃費向上の追求だけでなく,クリーンなエネルギーの利用を目的とした燃料電池車の開発が進められている。世界各国の自動車メーカーが技術開発を行っており,これは**環境負荷**の軽減を第一義の目的としたものである。しかし燃料電池車を,製品開発戦略さらには企業戦略の観点からとらえると,自動車業界における自社の生き残りをかけた新たな戦略分野として位置づけることができる。すなわち,従来の戦略分野とは次元を異にする「環境経営戦略」と企業行動の研究が今後必要不可欠となっている。

○環境マネジメントシステム ISO14001

環境経営を実現するための手法として,環境マネジメントシステムの実践があげられる。**国際標準化機構(ISO)**では,環境マネジメントシステムが具備すべき要件をISO14001として規定している。ISO14001は,企業の環境経営を単に支援するだけでなく,その認証取得(審査登録)は国際取引のインフラストラクチャー(基盤・基本・最低条件)になりつつある。特に欧州各国では最低限の取引条件となっていることが多く,国際取引そのものを規定する要因となっている。このように,環境マネジメントシステムと企業行動の関係性もますますその重要性が増していることがわかる。

○環境会計と環境コミュニケーション

財務体質の改善や経営基盤強化のためには,過度に間接金融へ依存しない経営が求められ,直接金融の重要性が再認識されている。市場から直接資金調達を行うためには,企業活動の**ディスクロージャー**を質・量ともに重視しなければならない。企業のディスクロージャーの一環として環境会計を考えると,環境活動に対する費用・便益のとらえ方など,明確にすべき問題点は多く残されているものの,環境改善活動の成果を報告する手法として注目されはじめている。またより積極的な情報公開の手段として,環境報告書による環境改善への取り組みの公開があげられる。これら社会との積極的なコミュニケーションに

基づく企業イメージの向上や信用・信頼の獲得は企業にとっての重要なテーマの1つとなっている。

○環境コストの負担

環境改善費用は誰が負担すべきなのかも問題である。企業が製品原価に環境コストを上乗せし，製品価格の一部として消費者が負担すべきなのか。あるいは企業の利潤の範囲内でまかなうべきなのか。環境保全の重要性は認識できても，企業と消費者の利害は必ずしも一致はしていない。誰も費用を負担しなければ，結果的に環境悪化へつながるだけである。法規制を行うべきか自主規制で十分なのか，環境問題は企業行動に大きく影響することとなっている。

営の透明性が高まるとともに，社会の評価を通して，より一層の経営努力がなされることを目的としている。

2 企業経営における環境問題とは何か

経営学における**ゴーイングコンサーン**の概念は，その根底に企業の持続的発展という命題をもっている。企業は，自分自身の存続と繁栄のため，エネルギーや資源を使って生産活動を行い，環境負荷を増加させてきた。利潤を生み出すための活動が，地球環境に対するマイナス要因を生み出し，社会を循環してそれが企業負荷として逆流するようになってきたのである。そして今後それらを無視しては，企業が社会的存在として許されない時代に到達したといえる。

いまや環境問題は企業にとってのお荷物的な問題ではなく，企業が存在するための経営資源と同レベルのもう1つの経営資源としての価値をもつに至ったと考えるべきであろう。

では企業にとって「環境」および「環境問題」とは何であろうか。環境が特定の企業にとって，意識できるほどに影響を及ぼしたとき，企業から「環境」として認識される。つまり環境の実態（例えば，自然・地球や競争相手）も企業自身も独立して存在しているが，それが企業自身にとって何らかの影響を受けることが認識されたとき，それは主体となって「環境」となり，その影響が無視できない状況に至ったとき「環境問題」として認識される。その影響が認識されないときは，その企業にとって環境は問題にはならない。

これは環境問題を考えるときの基本的で重要な考え方である。すなわち認識が早ければ，それだけ影響への対応が早く，自社への直接影響を少なくすることができる可能性が高まる。もし事前に察知し素早く対応することができれば，それだけコスト負担を少なくすることができると考えられる。

これまでの企業経営における環境問題は，ほとんど直接的に利潤へ影響を及ぼす問題領域に限られていたといってもよい。とりわけ地球環境においては，それが損益に影響を及ぼすレベルとして認識されることは稀であった。「公害」問題が認識されても，それは被害者対加害企業の問題として矮小化され，企業の社会性として問われることはなかった。近年の環境問題は，この公害問題とは性格の異なる問題であることを認識しなければならない。

▷**ゴーイングコンサーン**
(going concern)
企業の継続を意味する。ゴーイングコンサーンとは「継続企業の前提」「企業の存続可能性」などと訳される。企業は倒産や廃業をせず，半永久的な継続が社会的責任であるという考え方に基づき，企業が将来にわたって事業を継続していくという前提のこと。

XI 地球環境問題と経営戦略

3 サスティナブルな社会をめざす環境経営戦略

1 環境経営戦略の特性

企業はさまざまな内的・外的な環境要素から影響を受ける**オープン・システム**である。環境要素の多くは企業側からのコントロールが難しく，その変化は複雑かつ不確定である。企業はこの環境変化へいかに適応していくかということが重要な課題であり，環境適応のパターンを示すのが経営戦略である。

外部環境のうち，マクロ環境の1つである地球環境をめぐる社会の動向は，前述のとおり劇的に変化している。**循環型社会**へ向けた取り組みなど，地球環境問題への対応を戦略的に企業経営へ取り込むことが求められており，その対応いかんで企業の存続が左右されるところまできている。

これまでは，製品を製造・供給する動脈産業が経済の主役であり，廃棄物処理やリサイクルを行う静脈産業は経済の脇役と考えられていた。しかし地球環境問題が深刻化している今日では，限りある資源を有効に利用することこそ，**サスティナブル**な社会を形成する欠かせない条件となっている。

このような中，企業は地球的規模の環境影響に配慮する共生的思想（価値観）をベースとした戦略概念，いわゆる「**環境経営戦略**」に基づく経営を展開しなければならない。

経営戦略は，**ミッション**，**ドメイン**，資源展開の3つの構成要素で説明することが可能であり，環境経営戦略においても，環境へ配慮した企業行動を行うためのミッション，ドメイン，資源展開について独自性をもつ必要がある。

2 ミッションにおける環境対応の表明

企業に明確なミッションがない場合，目先の利益を目的とした短期的な行動が優先され，長期的には逆効果の利害を生じかねない。このため，地球環境問題への対応を図ろうとする環境経営戦略では，ミッションにおいて，短期的な利益ではなく長期的な取り組みの必要性について明確に表明しておかなければならない。しかし環境経営や環境会計の導入を公にしている企業でさえ，一部の大企業や先進的企業を除き，多くの企業がミッションや経営理念に，地球環境問題に対する取り組みを表明していないという現実がある。重要なのは，ブームに乗った一過性の活動ではなく，地球環境に配慮した経営戦略を全社的かつ長期的に推進していくことの確認を，ミッションの明確化の段階で行ってお

▷ **オープン・システム (open system)**
企業体の概念には，オープン・システムとクローズド・システムの2つがある。クローズド・システムとしての企業は，経営環境とは無関係に自社内における合理性を追求しようとし，オープン・システムとしての企業は，流動的な経営環境との相互作用を通じて存続・発展を目指す。したがってオープン・システムは，不確実な経営環境へどう対処するかに焦点をあわせた環境適応システムということができる。

▷ **循環型社会**
⇨ XI-1 「循環型社会の要請と環境政策」

▷ **サスティナブル (Sustainable)**
「持続可能な」という意味。この言葉が使われるようになったのは，1992年国連環境開発会議（通称地球環境サミット）の宣言やその行動計画（アジェンダ21）に「持続可能な開発」が盛り込まれたことによる。また1984年国連「環境と開発に関する世界委員会」で「持続可能な開発（Sustainable development）」の概念が提唱されたことによる。ここでの持続可能な開発は，「環境的に健全で持続可能な経済発展」のことを指す。

▷ **環境経営戦略**

③ ドメインにおける環境技術のコア・コンピタンス化

　企業が環境問題へ積極的に対応し，自社の共生的思想を実現していくためには，ドメインの定義の段階において**コア・コンピタンス**となる環境にかかわる独自のスキルや技術の集合体を形成することが重要となる。

　例えば，自動車業界においては，化石燃料の枯渇やCO_2の排出削減対策のために燃料電池車の開発が命題となっている。この研究開発のコア・コンピタンスとなるのが環境技術であり，環境技術に優れているということは，市場における企業の存在価値を高めることにつながっていく。

　環境技術というコア・コンピタンスが確立できれば，企業は市場での自社の存在価値を高めることができ，さらに新たな事業を創造していくという価値連鎖を創り出していくことができるようになる。

④ 情報的資源の蓄積と展開

　資源展開では，経営戦略の実行に際し，必要な経営資源をいかに獲得・蓄積するか，また限られた経営資源をどのように配分するかという問題がテーマとなる。中でも環境経営戦略において，重要なのは情報的資源である。

　情報的資源は，市場や技術についての環境情報と，組織独特の価値観などの情報処理特性，ブランド・イメージや企業の信用などの企業情報の3つに分類できる。情報的資源は極めて固定性が高いため，金銭などで容易に手に入るものではなく，蓄積にも時間がかかる。しかし，いったん蓄積されれば，多重利用が可能となり，使えば使うほど価値を増大させうるというメリットをもつ。

　コア・コンピタンスとなる環境技術の開発と蓄積は重要なテーマであるが，そのコア・コンピタンスを形成していくためには，長期的・持続的な経営資源の傾斜配分が必要である。しかしそれは，環境問題へ対応するための追加的コストや制約条件と考えてはならない。資源展開の戦略における情報的資源獲得に必要な未来費用としてとらえる。

　例えば，燃料電池車の開発にかかる費用は莫大であり，その車両の販売だけでは開発費用を回収できないかもしれない。しかし地球環境に配慮している企業であることを具体的な活動（ここでは製品開発）を通じて示すことができれば，情報的資源の展開の結果として，コーポレート・ブランド価値の向上という企業価値の拡大に結びつけることが可能となる。企業の環境問題に対する姿勢は，現実の製品に具現化してはじめて社会に対する訴求力をもつ。コア・コンピタンスとなる環境技術と，コーポレート・ブランド価値の向上という情報的資源を蓄積することにより，市場における存在価値が高められ，未来費用として投下されたコストが企業全体の収益として回収されることになる。

地球的規模の環境負荷に配慮する共生的思想（価値観）をベースとした独自性をもった新しい戦略概念のことである。伝統的な経営戦略論では，既存の市場に対して経済的成果を得るための事業展開にかかわる戦略が主流であった。近年，地球環境破壊など企業の社会性が問われる問題が頻発したことにより，市場性を重視した事業戦略のみでなく，社会的責任など社会性を重視した戦略の必要性が議論されるようになった。

▷ミッション (mission)
ミッションとは，ある企業が他の類似企業と明白な違いがあることを示す目的をもち，その企業の存在理由を表明するとともに，長期的方向性を明らかにする。

▷ドメイン (domain)
⇨Ⅳ-3「ドメインと競争地位」参照。

▷コア・コンピタンス (core competence)
⇨Ⅳ-5「コア・コンピタンスの構築」参照。

XI 地球環境問題と経営戦略

4 環境経営戦略の特徴

① 経営者のコミットメント

環境経営戦略の構築および実践を行ううえで，最も重要なのは経営者の**コミットメント**である。戦略目標を設定するだけでなく，目標達成に向けた全社的な取り組みを行うためには，経営者自らがリーダーシップを発揮しなければならない。環境問題を企業経営のマイナス要因と考えるのではなく，ビジネスチャンスととらえミッションに反映する。そのミッションを組織全体に周知し，理解させる責任は経営者にある。

SWOT分析において，環境問題は企業にとって脅威（threat）ではなく，機会（opportunity）ととらえる姿勢が必要である。さらに**コンプライアンス**重視で環境規制だけクリアすればよいという考えから脱却し，**イノベーション**の発揮により環境問題を新たな経営資源の1つとする積極的な姿勢が求められる。

② 目的およびターゲットの明確化

企業の目的をドメインという形で定義し，その中でターゲットとする分野を明確にすることが重要である。顧客層を絞り込み，顧客の環境ニーズに対応する製品・サービスを開発して提供することにより，顧客の環境意識を高め，グリーン・コンシューマーを育成する。製品・サービスが市場へ受け入れられるにつれ，環境に配慮した企業というブランド・イメージが形成され，ブランドの確立によって企業価値の向上という情報的資源が蓄積されていく。

適切な目的およびターゲットの絞り込みは，顧客の環境ニーズの把握，環境技術開発の促進，製品・サービスの市場展開により企業ブランドの確立といった好循環を生むことができる。

③ 長期的な視点

環境経営戦略には長期的視点が欠かせない。**エンド・オブ・パイプ**的な対応は，その場限りの一過性の対策であり根本的な解決策にはならない。環境配慮製品の技術開発，人材教育や育成および共生的思想（価値観）に基づく組織づくりなど，その成果を期待するためには長期的な投資が必要である。

その効果は，製品品質の向上，原材料等の使用効率の向上，資金調達コストの低下など定量的に表せるものもあるが，重要なのは，従業員のモラルの向上，

▷ **コミットメント（Commitment）**
「約束，誓約，関与」などの意味で使われる。単なる約束事ではなく，神との誓い（宣誓）に近い意味合いで使われることが多く，コミットされた事柄が達成されない場合の責任も明確にするという考え方。

▷ **SWOT分析**
⇨ Ⅰ-4「経営戦略の構成要素」

▷ **コンプライアンス（compliace）**
コンプライアンスとは一般に「法令遵守」と訳される。しかし法令を遵守した企業経営はあたりまえのことであり，経営におけるコンプライアンスとは，消費者をはじめとするさまざまなステークホルダーとの関係性において，守られるべき企業倫理や行動規範も含んだルールなど，社会常識の遵守を意味する。これらに違反すれば，株主や市場から糾弾されることとなり，企業価値を棄損しかねないため，事業存続の必要条件と位置づけられるものである。

▷ **イノベーション（innovation）**
⇨ ⅩⅢ-1「企業におけるイノベーション」

▷ **エンド・オブ・パイプ（end of pipe）**
エンド・オブ・パイプとは，出口（技術）で環境負荷物

企業イメージの向上，地域社会やステークホルダーとの良好な関係，将来の環境リスクの低減など定性的なものも多い。長期的な投資とその効果の重視は，環境問題を根本原因にまで遡って解決しようとする姿勢の現れといえる。

❹ 全社的な共生的思想とシステムづくり

環境経営戦略を，企業の成長と競争優位を主眼にした従来の経営戦略の延長線上のものと考えてはいけない。既存の経営戦略に社会性を取り込んだ戦略概念とは一線を画するものであり，環境問題を成長の手段ととらえる考え方ではない。本来の環境経営戦略は，地球環境に配慮する共生的思想（価値観）をベースとした独自性をもった新しい戦略概念として位置づけられる。

したがって，原材料調達，技術開発，設備投資，生産管理，販売活動すべてにおいて環境問題への配慮が必要である。自社が直接関与する部分だけでなく，**サプライチェーン**全体の環境影響についても配慮する必要がある。

具体的な取り組みとしては，**LCA（ライフサイクル・アセスメント）**の手法を活用し，生産から製品廃棄までの環境負荷を考慮する。またISO14001などに基づく環境マネジメントシステムを構築し，全社的な環境活動の運用と成果をコントロールして**環境パフォーマンス**の向上に努める。

❺ 変革による組織化の推進

環境経営戦略の実践は，企業にとって新しい取り組みとなる。したがって，これに対応するためには組織の変革が必要となる。環境に関連した職務の創設や必要な人的資源の定義，教育システムをはじめ設備管理や業務手順等々において改革が必要であり，目的・目標に合った組織適合が行われなければならない。

地球環境問題は企業のすべての部門と関連している。サプライチェーンで考えれば，購買部門によるグリーン調達，設計部門による環境製品の開発，製造部門の省エネ・省資源化などがあり，間接部門では環境会計の導入による成果の確認や広報などステークホルダーとコミュニケーション活動が考えられる。

❻ コミュニケーションと説明責任

経営者の方針は企業全体に伝達し理解されなければならない。また経営者は内外のステークホルダーとのコミュニケーションを効果的に展開し，環境活動の成果を積極的に公表して適切な説明責任を果たさなければならない。

具体的には，環境報告書の発行や第三者機関による外部監査の実施により，ステークホルダーとの良好な関係づくりが図られる。この結果として，企業は社会との信頼関係を深めることができ，環境リスクの低減だけでなく，企業としての社会的責任を果たすことにもつながっていく。

質を制御しようとする考え方である。工場内または事業場内における生産過程等で発生した有害物質を最終的に場外へ排出しないという思想を指す。生産設備から排出される環境汚染因子を固定化したり，中和化したりする公害対策技術を「エンド・オブ・パイプ技術」という。これは環境汚染物質が環境に放出される瞬間になんらかの処理をすることで環境負荷を低減する技術のことである。

▷**サプライチェーン（supply chain）**
ある製品の原材料が調達されてから工場で製造され，流通過程を経て消費者へ手渡されるまでの一連の流れ（過程）のことを指す。

▷**LCA（Life Cycle Assessment）**
ライフサイクル・アセスメントとは，製品の一生における環境負荷を評価する手法のこと。製品を製造するために必要な原材料が調達される段階から，製造，輸送，使用，廃棄されるすべての段階（サイクル）において，環境への影響（プラス面，マイナス面）の可能性を評価する手法のことである。

▷**環境パフォーマンス**
自社の環境方針，環境目的および目標に基づいて，組織が行う環境活動の管理に関する環境マネジメントシステムの測定可能な結果のこと。環境影響が大きいと思われる業務等の運用管理から得られた総合的な結果を環境パフォーマンスという。

第3部　展開理論

XI　地球環境問題と経営戦略

5 環境マネジメントシステム

1 環境マネジメントシステム

環境経営戦略を実践していくためには，共生思想を全社的に定着させ実行させるためのシステムづくりが欠かせない。具体的には**環境マネジメントシステム**を構築し，これを適切に運用することで，企業の環境パフォーマンスを向上させることが可能となる。

環境経営の管理手法および環境経営戦略の実践ツールとして，さまざまな環境マネジメントシステムが考案されている。

2 ISO14001

環境マネジメントシステム（EMS）が具備すべき要件を規定した国際規格がISO14001である。

ISO14001は，Plan・Do・Check・Actionというマネジメントサイクル（環境方針→プランニング→実施および運用→点検および是正処置→経営者による見直し→継続的改善）に従った構成となっており，EMSの機能を継続的に改善し，スパイラルアップを図るよう規定している（**図XI-2参照**）。

ISO14001の実践により，環境保全に関する社会的要求（環境パフォーマンスの要求事項）を満たすと同時に，環境パフォーマンスの継続的改善をシステム的に確立できる。これによって企業は利害関係者の信頼を獲得し，経済上およ

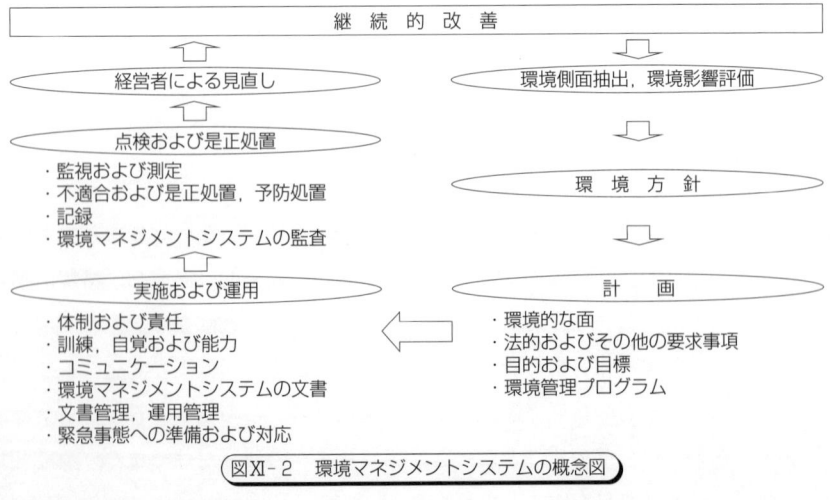

▷環境マネジメントシステム（EMS：Environmental Management System）
環境方針を作成し，計画を実施して目標達成し，さらに見直しを行って成果を維持するために，組織体制，計画活動，責任，慣行，手順，プロセスおよび資源など各要素を組み合わせ，まとまりをもった全体として機能するもの。トップマネジメントによる環境方針の下に，マネジメントサイクルとして方針達成のための計画（P）が策定され，従業員等の役割・責任を明確にして計画を実施（D）し，その実施について点検および是正（C）を行い，定期的にこれらの活動の適切性・妥当性・有効性を評価し見直す活動（A）のことである。

```
                    継続的改善
        ⇧                        ⇩
  経営者による見直し        環境側面抽出，環境影響評価
        ⇧                        ⇩
  点検および是正処置            環境方針
  ・監視および測定               
  ・不適合および是正処置，予防処置   ⇩
  ・記録                        
  ・環境マネジメントシステムの監査   
        ⇧                      計　画
    実施および運用       ⇦   ・環境的な面
  ・体制および責任              ・法的およびその他の要求事項
  ・訓練，自覚および能力          ・目的および目標
  ・コミュニケーション            ・環境管理プログラム
  ・環境マネジメントシステムの文書
  ・文書管理，運用管理
  ・緊急事態への準備および対応
```

図XI-2　環境マネジメントシステムの概念図

出所：ISO14001に基づき筆者作成。

び環境上の利害を均衡させ，企業としての存続（ゴーイングコンサーン）や持続的発展（サスティナブルデベロップメント）の促進を図ることになる。

ISOの**審査登録制度**に基づき，第三者の**審査登録機関**が規格要求に基づき企業のEMSを審査し，合格となった場合に認証を発行するという仕組みである。

3 エコアクション21（EA21　環境活動評価プログラム）

EA21は，環境省が経営資源の乏しい中小企業等のための簡易な環境マネジメントシステム（EMS）として作成したものである。

EA21では，評価項目を選択し，環境への負荷と取り組みの自己チェックを行い，環境行動計画を作成し，その行動計画に沿った活動の実施，活動成果の評価と改善策の検討，活動計画の見直しという流れになっており，基本的には**PDCA**サイクルを回すことによって進められる。

EA21は，かつて環境行動計画書を作成して届出を行うだけであったが，現在では第三者による審査登録制度が導入されている。

4 エコステージ

エコステージは，有限責任中間法人エコステージ協会が運用する環境マネジメントシステム（EMS）である。

エコステージはISO14001を基本にシステムが構成されている。しかし最大の特徴は，全体を5つのステージに分け，初歩的な段階から順次ステップアップしていく方式をとっている。

エコステージでは，自主的に環境活動への取り組みの項目を設定してシステムを構築し，自己宣言を行う方式をとっている。

5 KES（京都・環境マネジメントシステム・スタンダード）

KESは，市民・事業者・市民団体・事業者団体・行政機関が発足させた「京（みやこ）のアジェンダ21フォーラム」の企業活動ワーキンググループがKES認証事業部をづくり，中小企業の活動を念頭に置いた独自の環境管理審査制度を制定したものである。

KESには，一般企業を対象にしたものと学校を対象にしたものがある。一般企業向けのステップ1は，環境問題に取り組み始めた段階を想定したもので，自社の環境負荷を把握したのち環境宣言を行い，目標を決めて活動計画を立てて実行し，経営者がその成果を評価することになっている。ステップ2は，将来，ISO14001の認証取得を目標としているもので，要求項目はISO14001とほぼ同じになっている。

▷審査登録制度，審査登録機関

国際標準化機構（ISO）では，各国それぞれに認定機関の設立を認めており，日本では財団法人日本適合性認定協会（JAB）がこれにあたる。JABは，日本における審査登録機関等を認定している。事業者がISO14001の認証を取得しようとする場合，JABが認定した審査登録機関の審査を受け，ISO規格に適合していることを証明しなければならない（これを第三者審査登録制度という）。JABの認定および認証制度の概要は，**図Ⅺ-3**のとおりである。

▷PDCA
⇨ⅨⅠ-7「経営情報システムの要件」，ⅩⅡ-3「起業のプロセス」

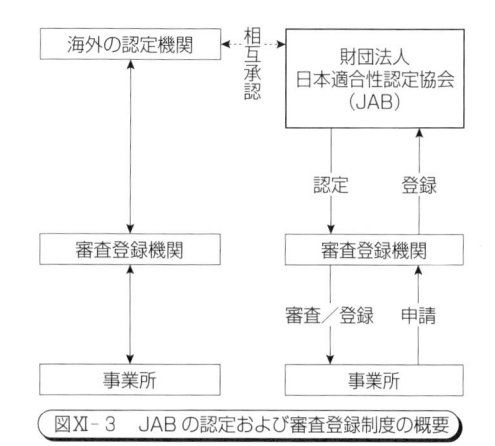

図Ⅺ-3　JABの認定および審査登録制度の概要

出所：筆者作成。

XI 地球環境問題と経営戦略

6 環境マネジメントシステムの役割と効果

1 ビジネスプラットホームとしての役割

企業はオープン・システムとして機能するため，環境との相互関係の中で存在する。したがって，**環境マネジメントシステム**を概念図として表現すると図XI-4のように表すことができる。

▷環境マネジメントシステム
⇨ XI-5「環境マネジメントシステム」

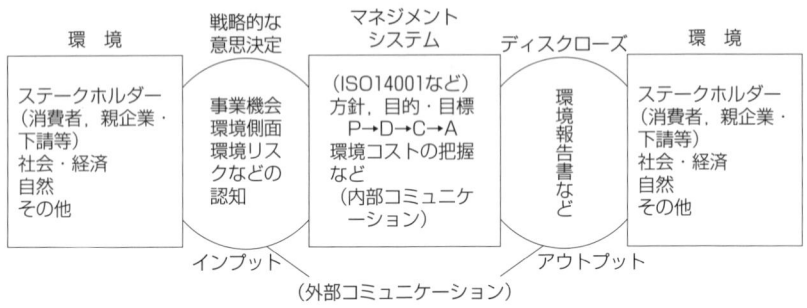

図XI-4 オープン・システムとしての企業の環境マネジメントシステム概念図

出所：筆者作成。

▷グリーン購入
グリーン購入とは，企業等が業務活動において使用する製品・サービスを環境配慮型製品から選択する活動のことである。企業等はこの活動を通じて，自社の生産活動だけでなく，購買活動から発生する環境負荷についても減少させることができる。また購入先である供給業者に対しては，環境配慮型製品の開発を促進するという効果も併せもっている。

▷ビジネスプラットホーム
(business platform)
プラットホームとは，本来，鉄道駅において旅客が列車に乗降するために線路に接して設けられた台のことである。このプラットホームがなければ列車に乗降車することができないことから，ビジネスを列車にたとえ，そこに乗り降りするための最低条件や取引要件のことビジネスプラットホームという。

歴史的な背景もあり，環境問題に敏感なヨーロッパでは「企業経営の中にEMSを組み込んでいる」ことは企業の社会的責任であるという認識が強く，例えばISO14001の認証を取得していることを契約時における「取引条件」とする動きがみられる。

例えば，ドイツの電機最大手シーメンス，あるいはフィンランドの通信機器メーカーのノキアなどは，資材調達の入札条件にEMSの認証取得を加える動きがみられる。日本国内においても，多くの企業が自社の**グリーン購入**を促進するため，ISO14001の認証の有無を取引先の評価選定要素として取り上げている。

またEMSの指針（ガイドライン）であるISO14004は，自社への部品・原材料供給者など取引先に対して，「EMSの確立を奨励する」よう明記している。EMSの認証を取得しようとする企業は，自社の協力企業・下請企業等に対してもEMSの構築を要請する動きがみられる。

EMSは企業間取引を継続するため**ビジネスプラットホーム**として機能しはじめており，その普及は企業の関係性をも規定していく要素となりつつある。

② 環境問題への対応力強化

経済の自由化に伴い規制緩和が叫ばれる中，環境問題については規制強化の流れにある。廃棄物に関する法律改正や産業廃棄物処理に関する規制が強化されており，例えば容器リサイクル法では，製造者に再資源化の義務が課せられた。また土壌・地下水汚染対策としては，水質汚濁防止法の改正により，汚染を引き起こした企業の浄化義務について規定された。今後さらに，ダイオキシンの排出規制や，国際条約による二酸化炭素をはじめとした温暖化ガスの排出量に関しても規制されることとなっている。

このような状況に際し，規制がなされてから多額のコストをかけて対応する企業に比べ，EMSが導入され環境影響について評価する仕組みをもっている企業の方が，断然，規制対応能力が高いといえる。環境問題に対する活動の面でも投資計画の面においても他社より一歩先の対応が可能となり，その優劣の差は，最終的に国際的競争力の差となって顕在化してくる。

また，現在普及しつつあるグリーン購入の面においてもメリットが考えられる。グリーン購入とは，「環境にやさしい商品」を優先的に購入する取り組みのことを指し，政府や一部の自治体等においては積極的に商品（企業）選別が行われている。EMSの認証取得企業は，「環境にやさしい企業」として社会的評価が得られることとなり，顧客側のグリーン購入活動という製品（企業）選別基準に適合することが可能となる。

③ 企業の環境マネジメントツール

企業は，今後ますます環境問題に直面していくことになる。例えば産業廃棄物・リサイクル問題，大気・水質・土壌汚染問題などなどである。一方，地球規模で影響を考えなければならない環境問題は，因果関係が複雑で対象範囲が非常に広いため，すべての環境活動に対する環境影響を一律に把握することは困難である。また，環境影響のある活動を正確に把握したとしても，自社で可能な対策について優先順位を決定することもまた難しい。

EMSは，企業を取り巻く環境問題を洗い出すために，自社の基準による環境活動の抽出を求めており，対策の**プライオリティ**を決めるために抽出された環境活動の環境影響を評価することを求めている。そして運用結果に基づき，システムは経営者によって見直されなければならない。

EMSを経営管理のツールとして備えることにより，企業は自社に関係する環境問題に対して，システム的にアプローチすることが可能となる。EMSを環境マネジメントツールとして活用することで，企業の命題であるゴーイングコンサーンと持続的な発展が可能となる。

▷プライオリティ（priority）
優先順位や優先度のこと。

XI 地球環境問題と経営戦略

7 エコビジネスと経営戦略

1 エコビジネスの分類

環境問題への社会的関心度の高まりにより，ビジネスリスクだけでなくビジネスチャンスも生まれてきている。

エコビジネス（環境関連産業や環境ビジネスなどと呼ばれることもある）は，従来の公害防止機器や廃棄物処理などの市場から大きく変化しはじめている。

エコビジネスについては，環境省や経済産業省等において，それぞれ分類された市場規模が推計されている。ここでは，環境汚染防止分野，循環型社会形成分野，温暖化防止・省エネ分野，その他の分野の4区分での分類に整理し，他で使用されている分類との相関をまとめると以下の**表XI-2**になる。

環境省によると，2000年に約30兆円であった環境ビジネスの市場規模は，2010年に約47兆円へ，そして2020年には約58兆円になると推計されている。

表XI-2 エコビジネスの定義の整理と分類

本調査	環境省（OECD）「環境ビジネス」	経済産業省 産業環境ビジョン「環境産業」		エコビジネスネットワーク「環境ビジネス」
環境汚染防止分野（有害物質削減・浄化等）	環境汚染防止（装置・資材，サービス，建設・機器の据付）	環境支援関連分野（公害防止装置，環境コンサルティング）	関連分野	エンド・オブ・パイプ（公害対応）
循環型社会形成分野（廃棄物処理・3R等）	廃棄物処理関連の装置製造，サービス提供，機器据え付けは，上記「環境汚染防止」に含まれる	廃棄物処理・リサイクル関連分野	環境調和型生産プロセス	廃棄物の適正処理，5RE（分別・分解，減容・減量，再使用，再資源化，燃料化），建築構造物の改修・補修
温暖化防止・省エネ分野（省エネ製品・省エネサービス等）	資源有効活用（装置・資材，サービス，建設・機器の据付）（水供給・林業等も含む）	環境調和型エネルギー関連分野		再生可能エネルギー・省エネルギー（省エネ機器・コジェネレーション・ESCO等）
その他分野（緑化・自然修復，配慮部材・材料，影響評価，教育，金融，流通，物流など）	都市緑化は，上記「資源有効活用」に含まれる	環境修復・環境創造関連分野		自然修復・復元
	教育，情報提供，アセスメント等は，上記「環境汚染防止」に含まれる	環境関連サービス		環境コンサルティング，環境影響評価，情報・教育関連，金融，流通，物流
	環境負荷低減技術・製品	環境調和型製品関連分野		エコマテリアル，環境調和型施設（住宅）・製品

（注）このほか，「地球温暖化防止等のための環境関連産業振興に関する環境庁ビジョン案（1997）」，「環境政策におけるエコビジネス推進ビジョン（1999）」での定義もある。
出所：各政府資料，エコビジネスネットワーク編「新・地球環境ビジネス2003-2004」（産学社）等を参考にUFJ総合研究所作成。

2 廃棄物・リサイクル関連ビジネス

これまでの大量生産・大量消費・大量廃棄型社会では，天然資源の枯渇や大量の廃棄物の発生に伴い，最終処分場が逼迫するという問題が顕在化している。

このため，いわゆる**循環型社会**への移行を推進するため循環型社会形成推進基本法をはじめ，各種リサイクル法などの法規制が施行され，国民の意識も変わりつつある。

これら法規制の施行により，消費者→指定引取場所→中間処理業者→製造業者という一般流通とは逆サイクルの流通が確立されるとともに，このような静脈物流および中間処理等の分野における市場拡大が見込まれている。

循環型社会形成促進基本法では，廃棄物処理の優先順位を①発生抑制（リデュース）→②再使用（リユース）→③再生利用（リサイクル）→④熱回収（サーマル・リサイクル）→⑤適正処分とされている。行政政策におけるリサイクル品目の拡大や再資源化比率の要求は高まるばかりであり，新規ビジネスの市場創出や拡大も期待できる。

▷循環型社会
⇨ XI-1「循環型社会の要請と環境政策」

3 エネルギー関連ビジネス

エネルギー問題への対応状況は，石油など主なエネルギーの供給源を海外に依存していること，また2度にわたってオイルショックを経験してきたことなどもあり，省エネルギーに対する取り組みは諸外国に比べわが国は進んでいる。しかし，今後も引き続き省エネ対策を推し進める必要性に変わりはない。

新エネルギーの開発や代替エネルギーへの転換については，発電コストや発電効率について十分な検討が必要ではあるものの，長期的には必要な取り組みであり，補助金など政府からの支援もあり，将来，市場の伸びが期待できる分野である。

4 土壌汚染関連ビジネス

欧米では，土壌汚染問題をはじめとした企業のリスク評価を行う制度が確立されている。わが国においても，企業経営における**リスクマネジメント**の一環として土壌汚染問題に対処することが要求されている。

土壌汚染を放置しておくと，人間の健康に影響を及ぼす懸念があり，また汚染された土地は，売買そのものが不可能となり資産価値を失う。土壌汚染問題は単なる環境問題だけにとどまらない。

土壌や水質の浄化には，物理的・化学的手法があるものの，いずれも膨大なコストと労力が必要である。しかし生態系に与える影響も大きいため，積極的な対応が必要であり，新たな技術開発などによる新市場が期待されている。

▷リスクマネジメント
(risk management)
リスクマネジメントとは，企業を取り巻くさまざまなリスクを分析し，対策を講じることで企業の存続・経営目標の達成を図ろうとする経営管理手法をいう。リスク（危険・危機）を組織的に管理し，ハザード（危害）や損失などを回避もしくはそれらの低減を図る。各種の危険による不測の損害を最小の費用で効果的に処理しようとするもの。

XII 起業と経営戦略

1 起業とは

1 起業の定義

　近年のわが国の景気は，穏やかな回復を続けているといわれている。バブル経済崩壊後の平成不況期に，わが国の中小企業施策は，従来の産業構造を打破し新たな産業の創出や就業機会の増大を担う役割として中小企業を位置づけ，その中でも創業支援に重点をおいた施策が多く出された。

　本章は，起業活動とその経営戦略について述べていくものであり，ここでは本章で用いる起業について定義しておきたい。

　起業や創業という用語は，国語辞書によると「新しく事業を始めること」や「事業を興すこと」と記されている。

　また，わが国でよく用いられる**ベンチャービジネス**という用語は1970年代に登場した和製英語であり，アメリカでは一般的にスモール・ビジネス（small business）と呼ばれている。日本ベンチャー学会によるベンチャー企業の定義は次のとおりである。

> 「高い志と成功意欲の強いアントレプレナー（起業家）を中心とした，新規事業への挑戦を行う中小企業で，商品，サービス，あるいは経営システムに，イノベーションに基づく新規性があり，さらに社会性，独立性，普遍性を持った企業」

　アントレプレナー（entrepreneur，以下起業家と記す）について，**シュンペーター**はイノベーション（革新性）の担い手が起業家であると提唱している。すなわち，起業家は新たな**起業機会**を認識し，それを実現するために高い志と成功意欲をもって組織をつくり実行に移す人であり，その行為が「起業活動」であるとしている。

　シュンペーターのイノベーションについての詳説は次章（第XIII章）に譲るが，ここではその一部を略説する。

　シュンペーターは，イノベーションを物や力を従来とは異なる方法や形で革新的に結合することであるとし，これを「**新結合**」とした。新結合の革新性は，製造業に代表される技術面だけではなく，新たな市場を開拓することや新たな組織づくりといった従来の発送を超えたビジネスの仕組みを表している点にある。

　本章で用いる起業は，このイノベーションを伴った成長意欲の高い起業家に

▷ベンチャービジネス
（venture business）
清成忠男法政大学元総長，中村秀一多摩大学名誉教授，平尾光司専修大学教授が1970年の調査に基づいて提唱したものである。

▷シュンペーター
⇨V-4「リソース・ベースト・ビューの意義と限界」

▷起業機会
⇨XII-3「起業のプロセス」

▷新結合
⇨XIII-1「企業におけるイノベーションの意義」

よる創業活動を対象とする。例えばサラリーマンが会社を退職し脱サラして一般的な飲食店や学習塾，理美容院を創業することではない。これまでになかった顧客への新たなサービスや取り組みをアイディアとして思いつき，それを実現するための仕組みを事前に構築することで，創業する飲食店や，学習塾，理美容院を対象とするのである。

2　起業の特性

それでは，起業を既存企業の活動と比較してみたい。起業も既存企業の企業経営も，①ターゲットとなる市場に対して，顧客のニーズを充足させる財（製品）やサービスを供給する，②供給するための仕組み（企業）を構築する，③仕組みの諸活動を支えるための経営資源を調達する，といった基本的な経営活動は同じである。

しかし，起業は全てが新しい仕組みで行われることが，既存企業の経営とは決定的に異なる点である。その結果，起業には次の特徴が生じる。

既存企業が新規事業へ進出する場合，既存の事業との関連性を考慮する。具体的には，製品開発や原材料の調達，製造，マーケティングなどの既存の経営資源を新規事業でも有効に活用する。

ところが，起業は白紙の状態から活動を開始するので，活用できる経営資源は何もない状態である。それゆえに，ターゲット市場を含む起業機会をよく見極めることが重要となる。

しかし，進出するターゲット市場は，既存企業が進出していない小さな隙間のニッチ市場や，全く未知の市場であることが多い。この市場の有効性は誰にもわからないことから，不確実性が高いものとなる。

また，既存企業のように実績がなく若くて新しい組織であることから，経営資源として供給するヒト，モノ，カネ，信用などの確保が不足しがちになり，起業家本人への依存が高まる傾向にある。

このような状況から，起業をうまく軌道にのせるには起業家の強烈な成功への意欲が不可欠である。

起業後，経営がうまく軌道にのると，競合企業の出現という脅威が生じる。参入した市場の有効性が確認されるまでは，強力な競争相手は現れないが，市場の規模や成長性などから有効性が確認されると既存の企業が一斉に参入してくる。さきほど述べたように既存企業は，既存の経営資源を有効に活用して参入してくるため，起業家にとっては脅威であり，いつまでも市場を独占できる可能性は低い。

起業家がこのような企業間競争を越えて生き残るには，いち早く自社の競争優位を確立することが求められるのである。

第3部　展開理論

XII　起業と経営戦略

2 起業の現状

1　わが国における起廃業率の推移

　1999年の中小企業基本法の改正によって，中小企業施策は「経済の二重構造を背景とした大企業との格差の是正」から「中小企業の柔軟性や創造性，機動性に着目した自助努力への支援」へと転換し，「創業・経営革新等の前向きな事業活動を行う者への支援」を重点施策とした。バブル経済崩壊後の平成不況から脱するために，従来の産業構造を打破し，新たな産業の創出や就業機会の増大を担う役割として起業を位置づけたのである。

　本節では，最初にわが国の一般的な起業環境について概観し，先進国と比較をしてみることとする。

　わが国における起業・廃業の動向の分析には，総務省「事業所・企業統計調査」が用いられる。わが国における事業所数，企業数は減少の一途をたどっており，企業数（個人企業＋会社企業）は，約535万社（1986年調査）をピークとして，約434万社（2004年調査）と100万社以上減少している。

　それでは，起業・廃業の傾向をみてみよう。図XII-1 ①，②は，**事業所数**と企業数での起・廃業率の推移を示しているが，どちらとも1991年調査から廃業率が起業率を上回る状況が続いていることがわかる。企業数の増加はわが国経済の活力を示しており，起業よりも廃業が上回っている状況では，経済の活性化が進まない状況にあることがわかる。

▷事業所数
事業所調査は，支所や工場の開設・閉鎖，移転による開設・閉鎖のデータを含んでいる。

図XII-1①　起・廃業率の推移：非一次産業，年平均，事業所数

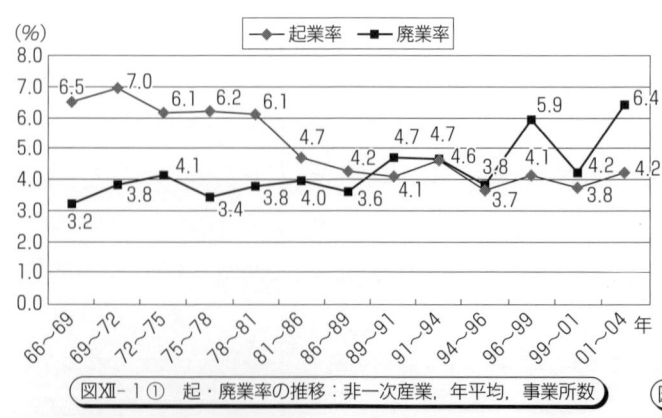

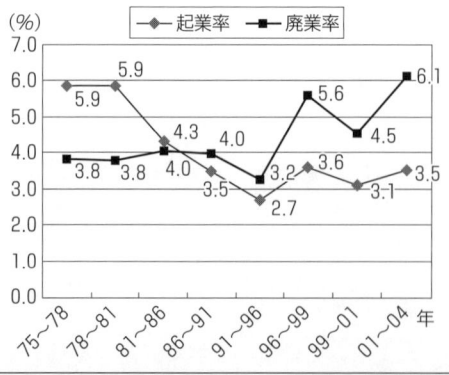

図XII-1②　起・廃業率の推移：非一次産業，年平均，企業数

資料：総務省「事業所・企業統計調査」。
出所：中小企業庁『中小企業白書2007年版』23頁を基に筆者作成。

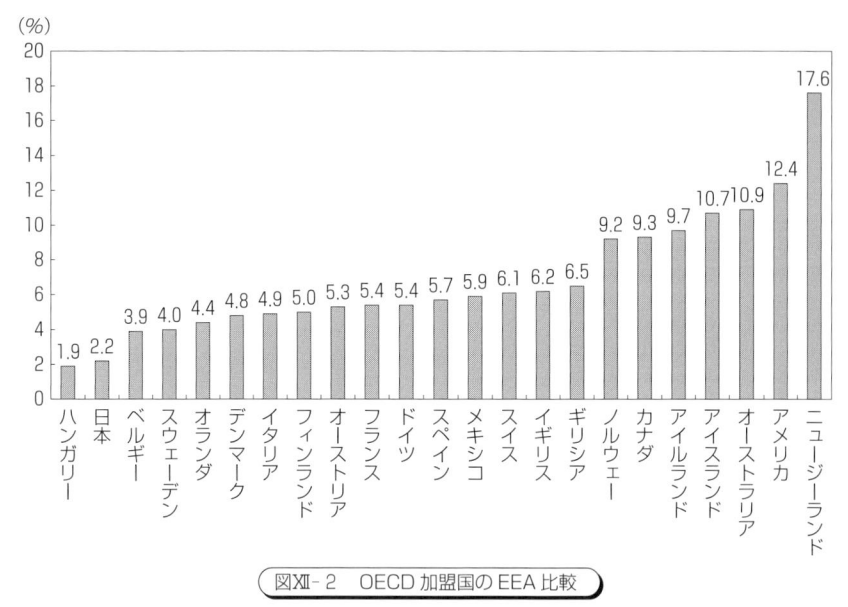

図Ⅻ-2　OECD加盟国のEEA比較

ハンガリー 1.9／日本 2.2／ベルギー 3.9／スウェーデン 4.0／オランダ 4.4／デンマーク 4.8／イタリア 4.9／フィンランド 5.0／オーストリア 5.3／フランス 5.4／ドイツ 5.4／スペイン 5.7／メキシコ 5.9／スイス 6.1／イギリス 6.2／ギリシア 6.5／ノルウェー 9.2／カナダ 9.3／アイルランド 9.7／アイスランド 10.7／オーストラリア 10.9／アメリカ 12.4／ニュージーランド 17.6

資料：Minniti, Bygrave, Autio「GLOBAL ENTREPRENEURSHIP MONITOR」2005.
出所：中小企業庁『中小企業白書2007年版』35頁を基に筆者作成。

2　先進諸国との比較

続いて，これを先進国の中で比較してみるとどうだろうか。国際間で起業活動水準の比較ができる指標として，**EEA**がある。これは，①起業の準備を始めている人，②起業後42カ月未満の企業を経営している人の合計が人口100人あたり何人いるかを定義したものであり，**図Ⅻ-2**で示されるように，OECD諸国の中で，日本はハンガリーに続いて2番目に低い。このことから，国際的に見てもわが国の起業活動は活発であるとはいえないことが明らかである。

3　創造的破壊

先述したようにわが国の起業への支援策は，従来の産業構造を打破し，新たな産業の創出や就業機会の増大を図ることを目的としている。

わが国の企業数が減少を続けている中で，大企業を中心とした既存企業は，これまで培ってきた産業構造を根底から変革するよりも，リスクを回避し改良や改善によるさらなる効率化を図ることに専心する傾向にある。

シュンペーターは，従来の経済の循環システムを高い志をもった起業家が「**創造的破壊**」によって新たなシステムを構築していくことで，資本主義における経済発展が進められると定義している。

平成不況期において，キャッチアップ型の経済構造から，グローバル化の進展とインターネットを中心とした知識主導型産業の進展などのわが国全体の経済環境の変化に対応するためには，起業家の創造的破壊による新産業の創出と，それによる新たな雇用が求められるのである。

▷EEA (Early-Stage Entrepreneurial Activity)
米国バブソン大学と英国ロンドンビジネススクールが中心となって，1999年から始められたグローバルアントレプレナーシップ・モニター（GEM）調査のデータによるものである。

▷創造的破壊
イノベーションによって，これまでの古い経済の秩序を打破し，新たな秩序を創り出すことをいう。
⇨Ⅻ-2「イノベーションによる企業価値創造」も参照。

第3部　展開理論

XII　起業と経営戦略

3 起業のプロセス

1　起業機会

　起業はターゲットとなる市場を認識し，顧客に価値を創造するか，付加価値を提供することのできる財（製品）やサービスを開発することからはじまる。このターゲット市場と財・サービスの組み合わせに対する事業の可能性（ビジネスチャンス）を「起業機会」という。

　ティモンズは市場の環境変化や，矛盾，混沌，知識や情報のギャップといったさまざまな真空状態によって，起業機会が生まれると定義する。

　顧客のニーズに代表される市場環境の変化と予測を的確に見定めることができるかどうかで，起業の成功と失敗を大きく左右する。いかに優れた性能や品質をもった財（製品）・サービスであっても，参入するタイミングを誤ってしまっては成功しない。市場環境の変化に対して，起業家は適切な認識と迅速な対応が求められるのである。

2　ビジネスプラン

　起業機会を認識した起業家は，それを実現するためのビジネスシステムを構築することとなる。財（製品）・サービスの原材料の調達から，製造，物流，マーケティングを経て最終顧客へ提供するための仕組み（企業）を構築し，それに必要な経営資源を調達する。

　次の段階として，ビジネスシステムの具体的な計画内容を体系的に記すことで，起業後の進むべき方向や，スピード，進め方について整理するために，ビジネスプランの策定が必要となる。

　ビジネスプランは，起業家が認識した起業機会と，その起業機会をどのように実現していくかを明確に文書化したものであり，その主な目的は，①資金調達と②起業後の成長のペースメーカーとしての役割のためである。

　起業家はビジネスプランを基に，起業機会の優位性を説明し，自らがその起業機会

▷ティモンズ（Timmons, Jeffry A.）
米国バブソン大学教授。ベンチャー研究の第一人者であり，代表的著書『ベンチャー創造の理論と戦略』ダイヤモンド社，1997年はベンチャー研究の基本書として広く知られている。

図XII-3　起業活動（ビジネスシステム）の構造

出所：高橋徳行『起業学の基礎』勁草書房，2005年を参照に筆者作成。

を実現するための経営能力をもち、その結果として得られる合理的かつ論理的な収益目標を説明することで、投資家や金融機関を納得させ、起業活動に必要な資金の調達を図る。

また、起業家自らが何度も修正しながらビジネスプランを策定する過程で、起業後に想定される組織の課題や経営資源獲得における問題を、リアルタイムでシミュレーションすることを可能とする。

投資家や金融機関の理解を得るために、また起業家自身が体系的に整理するためにも、ビジネスプランは難解な表現や専門用語を避けてできるだけわかりやすくする必要がある。それは一般的には、次の項目に沿って作成される。①事業概要、②提供する財（製品）・サービス、③業界・市場分析、④目標とする市場と予想される競合先、⑤マーケティング戦略、⑥経営チーム、⑦財務計画。

ビジネスプランを策定する際に重要な点は、「何を」「いつまで」にするかである。つまり、目標とそのための期限を数値で明確に示すことで、投資家や金融機関を納得させることを可能とするのである。

3 バリュー経営

先述したように、起業の特性として起業家への高い依存があげられるが、このことは起業家の価値観が起業時の戦略策定や実行に大きな影響を与えているともいえる。起業活動は起業家が高い志と成功意欲をもって、リーダーシップを発揮しリスクに挑戦していくものである。そこには、明文化されないまでも起業家の信念を具現化した経営理念が存在し、これに基づいてマネジメントを行っていくことが、成長の原動力となり重要な要素となる。

このような企業ごとの独自の価値観を「バリュー」といい、企業スタッフの思考や行動の基準となるものである。このバリューを具現化したものが「経営理念」であり、経営理念を基に、ある特定の期間における企業のあるべき姿を示したものが「ビジョン」である。そして、ビジョンを達成するために経営資源を有効に活用してどのような道筋をたどるかを表したものを「経営戦略」とする。経営戦略を実行するために、さらに具体的な行動計画に落とし込んだものが「経営戦術」である。これらは、**PDCA サイクル**を循環させることで、より高次なレベルに更新されていく。

起業家の信念が従業員と共有できる仕組みを構築するためには、バリューに基づく経営が求められるのである。

▶ PDCA サイクル
⇨ Ⅸ-7 「経営情報システムの要件」

参考文献
高橋徳行『起業学の基礎』勁草書房、2005年。
井上善海『ベンチャー企業の成長と戦略』中央経済社、2002年。

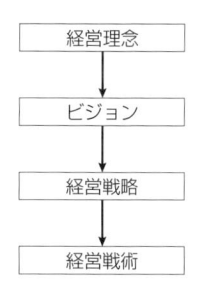

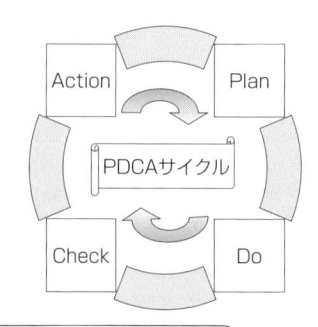

図Ⅻ-4　バリューに基づくビジネスシステム

出所：筆者作成。

XII 起業と経営戦略

4 起業後の競争戦略

1 起業後の競争優位

　先述したように，起業後うまく軌道にのり起業機会（ターゲット市場）の有効性が一般に確認されると既存の企業が一斉に参入してくる。本節では，これに対抗するために競争優位を獲得する経営戦略について考えてみたい。

　この場合，企業として競争優位を獲得するための要因を「企業内部」に求めるか「外部環境」に求めるかの２つに大別される。

　例えば，サッカーのＪリーガーになりたいと考える少年が，体力づくりのために基礎トレーニングをしたり，技術向上のためにドリブルの練習をして自分を鍛えることは，内部に注目した戦略といえる。一方で，天皇杯に出場実績のある学校への進学を選択したり，どのポジションがＪリーガーへの近道かを検討することは，外部環境に注力した戦略である。以下，それらについて概説する。

2 外部環境に注目した戦略

　起業家が認識した起業機会は，新たに開発した未知の市場や既存企業が参入してこないようなニッチな市場であることが多い。しかし，起業が成功しターゲット市場の市場規模も拡大してくると，既存企業にとっても参入に値する市場となる。起業後，財（製品）・サービスを供給する仕組みを構築する過程において，新たに参入してくる企業との競争に勝つための戦略として，企業の外部環境に注目した戦略について述べてみる。

▷ポーター，M. E.
⇨ Ⅳ-1 「『５つの競争要因』フレームワーク」

　ポーターは，企業が市場で競争に打ち勝つために①コスト・リーダーシップ戦略，②差別化戦略，③集中戦略の３つの基本戦略を提唱した。

　コスト・リーダーシップ戦略は，ターゲット市場において競合企業以上の低いコスト水準を達成することで競争優位を獲得する戦略である。すなわち，価格競争で勝つ戦略である。低コストの実現には，原材料の大量調達などによるスケールメリットの追求や，**規模の経済**，業務活動の中での学習効果による作業の効率化などの方法がある。

▷規模の経済
⇨ Ⅳ-2 「競争の基本戦略」，Ⅹ-3 「グローバル経営戦略の理論的背景」

　差別化戦略は，財（製品）・サービスの性能や機能，デザイン，ブランドイメージなどにおいて，他社にはない独自性を提供することで差別化し，顧客満足度を高める戦略である。非価格競争で勝つ戦略ともいえる。

XII-4 起業後の競争戦略

　集中戦略は，ターゲットとする市場を細分化し，選択した市場に集中的に投資することで競争優位を得る戦略である。起業の場合，既存企業と比較して圧倒的に少ない経営資源で市場へ参入することから，自社の経営資源を集中できるような起業機会を設定することが重要である。

　この時，すべての基本戦略を充足することは，逆に競争力を弱めてしまう恐れがある。低価格というコスト優位性を選択した財（製品）・サービスを選択しながら，高レベルのサービスを求める顧客の顧客満足を充足することは困難である。選択した基本戦略と整合性がとれるポジショニングを採択し，整合性がとれないポジショニングは採択しないとするトレード・オフを行うことが必要となる。適切なトレード・オフは，組織としての優先順位を明確に示すことができる。

　競争優位を持続的に保つには，競争上必要なトレード・オフを行うことによって，他社にまねされないポジションを獲得することである。すなわち何をやらないかを明確にすることでもある。

3　企業内部に注目した戦略

　先述したように，起業時における経営戦略の特徴として，限られた経営資源であることから単一事業に集中した戦略を展開することが多い。そして起業後は，市場における先発者としての優位性を確保しながら，起業時には不足していた技術やノウハウといった企業内部の経営資源を補強していくことで，既存企業の参入に対抗できる競争優位を確立することが求められる。

　ハメルとプラハラードが提唱したコア・コンピタンス（core competence）は，「他社には提供できないような利益を顧客に提供することを可能とする企業内部に蓄積された独自のスキルや技術の集合体」である。すなわち，個別のスキルや技術を指すのではなくそれらを束ね統合させたものであり，これが競争力の源泉となる。また，ここで述べる技術とは製造業に限られたものではなく，例えば商品仕入れから販売までのビジネスプロセスの効率化を図る**サプライチェーンマネジメント**（SCM）を導入するなど，サービス業や小売業においても技術をコア・コンピタンスとして蓄積することは可能である。

　起業においては，独自の技術やノウハウ，独創的な財（製品）・サービス，新たな市場の開発等の事業展開によって，先発者としての優位性を確保し続けることが企業存続のカギとなる。このため，コア・コンピタンスによる競争優位を構築した企業は，これを持続させるための投資や努力が戦略展開上重要な要素となるのである。

▷ハメルとプラハラード
⇨ III-7 「PPMの限界とコア・コンピタンス論」
▷サプライチェーンマネジメント（Supply Chain Management）
資材調達，製品製造，流通，販売という一連のモノの流れをサプライチェーンという。IT技術を活用し，小売や卸，メーカーといった企業や組織の壁を越えて情報の共有と，サプライチェーンの効率化によって，それぞれの段階で発生していた無駄が排除され，在庫コスト・流通コストを最小限に抑えながらもビジネス・スピードを飛躍的に向上（リードタイムの短縮）させることで，顧客満足度を追求していく経営手法。

【参考文献】
青島矢一・加藤俊彦『競争戦略論』東洋経済新報社，2003年。

第3部　展開理論

XII　起業と経営戦略

5　起業家精神

▷ティモンズ
⇨XII-3「起業のプロセス」

① 起業家に求められる資質

これまで，高い志と成功意欲を持った起業家が，組織を作り起業活動を実行すると述べてきた。

ハイリスク・ハイリターンの起業活動の中で，起業家にはどのような起業家精神が求められるのだろうか。ベンチャー研究の権威である**ティモンズ**は，何もないところから価値を創造するプロセスを成し遂げることができるのが起業家であり，起業家に求められる資質として次の6点を挙げている。

①全面的な献身と強固な決意
　これが最も重要な資質である。時間や財産などの個人的な犠牲を引き受け，ねばり強く決してあきらめないことである。

②リーダーシップ
　積極的な行動力と高い自己管理能力を持ち，成功を独り占めせず，パートナーを支援し育成する能力である。

③起業機会への執念
　対象となる市場のニーズを追求し価値創造へ執着する能力である。

④リスク，曖昧性，不確実性への許容度
　起業活動の中で起こる矛盾や不確実性によるストレスや葛藤への抵抗力を持ち，適切に対処できる能力である。

⑤創造性，自己依存，適応力
　事業の成長に適応性があり自発的に迅速な対応を行う。また現状に満足せず常に創造性を保つ能力である。

⑥一流をめざす
　地位や権力でなく，自らが設定した高い目標を達成するためにエネルギーを集中させることである。

起業は新しい組織であり既存企業のような実績がないため，起業家本人が果たす役割は非常に大きい。そのため，起業家にはこれらの資質が求められるのである。

② 起業家精神とネットワーク

起業家による起業の出発点は，起業機会をとらえることから始まる。ターゲ

```
┌─────────────┐      ┌─────────────┐
│ アイデアの創出 │◄────►│    市  場    │
└──────┬──────┘      └──────┬──────┘
       │      ┌─────────────┐     │
       │      │組織外とのネットワーク│     │
       ├─────►│   組織学習    │◄────┤
       │      └──────┬──────┘     │
       │      ┌─────────────┐     │
       │      │ビジネス・システムの│     │
       └─────►│    構築      │◄────┘
              └─────────────┘
```

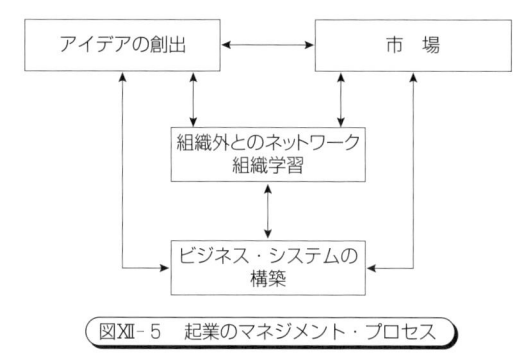

図Ⅻ-5　起業のマネジメント・プロセス

出所：坂本英樹『日本におけるベンチャー・ビジネスのマネジメント』白桃書房，2001年を基に筆者作成。

ットとなる市場は，既存企業が進出していない小さな隙間のニッチ市場や，全く未知の市場であることが多い。この市場の有効性は誰にもわからないことから，業界や組織の常識（パラダイム）にとらわれることなく，起業家の自由な発想によってアイディア（知識資源）を生み出すことが求められる。

　また，市場環境の変化を的確に見定め迅速に対応することが，起業機会を逃がさない重要な用件であると指摘したが，市場情報の的確な獲得には組織の学習能力と組織外とのネットワーク構築が重要となる。組織や業種・業態を超えたネットワークを構築することによって，自由度の高い情報の収集が可能となり，迅速な対応は競争力をもったビジネスシステムの構築を可能とする。

3 起業家精神と知識創造

　起業家による組織学習について考察する場合，知識創造が密接に関わることとなる。**野中**は，知識を言語や文章では表現することが難しい直感や思い，熟練ノウハウなどを指す「暗黙知」と，言語や文章で明確に表現できるマニュアル，データベースなどを指す「形式値」に分類した。そして，新たな知識創造は，①共同化，②表出化，③連結化，④内面化の4つの創造プロセスによって生成されるとするSECIモデルを提唱した。組織内において個人レベルの暗黙知を形式知に変換し，それが組織内で共有化されることで，より高次のレベルで新たな展開が生じ新たな知の創造が図られていくのである。

　異質な知識が融合することによって新たな知識を創出する。これを活用することで未知の市場から起業機会を捉え，市場に供給する財（製品）・サービスを検討し，ビジネス・システムを構築する起業活動は，暗黙知を形式知に変換する知識創造のプロセスでもある。すなわち知識創造は，起業家のもつ資質でもある。このように異質な知識の融合によるアイディアの創出は，起業家による業種・業態を超えたネットワークとの関わりによって促進される。

▷野中郁次郎
⇨Ⅴ-5「知識創造と競争優位」

▷SECIモデル
⇨Ⅴ-6「知識創造のSECIモデル」

(参考文献)

坂本英樹『日本におけるベンチャー・ビジネスのマネジメント』白桃書房，2001年。

XII 起業と経営戦略

6 起業から企業へ

1 起業後の成長と危機

　起業家が起業機会をとらえて，市場に財（製品）・サービスを提供する仕組みとそのための経営資源の調達を確保することで起業活動を開始することはすでに述べた。また，起業後に企業間競争を越えて成長するためには，早期の競争優位の確立が重要であり，そのための経営戦略について概説した。
　それでは起業後，経営基盤が安定するまでに，起業家にどのような危機が到来するのだろうか，それに対して起業家はどのように対処すべきだろうか。
　松田は，わが国におけるベンチャー企業に代表される成長意欲の高い企業の成長ステージを次のように分類し，ステージが高くなるほどに経営規模が拡大し，経営も安定すると述べている。
　①スタートアップ期（起業後5年まで。売上高～10億円。人員～50人。）
　②急成長期（起業後5～10年。売上高10～50億円。人員50～200人。）
　③成熟期（起業後10～20年。売上高50億円超。人員200人超。）
　『中小企業白書2006年版』によると，全事業所ベースでの企業の生存率について，起業後1年目で約73％，5年目で約42％であり，10年目には約26％と報告されている。廃業率を年ごとにみると，1年目の約27％が最も多く，2年目以降は20％代を下回り，5年目以降は10％代を下回っている。
　以上から，スタートアップ期が起業にとって最も危険な時期であるといえよう。起業した直後から，財（製品）・サービスの開発，市場への投入，資金調達，従業員の増加による責任と権限の委譲など経営資源の調達と活用は拡大していくが，これまでの実績がない新しい組織であるため，経営資源として供給するヒト，モノ，カネ，信用などの確保が不足しがちになり，起業家本人への依存が高まる。起業後1年間の経営資源の調達が肝要である。

2 企業成長モデル

　つづいて，グレイナーの企業成長モデルによって，起業後の成長戦略について述べてみたい。このモデルは，企業の誕生から成熟に至るまでを5段階に分類し，段階ごとの成長要因と危険要因を明らかにするとともに，創業期の課題がうまくとらえられているところに特徴がある。
　①第1段階：「創造性による成長と統率の危機」　　起業時は，財（製品）・

▷松田修一（1943- ）
早稲田大学大学院教授で早稲田大学アントレプレヌール研究会代表。松田監修の『ベンチャー企業の経営と支援』（日本経済新聞社，2000年）はベンチャー研究の基本書である。

▷グレイナー（Greiner, Larry E.）
経営学者。南カリフォルニア大学教授。企業の成長に伴う経営危機の発生と発展についての組織成長論を主張している。

サービスの開発や販売に全力が注がれる。組織は未整備であるが，従業員とのインフォーマルで頻繁なコミュニケーションによって内部統制がとられている。生産規模の拡大によって，従業員が増員されると，起業当初からの従業員と新たな従業員の間で，企業への帰属意識にずれが生じる。起業家のマネジメントが長けているか，組織内の協調を図るリーダーを設置しないと，企業内部が混乱する。

②第2段階：「指揮による成長と自主性の危機」　起業家による的確な組織形態の確立によって，第2の成長期を迎える。企業成長に伴い専門性の高い従業員を展開することから，指揮系統の整備とともに責任と権限が明確になる。従業員間のコミュニケーションもフォーマルなものとなる。一方で事業の拡大により組織が複雑化してくると，下位のリーダーにどこまで権限委譲するかが問題となる。

③第3段階：「権限委譲による成長と統制の危機」　企業は権限委譲によって分権化され，部門長には大きな権限が委譲される。従業員の専門性も高まり，企業トップが日々の意思決定をしなくとも事業運営がされるようになるが，トップと従業員とのコミュニケーションが希薄になる。組織が大きくなり全体像がつかめなくなったと感じるトップが，集権化によって再度統制力を得ようとするが，分権化が進んでいるため難しい。

④第4段階：「調整による成長と形式主義の危機」　部門間の調整機能を担う組織横断的な機能を本社スタッフがもつようになる。本社による計画，意思決定，管理の体制は整備されるが，調整が行きすぎると現場部門との対立を生む。

⑤第5段階：「協働による成長と新たな危機」　形式主義による組織の硬直化の危機を乗り越えた結果，個人相互間での自発的な協働活動が行われるようになる。問題解決を目的とした部門横断プロジェクトチームが編成され，企業の活性化が図られる。

グレイナーのモデルは以上のとおりである。起業家は高い志をもち，成長ステージごとの課題に取り組んでいくことが求められる。

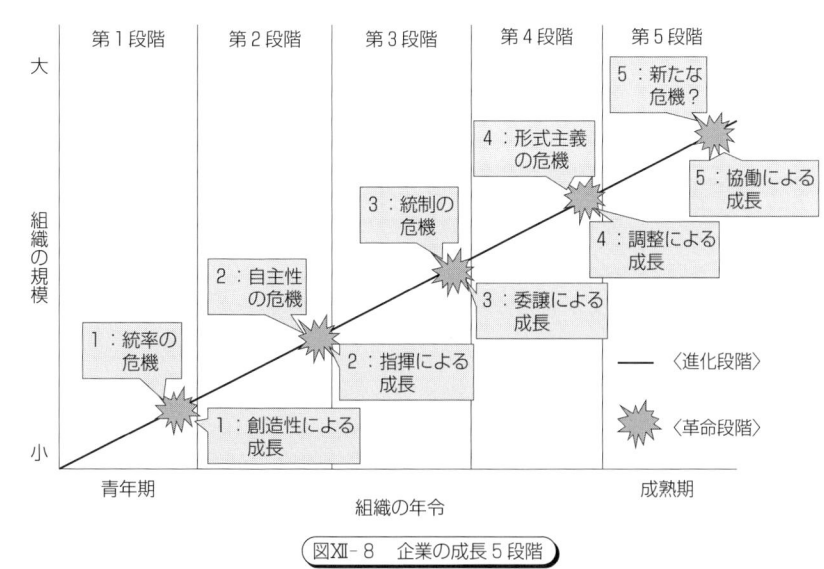

図XII-8　企業の成長5段階

出所：グレイナー，L. E.「企業成長の"フシ"をどう乗り切るか」『ダイヤモンド・ハーバード・ビジネス・レビュー』Jan.-Feb. 1979年を基に筆者作成。

第3部　展開理論

XII　起業と経営戦略

7　公的支援

1　起業への公的支援

先述したように，1999年の中小企業基本法改正によって，起業支援は中小企業施策の重点施策として位置づけられることとなった。わが国における起業支援は，中小企業施策の一部として位置づけられているが，経済産業省以外にも厚生労働省の雇用施策の観点からの支援や，文部科学省の大学発ベンチャーや産学官連携への支援等，複数の省庁にわたっている。本節では起業への公的支援を，表のとおり技術開発・事業展開支援，人材の確保と育成支援，税制・資金調達支援の3つに分類し，これらについて概説してみたい。

表XII-1　起業への公的支援

技術開発・事業展開支援	人材の確保と育成支援	税制・資金調達支援
・中小企業技術革新制度（SBIR制度） ・産学官連携支援 ・大学等技術移転促進支援（TLO） ・大学発ベンチャー支援 ・インキュベーション機能強化 ・知的財産保護支援 ・新市場創出支援（ビジネスマッチング） ・販路開拓支援	・企業支援ネットワークの整備 ・産学官人的ネットワーク形成 ・国立大学等教員人事の流動化 ・ジョブカフェ整備 ・OB人材活用推進 ・キャリア形成支援	・公的融資（政府系金融機関） ・信用保証（信用保証協会） ・ベンチャー向けファンドへの出資（中小企業基盤整備機構） ・補助金・助成金 ・エンジェル税制 ・減価償却制度の見直し ・ストックオプション税制

出所：筆者作成。

2　技術開発・事業展開支援

技術開発・事業展開支援は，国際競争力のある技術力を持った新規産業を創出し育成することで，経済の活性化と雇用の創出を図るために，経済産業省をはじめとする関係7省庁が省庁横断的に連携して，新事業の創出に対して技術開発から事業化までを一貫して支援する中小企業技術革新制度（**日本版SBIR制度**◁）を柱としている。この制度では，新事業の創出を4ステージに分類に分類し，ステージに応じた支援を実施している。

①可能性研究調査ステージ

当制度への応募企業に対して，技術課題を提示し実現可能性調査を実施。

②研究開発ステージ

▷**日本版SBIR制度**
(Small Business Innovation Research)
米国で1983年から開始されたベンチャー支援制度であり，商務省や農務省，国防省など10省庁が参加し，省庁横断的に運営されている。それまで国の外部研究開発費のほとんどを大学や大企業に配分されていたが，SBIR制度によって一定割合をベンチャー・ビジネスに投入することとなり，ハイテクベンチャーの創出や成長を支援することができた。これによって米国経済は，1980年代の長期不況から復活を遂げることができた。これを参考に，1999年度から7省庁（総務省，文部科学省，農林水産省，経済産業省，国土交通省，環境省，厚生労働省）の連携による日本版SBIR制度を開始した。

新技術に関する研究開発への委託金・補助金などの中小企業向けの支出目標額を定めて支援を実施。

③販路開拓ステージ

専門家によるコンサルティングや商談会を開催することでビジネスマッチング支援を実施。補助金・助成金などの支援を実施。

④事業化ステージ

政府系金融機関による特別貸付，信用保証協会による信用保証枠の特例，中小企業投資育成株式会社による特例投資などの支援を実施。

また，中小企業技術革新制度をサポートするために，大学の研究成果を活用した共同・受託研究などの産学官連携の推進，大学発ベンチャーへの支援，**インキュベーション機能**の強化，特許料などの減免による知的財産保護の支援を行っている。

3 人材の確保と育成支援

国は起業家の育成とそこで雇用される人材の確保も重点課題として取り組んでいる。起業家の育成については，起業家予備層と起業家との，また産学官連携のための人的ネットワークの構築支援や，起業家養成教育などを実施している。

雇用される人材の確保については，経営戦略やマーケティングなどの専門的知識を持つ企業のOB人材と起業家とのマッチング支援や，若年者と企業とのネットワーク構築を目的としたジョブカフェの整備，大学生によるインターンシップの実施などを行っている。

4 税制・資金調達支援

起業家が起業活動に必要な経営資源の調達において，最も関心が高いものは資金の調達である。国は中小企業の円滑な資金調達を可能とするために，担保や個人保証に過度に依存しない政府系金融機関の融資制度や信用保証協会による信用保証を実施している。

また，成長初期段階にある企業に対して投資事業を行う**ベンチャー・キャピタル**などとともに投資ファンド（投資事業有限責任組合）を組成し，資金調達の円滑化を図っている。

税制面においては，起業家が個人投資家の出資による資金調達の促進を目的とした**エンジェル税制**の創設や，残存価額の廃止などの減価償却制度の見直しといった税制の優遇措置を実施している。

▷**インキュベーション機能**
インキュベーション（Incubation）とは，元々は「孵化（ふか）」の意味であり，ハード・ソフトの両面から起業に必要な様々なサポートを行う機能である。ハード面ではインキュベーション施設を整備して起業の準備段階からオフィスを安価に提供し，ソフト面では専門的知識をもつインキュベーションマネージャーによるサポート，起業家間のネットーワーク構築支援などを実施する。

▷**ベンチャー・キャピタル（Venture capital）**
起業後成長性の高い企業に対して資金を投資する投資会社を指す。投資家から資金を調達し，株式を取得する形で投資を行い，投資先の企業が株式公開することで得るキャピタルゲイン（上場益）を収益源とする。自己資金を直接企業に投資する場合と，投資ファンドを設立しベンチャー・キャピタルがそのファンドマネージャーとして企業に投資する場合がある。

▷**エンジェル税制**
ベンチャー・ビジネスへ投資を行った個人投資家に対する税制優遇措置である。個人投資家は起業家にとって資金を提供してくれるエンジェルのような存在であることからエンジェルと呼ばれる。個人投資家が購入した株式を譲渡する時点で，①利益が生じた場合は利益額を4分の1に圧縮して課税され，②損失が生じた場合は損失額を翌年から3年間にわたって控除できる，制度である。

XIII イノベーションと経営戦略

① 企業におけるイノベーションの意義

イノベーションを理解するために辞書などを参照すると,「刷新」とか「革新」という言葉をよく目にする。詳細な定義は後回しにして,ここでは,企業が「新しく変えること」との広い解釈でひとまず先に進んでいくこととする。

では,なぜ企業にとって新しく変えることに意味があるのだろうか。もちろん,世の中にはいつまでも変わらないよいものは数多く存在する。しかしながら,社会や経済環境の変化が激しい現代社会において,市場のニーズの変化に対応して自社の製品やサービスを新しく変えることは,企業としてのいわば使命ともいうべき対応なのである。

人間が本能的にもつ欲は,「今日より豊かな明日」をつくり出し,社会生活を豊かにし続けてきた。社会の営みの中で,よりよいものを生み出すために,古いものを新しく変えようとするエネルギーこそが,イノベーションの源である。われわれの生活をより一層便利で豊かなものにする力の結晶ともいえるイノベーションについて詳しくみていくことにしよう。

1 イノベーションとは

イノベーション (innovation) とは,技術の革新や新製品の開発といった技術を主体にした活動を指すことが多かった。特に日本では,かつてイノベーションという言葉が「**技術革新**」として紹介されたことから,この狭い意味での解釈が広まった。しかし,その後イノベーションの研究が進むにつれて,その一般的な解釈は,広い意味へと変わってきた。

イノベーションという概念を提唱した**シュンペーター**は,イノベーションを「**新結合**」の遂行としてとらえており,その具体的な範囲として,①製品およびサービス,②生産や提供方法,③販売経路や方法,④調達方法,⑤企業組織をあげている。よって,本来イノベーションは技術の領域にとどまることなく,企業の全域にかかわる活動ととらえられるべきなのである。また,画期的発明や発見だけでは成り立たず,市場に受け入れられることが必要である。どんなに科学的に価値のあるものをつくり上げようとも,市場に受け入れられなければイノベーションとしての意味をなさない。さらにその定義を広くとらえる立場に立てば,企業の枠を越えて,市場の要求とも密接な関係をもつ社会的営みであると解釈されている。

企業が担い手となるイノベーションには,技術や製品開発を主体にした**製品**

▷技術革新
1956年度の『経済白書』において,はじめてイノベーションという概念が日本に紹介されたときに「技術革新」という言葉で紹介されたことから,技術面に限定した解釈が広まった。当時の日本が技術立国をめざしていたことにも影響を受けている。中国においても当初は技術革新と訳されていたが,1980年代に入ってから「創新」の訳に変わった。

▷シュンペーター
⇨ V-4 「リソース・ベースト・ビューの意義と限界」

▷新結合
⇨ XII-1 「起業とは」も参照。

イノベーション（プロダクトイノベーション）や，それにかかわる業務プロセスを主体にした**工程イノベーション**（プロセスイノベーション）があり，これらが起こる頻度と時期とに一定の関係があることもわかっている。そのほかにも，企業が営む仕事の仕組みを対象としたビジネスモデルの刷新や，企業の組織や関連企業とのかかわり，あるいは消費者や社会との関係まで領域を広げた新結合もイノベーションの範囲とされている。このようなことを総合的に考慮すると，広義のイノベーションは，技術の域を越えて，企業内外でのさまざまな経営要素や，複数の社会的あるいは経済的な要素と複雑かつ複合的に絡み合いながら成り立つ「革新」であるといえよう。

2 イノベーションの重要性

商品やサービスには寿命があり，大ヒットした製品といえども必ず成熟の時期を迎え，衰退し，いつしかその命を終える。一般にこのサイクルは，**プロダクト・ライフサイクル**として山型の曲線で表される。もし，企業がイノベーションに取り組まず，現行の製品やサービスのみによる成長に固執したとすれば，自社の現行主力製品の衰退に伴い，企業の寿命も終わりに近づく結果となる。

これは現実に起こりうる悲劇であり，よって，つねに新しい製品やサービスを世に送る努力を怠ってはならない。すなわち，企業が継続した成長を望む限り，イノベーションの担い手であり続けなければならない（図Ⅻ-2）。代々伝わる伝統の商品を取り扱う老舗の商店であっても，材料の配合やパッケージデザインに日々工夫を加え，宣伝や配達方法などに対する新しい試みを怠らない。このような地道な活動こそが，イノベーションの種であり芽である。そして，これらが大きなエネルギーとなり，真のイノベーションを誕生させる。

イノベーションによる成果は，企業を成功と成長へと導くが，その真の意義は，個々の事業や企業の範囲にとどまるわけではない。イノベーションがもたらした事業レベルでの新しい価値は，企業同士の競争によって発展を重ね，やがて産業レベルでの大きな価値を生み出す。このようにして生まれた大きな価値は，国民経済レベルでの経済発展へと連鎖的につながっていくのである。

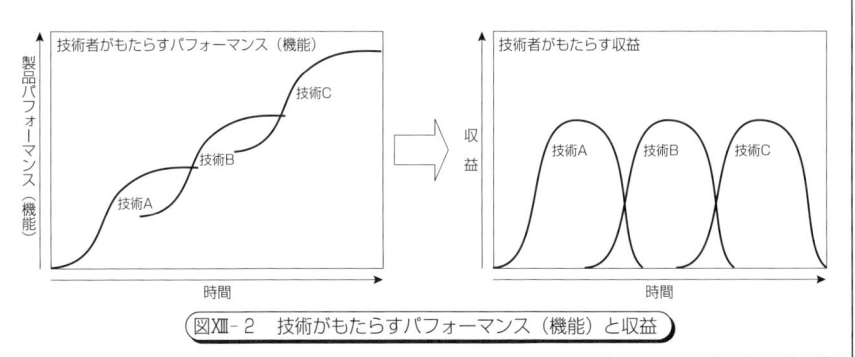

▷**製品イノベーション**
企業が作る製品に関するイノベーションで，産業が発展する初期において頻繁に起こるとされる。この製品イノベーションの成果として，支配的で標準的な製品の概念や仕様（ドミナントデザイン）ができる。

▷**工程イノベーション**
もの作りや業務の工程に関するイノベーション。ドミナントデザインをベースに，それを効率的に生産することを目的として，この工程イノベーションが活発になる。産業発展における製品イノベーションとの関係は，アッターバック（Utterback, J. M.）などにより以下の図ようにとらえられている。

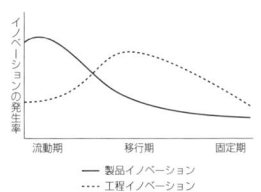

図Ⅻ-1 イノベーションのダイナミクス

出所：J. M. アッターバック／大津正和他訳『イノベーション・ダイナミクス』有斐閣，1998年。

▷**プロダクト・ライフサイクル**
⇒Ⅲ-5「PPMの基本概念」

図Ⅻ-2 技術がもたらすパフォーマンス（機能）と収益

出所：J. M. アッターバック／大津正和他訳『イノベーション・ダイナミクス』有斐閣，1998年を基に筆者加筆編集。

第3部　展開理論

XIII　イノベーションと経営戦略

2　イノベーションによる企業価値創造

1　イノベーションがもたらすさまざまな価値

　電気，テレビ，ビデオ，鉄道，自動車，飛行機，コンビニ，ケータイ，TVゲーム，これらが存在しない生活が，現代の社会で考えられるであろうか。今でこそあたりまえのように使われているこれらのものは，すべてイノベーションによって世に送り出されたものである。すなわち，今日の豊かで便利な社会は，イノベーションの恩恵に浴する社会なのである。

　企業はアイディアを結集させて，価値を新規に創出しようとする。そして，企業内外のさまざま領域において新たなる結合を考え出す。この知識の集合体を具現化した成果は，新しい製品やサービス，あるいは生産のための新しい機械設備などとしてわれわれの眼にふれる。やがて，その中からヒット商品が生まれ，イノベーションによる成功者は，しばしばその対価として大きな利潤を得る。だが忘れてはならないのは，それをはるかに超えた価値をイノベーションが市場，消費者や社会全体へもたらしているという事実である。

　シュンペーターは，イノベーションの本質を「**創造的破壊**」ととらえた。それは，古きを破壊するほどの価値創造であることを意図している。破壊的なイノベーションは，担い手の企業価値を一気に高め，時としてベンチャー企業を華やかな成長へと導くため，われわれの目にもつきやすい。だが，イノベーションのすべてが破壊的ではなく，それには，破壊的なものと漸進的なものとがある。漸進的なイノベーションは，徐々にではあるが，着実に企業の価値を高め，企業に堅実な競争優位をもたらす。そして，企業の多くがこの漸進的なイノベーションに日々汗を流し，新たな価値創造へ向けた企業活動を行っている。

2　企業価値創造のプロセス

　漸進的イノベーションと似て，日本の製造業が得意としたものに「**カイゼン**」がある。カイゼンもイノベーションと同様に，企業の価値を向上させる活動であるが，カイゼンはボトムアップ型での生産現場効率向上活動であり，イノベーションとはその性質を異にする。イノベーションがもたらす価値とは，カイゼンのようにムダの排除や生産性の向上に限ったものではなく，暮らしや仕事を驚くほど便利にするような新しい製品・サービスや工程を生み出しながら，企業の成長の礎となる中核的能力を形成することにある。

▷**創造的破壊**
シュンペーターの『資本主義・社会主義・民主主義』において，イノベーションの本質，経済発展の原動力として表された言葉。破壊的なもののみがイノベーションとして取り扱われる誤解を受けるが，実際には漸進的なイノベーションの役割も大きい。⇨XII-2「起業の現状」も参照。

▷**カイゼン**
改善活動の「改善」の意味であるが，海外でも通じるほどの知名度を得て，カタカナで明記するのが一般的となった。主に生産現場のムダの排除と不具合の克服を目的として，工程を担当するメンバーの活動を改良する取り組みであり，製造工程の生産性を漸次向上させる手法として広く活用されている。

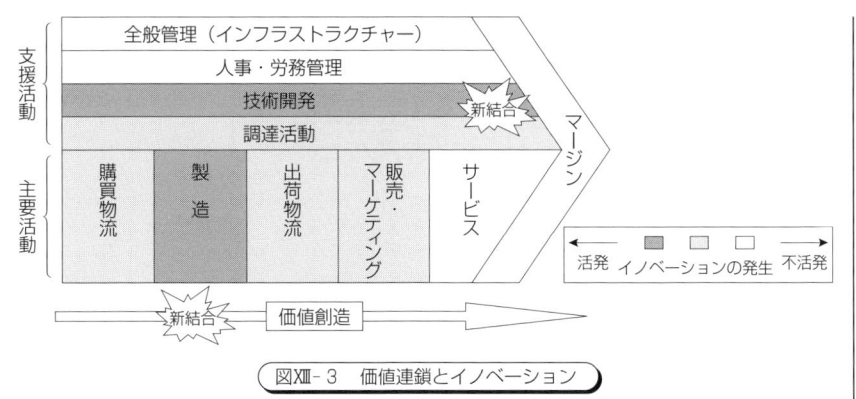

XIII-2 イノベーションによる企業価値創造

図XIII-3 価値連鎖とイノベーション

出所：M. E.ポーター／土岐坤他訳『競争優位の戦略』ダイヤモンド社，1985年に筆者加筆編集。

ポーターは，企業が価値を生み出すプロセスを**バリューチェーン（価値連鎖）**という概念により説明している。企業の価値や優位性は，製品やサービスをデザインし，製造し，販売活動を行い，市場に送り出し，その後のサービス活動を行うといったさまざまな活動の中から生まれるとする（図XIII-3）。

イノベーションは生産や技術に限らず，価値連鎖のどの工程でも起こり，そこで新結合を生み出す。そして，イノベーションによる一連の活動は，消費者や社会など外部に対する価値の創出へと企業を導きつつ，同時に知識の創造と蓄積を通じて，内部における企業価値創造へと導いている。この知識の集合体としての価値は，時として特許などの知的財産として形を成すが，多くの場合，企業内の中核的能力として蓄積され，見えざる資産価値を高めるのである。

3 イノベーションと企業価値の定量的評価

前述のごとく，知識の集合体としてのイノベーションは，不可視の企業価値を高めるのではあるが，可視的な企業価値の外部評価と無関係ではない。

株価の1つの意味として，「将来にわたって得られると予想される収益を換算した現在価値」がある。これは，現在の企業価値だけでなく，将来的成長を見込んだ企業価値が含まれて，株価に表れることを意味する。そして，**株式時価総額**は，企業価値を定量的に評価する1つの主要な尺度とみなされている。

書籍の販売にイノベーションを起こした米国の**アマゾンドットコム**は，ネットビジネスを始めた1995年から2001年に至るまで赤字続きであった。にもかかわらず，1999年のピーク時におけるアマゾン社の株式時価総額は，300億ドルを越えていた。創業以来一度も黒字にならなかった企業に対し，投資家たちはなぜこれほどの評価をしたのであろうか。彼らは，その将来性に莫大なる期待を寄せ，アマゾン社がイノベーションにより生み出した将来の企業価値を，極めて高く評価したのである。このケースは，イノベーションに早期に取り組んだ企業が見えざる企業価値を高め，その価値を投資家が強い期待感をこめて評価し，それが株価となって表れた典型例である。

▷ポーター
⇨ IV-1「『5つの競争要因』フレームワーク」
▷バリューチェーン（価値連鎖）
⇨ IV-6「バリューチェーンの構造と事業システム」

▷株式時価総額
株価×発行済株式総数の金額で表される。一般的に企業価値を定量的に表す指標として用いられる。
▷アマゾンドットコム
ジェフ・ベゾス氏によって1994年に創業された米国の企業（ネット販売は1995年から）。本社はワシントン州シアトル。書籍販売の電子商取引で一躍有名になった。ネットベンチャーの草分け的な存在である。

XIII イノベーションと経営戦略

3 イノベーションと企業競争力

1 イノベーションによる競争優位の形成

消費者の好みや要求の変化が激しい現代社会においては，企業は，変化への迅速な対応に日々迫られる。どの企業も顧客満足度を追求し，顧客の要求に忠実に応えようと努力してはいるが，**パラダイム**や常識を越える新技術や新製品が出現すれば，既存の技術や製品は消え去ってしまう。たとえ顧客満足を追求するためであれ，企業が自社の既存技術や既成製品にこだわりすぎれば，いつしか競争力を失い，ついには競争に負けてしまう。顧客満足度の追求だけで企業競争力を維持することは困難になりつつあり，固定概念を覆すほどの革新的技術や製品を世に送り出す創造力を保持することが同時に要求される。独創的な製品や革新的なサービスを，短周期で連続的に生み出し続ける力をもつことこそが，厳しい競争に勝ち抜く道筋なのである。

情報通信技術の産業分野における1970年代以降の動きをみてみよう。

大型汎用機技術で情報技術にイノベーションを起こし，1970年代において覇権を握っていたのはIBMであった。その後，これに取って代わるようにDECのミニコンによるイノベーションが，大型汎用機の市場競争力を低下させた。1980年代後半になると，性能の大幅な向上を伴ったパソコンの普及によって，ミニコンは次第に競争力を失い，その覇権も終わりを迎える。それ以降は，マイクロソフトとインテルが強い市場支配力を有してはいるものの，1990年代以降も，ネットワーク技術や周辺機器分野の中には不連続で破壊的な高度技術が数多く生まれ，激しい生存競争は今も続いている。しかし，ある技術で競争優位を保持できた期間が短期化していることもまた事実である。近年の新しい動きとしては，情報技術分野においてはやや異質ともいえる企業群が競争力をもちはじめ，グーグルやヤフーのような検索エンジン企業などが破壊的なイノベーションによって強い企業競争力を保持しつつある。

これらの企業の多くは，自らイノベーションを起こし，顧客満足を追求した企業ではあったが，新たなイノベーションの出現によって，自らの競争力を失ってしまった。この一連の交代劇は，強い競争力を保持するいかなる企業も，次世代イノベーションの出現により，消え去る危険性に常に晒されていることを示唆しており，また，新たなイノベーションを生み出し続ける力こそ，企業の優位性を保ち続ける唯一の競争力であることを示している。

▷**パラダイム**（paradigm）
その時期における支配的な考え方，物の見方のこと。科学史における特別用語として用いられ，その後一般にもよく使われるようになった。

▷**DEC**（Digital Equipment Corporation）
ケネス・オルセン氏によって1957年に設立された米国のコンピュータ企業。設立時の本社はマサチューセッツ州メイナード。中・小型コンピュータで一時期は大成功を収めたが，1998年にコンパック社に買収された。

▷**ミニコン**
ミニコンピュータの略。機能面・価格面の両面で，大型汎用機とパソコンの中間に位置する。大型汎用機がコンピュータの標準であった時代に，研究などの特別用途で作られた。その後，機能・価格・設置などの多面で総合的優位性が評価され，大型汎用機を凌駕した。

❷ 自社ポジションと企業間競争

イノベーションによって競争上の優位性を獲得し，厳しい競争に勝っていくには，相手はもちろんのこと，自社の特性やポジションも充分踏まえたうえで戦いに挑む必要がある。自らがイノベーションの先駆者であるのか，あるいは追随者であるかのポジションの違いなどによって，異なる行動を要求される。

イノベーションの先駆者がもつ競争優位性を**先行者利益**という。例えば，先駆者は，あるイノベーションの技術をいち早く修得しており，追随者が追いつくまでの時間的優位がある。この間にシェアを拡大したり，さらなる先進技術を修得したり，ブランドを確立したりすることが可能となる。また，販売ルートとなる商社や小売店と先行して販売提携を行うことや，限られた部品調達先との供給網を先んじて構築することも可能である。さらには，特許取得などの知的所有権の法的保護による防御という選択肢ももっている。

これに対抗する追随者には，先行者利益こそないが，追随者であることの優位性もある。そもそも，イノベーションの先駆者には不確実性というリスクがつきまとう。革新的な商品やサービスが，市場に受け入れられる保証はなく，開発投資が回収できない危険性も大いにある。これに対し，追随者は，先駆者により切り開かれた市場の中で戦えばよい。さらに，先駆者の技術や販売のノウハウ等も参考にすることができ，特許などの問題がなければ，**ただ乗り**をすることも許されるのである。このように，それぞれの置かれたポジションによって，競争を優位に進める戦略は異なり，自社の置かれた状況や特性に応じて，イノベーションの担い手としての的確な活動を行わねばならない。

❸ 競争力の維持に向けた企業活動

イノベーションによって企業を堅実な成長へ導くには，その持続性，継続性もまた重要である。これらが欠けていると，たとえ一時的に成功したとしても，多数の競合他社によって，いずれはその優位性をかき消されてしまう。

先駆者が競争力を維持する目的で，前述の先行者利益を意図的に強化し，競争を少しでも長く，優位に進めることは有効である。実存する多くの先駆者企業は，この方法によって競争優位を保ち続けている。また，追随者の模倣から身を守るために，より複雑な仕組みを構築したり，知識や経験に基づく模倣困難な要素に重点を置いたりすることも効果的である。しかし，これらの策は，短・中期的には有効であるが，長期的にみれば，その有効性は逓減する。なぜなら，イノベーションの新規性は，時間の経過とともに薄れ，イノベーションそのものの価値と優位性が低下するからである。つまるところ，真の企業競争力とは，イノベーションを生み出し続けることのできる企業力なのである。

▷先行者利益（first mover's advantage）
一般には，先に事業を始める者や，新市場に一番に進出した企業が得るさまざまな利益や利点を表す。ここでは，先行したイノベーターが獲得する優位性のことを指す。ただし，先行者が不利益を被る場合もある。

▷ただ乗り
イノベーションの追随者が得る優位性のうちの1つで，対価を払う必要もなく，先駆者の経験に基づく方法やノウハウを利用することへの比喩的表現。イノベーションの成果である知識や経験は，模倣に対して排除できないことを同時に意味する。

XIII イノベーションと経営戦略

4 技術経営（MOT）と技術戦略

1 技術経営という活動

　1980年代の優良技術をもった日本企業は，製品の量産や，高い品質の商品開発の面で，世界一ともいえる技術を獲得し，国際競争力を高めた。この頃日本が得意とした製造業でのイノベーションは，革新的技術の創造をその源泉としており，それによって新たな市場を開拓し，新たな産業さえも切り開いた。イノベーションとは，技術の領域を越えた企業全体の革新を意味したが，多くのイノベーションが技術を基盤としていることも事実である。ここで取り上げる**技術経営**（MOT）は，新たな技術の製品化および事業化，すなわち新商品の創造を主たる領域としている。

　企業が主に内部的に取り組む技術面での活動は，**研究開発**（R&D）と呼ばれ，一般的にR&Dと称される。この研究開発活動には，科学分野に近い基礎研究，製品への応用をめざした応用研究，製品化のフェーズにおける製品開発などがある。基礎研究や応用研究を経た企業独自の技術は，研鑽と試行錯誤を重ねる中で競争力のある技術へと発展し，製品としての開発がなされた末に，新製品として誕生する。この新製品が顧客のニーズと合致し，市場に受け入れられれば，企業の売上げとなり，ヒット商品ともなれば，企業に莫大な利潤をもたらす結果となる。このように，自社技術を付加価値に変え，維持し，企業価値を高めるといった技術を軸とした一連の活動を，全社レベルで戦略的に実践することが技術経営である。

2 技術による価値創出とその戦略

　技術は，それを取り巻くさまざまな環境や外部要因とともに価値を生み，市場の要求とマッチして，さらに新たな付加価値を創出する。例えば，電気自動車の技術は，ガソリン自動車より古い製造の歴史をもつにもかかわらず，普及に向けた実用化の面において，ガソリン自動車に大きく遅れをとっている。だがここにきて，原油価格の高騰，エネルギー資源枯渇への懸念，CO_2削減の要求などの外部環境やニーズを契機として注目を浴び，活発に開発が行われるようになった。電気自動車の実用化や，次世代自動車の開発には，これからも多くの時間と労力を要すると予想されるが，次世代エネルギーへの期待を込めて，多くの企業が日々こぞって新技術の開発に汗を流している。

▷**技術経営**（MOT：Management of Technology）
米国で始まった経営手法であり，日本では1990年代に入ってから活発に取り入れられるようになった。日本でもMOTと英語表記することが一般化しつつある。しかし，MOTが技術系人材教育制度（MOTプログラム）と解釈されることが多いため，本文中では，誤解のないようにMOTの略表記を避けている。

▷**研究開発**（R&D：Research & Development）
本来，研究とは，知識の発見を指し，開発とは，製品等の製作・設計を指すが，企業の活動では，ひとまとめにして扱われる。研究は理学に近い領域の活動であり，開発は工学に近い領域の活動である。

このように，優れた技術＝製品化，卓越した技術＝価値創出という安易な等式は成立せず，優れた技術が価値を創出するまでには幾種ものハードルが待ち受け，それらをクリアーした先にゴールがある。企業内部においては，「**死の谷**」と呼ばれる難所や，技術投資の回収などの厚い壁があり，さらに外部にも市場の要望や動向，あるいは競合に関するさまざまな障壁がある。これらを乗り越えて優れた技術の製品化や事業化を行い，技術経営を実践していくためには技術戦略の策定や立案が必要である。この技術戦略は，技術部門独自の閉鎖的な戦略では無意味であり，経営戦略を受けて立案された経営全体の目標を達成するための戦略であらねばならない。そして，その立案と実行には，経営レベルのリーダーシップとマネジメント能力が不可欠なのである。

❸ 内と外に向けた技術戦略

技術戦略の礎となるものとして，技術系人材の育成がある。日本においてR&Dに携わる人材は，既存技術の向上は得意としていても，革新的技術を創造する力は比較的弱いといわれている。しかし，高い企業価値を創出するには革新的技術が不可欠であるため，独創的新技術を創出できる人材の育成と，そのための環境づくりが求められる。さらに，自社技術や既存技術の枠にとらわれることなく，市場の動向を見据え，新たな製品コンセプトを自ら創出できる能力の開発が必要となる。このような優れた能力をもち，経営レベルでの技術マネジメントができる人材の育成を行う手段として**MOTプログラム**がある。日本においても，この人材育成プログラムの有効性は徐々に理解され，その採用も近年は増加傾向にある。また，この技術人材育成と補完的にかかわる技術部門の組織づくりも，主要な内部的戦略課題の1つとしてとらえられている。

これらの内なる戦略とは別に，外に向けた技術戦略が，近年特に重要視される傾向にある。異分野技術の融合や，科学と技術の融合が一層進み，他の企業や機関との技術的連携に積極的な企業が急増している。技術の高度化が進む中で，自社技術のみによる競争優位の維持に限界を感じた企業は，不足する技術を相互補完する目的で，より高度で複雑な技術の共同開発に積極的に取り組みはじめた。もちろん，企業間の技術交流には，知的財産の権利取得や**ライセンシング**など幾多の戦略課題があるものの，各課題を解決しながら，企業間のアライアンスや相互協力への取り組みは，ますます活発な動きを見せている。

これと同様に，企業のもつ独自技術と科学や応用研究領域との融合を推し進める目的で，企業と機関（大学や官庁）の垣根を越えて，産学官連携の体制による共同研究や技術移転が盛んに取り組まれるようになった。このような動きを受けて，官が産と学とを結びつける狙いで，企業と大学などの研究機関との連携を推進する**TLO**の設立を推進したり，また，コア技術を有した**大学発ベンチャー**の設立を促したりする動きも急速に増加している。

▷死の谷（The Valley of Death）
米国の下院において，政府の資金供給を受ける基礎研究と，民間企業が行う応用研究・製品開発の間の深い隔たりを表現するために用いられた隠喩的表現。その後，主に企業内の基礎研究と，応用研究・製品開発の間に存在する障壁を表すようになった。企業内の一連の研究開発活動が，企業の業績に結びつく保証がないことを示しており，自社技術を製品化し，企業の売上げや利益に変えることの困難さと重要性を示している。

▷MOTプログラム
米国で始まった技術系・理工系人材対象の教育プログラム。企業内技術者の経営的ノウハウの修得を狙って実施され，主に社会人大学院として開講される。

▷ライセンシング
取得した知的所有権を，管理し，運用すること。

▷TLO（Technology Licensing Organization）
⇨ Ⅶ-4「中小企業のネットワーク組織」

▷大学発ベンチャー
大学で研究された技術を母体として設立したベンチャー企業。この推進のために，文部科学省も大学への規制緩和を実施した。

XIII イノベーションと経営戦略

5 イノベーションとビジネスモデル

1 イノベーションの質的変化

　製品の機能のみによって消費者の満足を得ることができた時代は，過去のものとなった。目に見えない付加価値がますます重要視され，それが企業の価値さえも決める時代になっている。同じ商品でも，いつ，どこで手に入れることができるかによって顧客にとっての価値は大きく異なる。自宅にいながら自由な時間帯に商品を選び，好きなときに好きな場所で商品を受け取るという消費スタイルが一般化したことが，その背景にあるといえよう。

　これと歩調をあわせるように，製品の機能以外におけるイノベーションの重要性が増している。もともとイノベーションとは，技術や製品のみならず，企業内外の要素と複雑かつ複合的に絡み合いながら成り立っており，本来ビジネスプロセスや**ビジネスモデル**の革新をも含んだ概念であった。現代では，とりわけこの革新的ビジネスモデルが，企業間競争の勝敗を決める鍵になっている。

　パソコンを例に考えてみよう。パソコンが世に出て間もないころは，処理スピードの速さがそのまま製品価格に比例し，メモリーやディスクの容量によって商品価値が決まっていた。その後しばらくすると，製品の主たる処理機能とは別の付随的機能が重要視されるようになった。例えば，持ち運びの容易性という観点から，軽さや小ささが重要視されたり，省スペースを好んで液晶モニターが選択されたりといった具合である。ここまでのイノベーションは，あくまでパソコンの機能面での技術革新が中心的であった。

　やがてパソコン業界にも，製品の機能から離れて，ビジネスモデルに新風を起こす企業が出現する。米国に本社を置く**デル**がその典型例である。このような企業は，パソコンの製品上の技術開発や機能競争にはあまり力を入れず，その製造・調達・販売・流通のやり方を刷新した。インターネットを顧客との主たる接点と位置づけたり，受注生産方式によるムダの少ない生産方式を確立したりして短納期・低価格での供給体制を整え，パソコン業界の新しいビジネスモデルを確立したのである。デル社が確立したオーダーメード対応や短納期・低価格の仕組みは製品機能以外の点で顧客に多大な満足をもたらし，**デル・モデル**と呼ばれる業界標準のビジネスモデルとなった。市場からも大いなる支持を得たこのビジネスモデルは，メーカー各社がこれにならって自社ビジネスの改革を行うほどパソコン業界に大きなインパクトを与えた。

▷**ビジネスモデル**
広くは仕事の仕組みを指す。企業においては，儲けを生み出す具体的な仕組みやからくりを意味する。
⇨ Ⅶ-7 「事業ネットワークの視点」も参照。

▷**デル (Dell)**
マイケル・デル氏によって1984年に設立された米国のコンピュータ企業。本社はテキサス州ラウンドロック。世界最大級のパソコンメーカーで，世界170カ国以上で営業活動を行っている。

▷**デル・モデル**
デル社が独自に作り上げたパソコンの製造・販売の仕組み。流通業者を介さない直販方式や，受注生産によるムダの少ない生産方式 (BTO) が特徴。さらに，部品の調達から生産・出荷まで情報を有効に活用した短納期・低価格での供給体制を整えて，パソコン業界の新たな標準的ビジネスモデルとなった。

このように，製品や技術に重きを置いたものが主流であった時期を経て，販売・流通・調達などの仕組み，すなわちビジネスモデルをターゲットにしたものへとイノベーションの質的変化が起こったのである。

❷ 新たな価値を創造する革新的ビジネスモデル

イノベーションの支配的な役割を担っていた技術革新は，その相対的地位を徐々に下げ，それに代わり地位を上げたのが，革新的ビジネスモデルであった。

例えば，eビジネスの先駆的企業として知られるアマゾンドットコムは，取り扱う商品は書籍やCDなどであり，商品自体に新規性があったわけではないが，その革新的ビジネスモデルによってイノベーションをもたらした。

書店まで足を運び，ジャンル別の書棚から買いたい本を選び，レジに並んで現金やカードで本を購入するという一連の行為は，日常的な書籍購入のための行動であった。この行動パターンを刷新したのがアマゾン社のビジネスモデルである。その仕組みは，本を買いたい消費者と，提携した多数の出版社とをネットワークで結び，需要側と供給側との仲介を行うものであった。といえども，利用者は，ネット上の仮想書店にアクセスさえすれば，通常の書店と同様に本を選び，概要を見て，即時に購入もできる。パソコンさえあれば，自宅や自分の部屋にいながら，好きな時間に仮想書店に行けるのである。仮想書店の在庫は出版社の在庫と等しいため，在庫切れはほとんどなく，購入した書籍は運送会社の手によって自宅まで送られてくる。この便利な仕組みは一斉に世に広まり，それまでの日常行為を刷新する革新的ビジネスモデルとなった。

このように，新たなビジネスの仕組みによってイノベーションをもたらすケースは，米国やネット販売に限ったわけではなく，国内の基幹事業にも多く存在する。「宅急便」で知られるヤマト運輸の宅配ビジネスなどがそうである。

また，革新的ビジネスモデルには次のような特徴がある。製品や技術によるイノベーションと比較すれば，研究開発や製品化の投資をあまり必要としないため，比較的少ない初期投資で済む。しかしその反面，ビジネスモデルは機密面に弱点があるため，革新的仕組みを考案し，イノベーションをもたらしたとしても，容易に他社の模倣の対象となってしまう。先駆者が考案したビジネスモデルを，だれもが容易にまねをして事業を始めることが可能なのである。

新たなビジネスモデルが数多く創出される流れを受けて，**ビジネスモデル特許**などの法的保護により，発案者の権利を保護する動きが一時的に高まった。しかし，容易な仕組みまで過度に保護してしまうという批判も多く，現時点において，保護の手が厚い状況とはいえない。したがって，自社のビジネスモデルを模倣者の手から防御しようとすれば，自衛に頼らざるを得ない。先行者利益の強化を行い，あるいは，ノウハウや経験に基づく複雑で模倣困難な仕組みづくりを実行して，自己防衛の手を尽くさなければならないのである。

▷ eビジネス（e-Business）
企業の経営効率向上をめざして，情報技術やネットワーク技術を駆使して構成された企業の業務活動。言葉の始まりは，米国IBMが1997年「インターネットを土台に新たな仕事の仕組み」という意味で使用した概念であり，営業促進の用語でもあったが，その後一般的に使用されるようになった。

▷ ビジネスモデル特許
マスコミによる報道の中で定着した用語であり，特許の種類として特別にあるわけでない。米国ではビジネス方法特許（Business Method Patent）として法律も定められているが，日本においては特許の一部の考え方として存在するのみで，IT（情報技術）を用いたビジネスモデルに対するソフトウェア特許と理解すべきである。革新的ビジネスモデルの発案が特許により保護されるとの誤解が一部にある。

XIII　イノベーションと経営戦略

6　組織におけるイノベーションの価値

1　組織的な活動をするイノベーションの本質

　企業における組織の主な働きは，**分業と調整**である。例えば，街のレストランでは，接客の専門家のウェイターと料理の専門家のコックは異なる仕事を受けもつ。この分業のみでは事足りず，組織全体の目標達成へ向けて，調整の機能が必要である。ウェイターは，来店顧客からの注文，顧客の特徴や調理の際の注意点をコックに伝え，コックは，食材の在庫状況を考慮し，大量注文に注意を促すなど，相互にコミュニケーションを図ることが必要になる。

　今日の高度化かつ複雑化した技術と多様化した消費者ニーズは，組織をより細かく，複雑なものにしている。そしてこのことは，組織の専門性を高める一方で，コミュニケーションによる調整機能の重要性を一層増加させている。

　イノベーションの本質に立ち返れば，それは技術領域に限定することなく，企業内外のさまざまな領域に及ぶ活動であった。真のイノベーションは，革新的技術者やカリスマ的経営者の専門性のみで成り立つのでなく，一般の組織構成メンバー全員の任務の遂行により実践される。技術を開発し，製品を作り，販売するのは人員の集合体である組織である。つまり，本来イノベーションとは組織的活動であり，また，組織横断的な活動であるべきなのである。

2　イノベーションがつくる価値創造組織

　チャンドラーや**アンゾフ**の組織に関する命題とは似て異なるが，「イノベーションを志向して組織がつくられ，組織がイノベーションを担う」ととらえることができる。では，イノベーションは，組織にいかなる影響を与え，価値をもたらすのであろうか。

　イノベーションの働きや特性から考えて，それが企業組織に与える主要な影響は，大きく以下の4つにまとめることができる。

・組織構成員の創造力強化
・組織内の活性化促進（目的意識の共有や士気の高揚）
・外部の環境変化への対応性向上
・部門間コミュニケーション（調整）の推進

　すなわち，企業がイノベーションに取り組み，価値を創出する過程において，それに携わる人材の創造力は強化される。また，明確な組織の目標をもって仕

▷分業と調整
分業とは，企業全体の仕事を分割し，個々の部門や個人に割り当てることであり，これに対し，調整とは，分割され割り当てられた仕事を集結させ，企業全体の仕事や成果として完成させることである。双方がうまく機能して企業内の組織は本来の目標を達成できる。

▷チャンドラー
⇨ VI-1「経営戦略と組織の関係」
▷アンゾフ
⇨ II-1「製品・市場マトリックス」

事を進めるゆえに組織は活性化する。さらに，新たなことに取り組む組織は，環境の変化に敏感になり，対応力も備える。加えて，全社的な取り組みであるイノベーションは，部門間のコミュニケーションを円滑にする。

このように，イノベーションは組織能力を向上させるが，逆に，組織能力の低い組織体が，真のイノベーションの担い手となることは難しい。実際に既存事業とのしがらみや他部門による抵抗が妨げとなるケースは多く，その克服のために，企業はしばしばイノベーションの実践へ向けた新たな組織変革を行う。

1980年代初め，米国IBMが出遅れたパソコン事業に進出する際には，これまでの屋台骨であった大型汎用機事業とのしがらみと決別する目的で，隔離された別部門を新設し，新事業を立ち上げた。別部門での新事業の立ち上げは，IBMがこれまで培った技術力を応用できるプラス面より，既存部門とのしがらみや他部門からの抵抗によるマイナス面の方が大きいという判断に基づいたものであった。その後この新組織は，与えられたわずかな期間で新製品を作り上げ，パソコンの標準仕様を刷新する成功を収めた。また，結果的には，イノベーション実行の任務が，IBMに企業の枠を越えたオープンな組織風土をもたらし，新たな組織のあり方のリファレンスケースともなった。

この例以外にも，イノベーション実践のための戦略的な組織変革はしばしば行われる。そして，その狙いの違いによって，さまざまな形態の組織がつくられ，それらが新たなイノベーションの担い手となっている（表XIII-1）。

ここで，近未来的な組織の意味を今一度考えてみたい。分業による専門化と効率化をめざしてできあがった組織は，分業体制の多様化によってその意味が曖昧になりつつある。**アウトソーシング**，アライアンス，企業ネットワーク，**バーチャル企業**，**フリーエージェント社会**，これまで企業内の組織に委ねられていた業務が，企業という垣根を越えて行われ，分業体制が大きく根底から変化している。情報技術やネットワークの発展により，企業外とのコミュニケーションも容易になった現代社会においては，組織のあり方にまでイノベーションが起こり，新たな時代の組織を創出している。

表XIII-1　イノベーションの実践を目的とした新規組織形態分類

	組織形態	主な特徴など	主な例
同一法人	特命プロジェクトチーム	通常構成員の所属組織は無変更，任務完了後解散，組織横断的チーム編成，企業の既得技術を利用可能	日清食品によるカップめん開発
	別部門・企業内ベンチャー	企業内既存部門とのしがらみ・抵抗から解放，企業の既得技術を利用は困難	IBMによるパソコン事業進出
別法人	子会社（既設＆新設）	企業内既存部門とのしがらみ・抵抗から解放，企業の既得技術を利用は困難，退路を断つ戦略	プラスによるアスクル事業展開
	完全別会社（合弁・共同出資）	各企業からの関係当事者による組織編制，異企業間文化交流が克服課題	NECと松下による第4世代携帯機開発

出所：筆者作成。

▷**アウトソーシング（outsourcing）**
企業の中のある業務を，それを得意とする他の企業に委託すること。子会社化や事業売却を伴って業務委託するケースもある。

▷**バーチャル企業（virtual company）**
仮想企業。複数の企業（個人事業主を含む）がネットワークを形成して，まとまった事業を展開する事業形態のこと。参画する企業は，それぞれの得意分野を受けもち，あたかも1つの企業のように活動することによって，単独で活動するよりも高い個々の生産性と，より大きな全体的成果を求める。

▷**フリーエージェント社会（free agent nation）**
企業などの組織には属せずに，個人で独立して仕事をするが，ネットワークによって他の個人事業主や企業ともつねに連携を保ち，複数の個人の連合で，企業の業績に匹敵する成果を生み出す新しい社会のあり方。ダニエル・ピンクの著書で紹介された米国における新たな社会現象。

第3部　展開理論

XIII　イノベーションと経営戦略

7　経営改革と企業戦略

1　日本における経営改革

　日本企業の多くは，バブル経済の崩壊とその後に訪れた「失われた十年」を経験し，自らの改革を余儀なくされた。その背景には，規制緩和の大きな波とICT（情報通信技術）の普及などによる，経営環境の劇的な変化がある。規制緩和により国際的大競争に巻き込まれ，ICTの普及などによるボーダレス化とスピード優先の環境が，否応なしに取り巻いたのであった。改革とは，企業にとっての何らかの不具合を是正する行為であるが，近年の日本における経営改革は，このような急速な外部環境の変化により生じてしまったひずみへの対応を狙ったものが多くを占めている。

　規模の大小にかかわらず，日本企業は苦しみながらも劇的な環境の変化に順応すべく，かつてのものとは異質の経営改革を推し進めている。かつての経営改革といえば，**大企業病**などに代表される組織肥大による硬直化や，官僚主義などの弊害に対応するものが多数を占め，その対策や処置も，組織の変更が主なものであった。これに対し，最近のそれは単なる組織改革にとどまらず，事業戦略の変更をはじめとして，経営目標，経営ビジョンや**企業ドメイン**の改革，あるいは企業文化までをも変えようとする全社的な動きのものが増えている。この種の全社的改革は，経営イノベーションと呼ばれるものと同質のもので，企業を根底から変えようとする活動である。もちろん，全社的で抜本的な改革の実行には，企業全体の経営資源の再配分を必要とするため，不確実性とリスクが伴い，社運を賭けた活動となることも忘れてはならない。しかし，日本企業の多くが成熟期を迎えている現状においては，このような抜本的改革の動きこそが，次なる経済成長の原動力になるといっても過言ではない。

2　経営におけるイノベーションのひずみ

　いまでも多くの優良企業のテーマは「顧客満足の向上」である。イノベーションに熱心な優良企業は，顧客の要求を聞き入れ，顧客の満足を少しでも多く得ようと新たな解決策を導き出す。一見最善のイノベーション活動にみえるこの動きに疑問を投げかけたのが**クリステンセン**であった。

　顧客満足の向上に熱心な技術者は，顧客の要求に対応するためにイノベーションの実現を試みるが，自社技術の延長線上で解決策を見出そうとする技術者

▷ **ICT（Information and Communication Technology）**
情報通信技術。日本では，ほぼ同義語のIT（情報技術）が多く用いられていたが，国際的にはICTの方が一般的である。総務省も，策定当初の「IT政策大綱」を「ICT政策大綱」に名称変更し，日本でもこの用語が定着しつつある。特にここでは，通信技術の意味を強調するためにもこの用語を用いている。

▷ **大企業病**
企業組織の肥大化によって官僚主義的になり，部門間のコミュニケーションが不十分になること。自己優先や自部門優先の姿勢が浸透し，内部的には企業全体の生産性が低下し，外部的には閉鎖的になる。全社的生産性の低下は業績低迷という結果を招き，閉鎖的になる弊害として，社員の意識の中の顧客志向が薄くなるため，ビジネスチャンスを逃したり，不祥事を招いたりする。

▷ **企業ドメイン**
⇨ IV-3「ドメインと競争地位」

▷ **クリステンセン（Christensen, C. M., 1952～）**
米国の経営学者，ハーバード・ビジネス・スクール教授。主著に『イノベーションのジレンマ』がある。

176

からは破壊的な技術は創出されない。また，技術のみを源泉とし，業務プロセス，組織，市場などの他の要素にイノベーションを求めない技術者は，たとえ破壊的技術を創出しても，販売ルート，販売手法やビジネスモデルの変革には無関心なため，革新的イノベーションの創出には至らず，**イノベーションのジレンマ**に陥ると説いている。この指摘がすべての企業にあてはまるわけではないが，この指摘に該当するかつての優良企業が多く実存することも事実である。

　このジレンマへのさらなる視点は，現在の技術や仕組みの内にある「常識」を越えた域で，革新的イノベーションは創出されるという点である。すなわち，非常識とさえ思える発想にこそ革新的イノベーションの種は存在し，「非常識」を切り捨てることなく，育てていく組織こそが，革新的で破壊的なイノベーションを生み出す素地となることをこころしなければならない。新たなスポーツカーの設計を依頼された技術者が，独創的な大型バイクの設計図を提出しても，その発想と勇気を尊重する企業風土をつくり上げることが大切なのである。

❷ イノベーションという戦略

　最近，イノベーションという言葉が再び脚光を浴びている。優良企業がこぞって**スローガン**などに用いており，つねに全社的な変革意識をもつことで，企業が危機に瀕する前に自主的に変革を実践しようとする意図が強く表れている。イノベーションこそが企業成長の原動力とまでいわれ，その本来の意義が再認識されている。今に満足せず，新たな未知を切り開こうとする思いと行動がイノベーションの真髄である。自ら常識の殻を打ち破り，つねに真のイノベーションに取り組む企業文化を育むことこそが，企業の新たな戦略となっている。

　これまでの企業戦略は，ヒト・モノ・カネなどの経営資源をいかに配分し，管理・統制するかという視点で主に論じられてきた。これに対し，イノベーションは，いかに創出するかを主眼に考えねばならない。双方は相反するものではなく，同じ目標の達成を，どの視点でとらえて活動するかという違いである。

　究極の逸品を作ることをめざし，有名料理の正確なレシピを求め，いかにそれに忠実に作るかに取り組んできたのがこれまでの企業戦略である。これに対し，未知の料理を研究し，さまざまな食材と調味料，あるいは調理法を組み合わせ，試行錯誤を繰り返しながらも，独創的創作料理に取り組むのがイノベーションである。いずれはその創作料理も名を馳せ，そのレシピは誰もが知るほど著名なものになるであろう。料理人の創造性を育む環境をつくり上げることが，企業経営に与えられたこれからの課題であり，使命なのである。

　最後に今一度イノベーションの原義に返れば，それは「新しく変えること」であった。人類が環境に適応し，進化することによって逞しく生きてきたように，社会や経済環境の変化に応じて，自らをも新しく変えることができる勇気と力を，われわれはこれからももち続けていかなければならない。

▷**イノベーションのジレンマ**
クリステンセンの同題の著書（原題は『The Innovator's Dilemma』）において，イノベーションに取り組む優良企業が陥る，顧客と破壊的技術との板ばさみを意味した言葉。ここでのジレンマは，板ばさみの状態を表す。

▷**スローガン（slogan）**
企業の理念や指針を，簡潔に表現した言葉や短い文。企業戦略に応じてつくられる。近年では，IBMが「Innovation that matters.」，NECが，「Empowered by Innovation」，東芝が「TOSHIBA Leading Innovation」などを採用している。

人名索引

アンゾフ，H. I. *14*
イップ，G. S. *131*
ウェルズ，L. T. *134*
エーベル，D. F. *42*
ガルブレイス，J. R. *69*
キリング，P. J. *77*
クリステンセン，C. M. *176*
ゴシャール，S. *135*
コトラー，P. *42*
コリンズ，J. C. *126*

シュンペーター，J. A. *59, 164, 166*
ストップフォード，J. M. *134*
チャンドラー，A. D. Jr. *68*
ドラッカー，P. F. *4*
ノイマン，J. *50*
バートレット，C. A. *135*
ハメル，G. *46*
プラハラード，C. K. *46*
ペンローズ，E. T. *30*

ポーター，M. E. *38, 90, 129, 130, 167*
ポラーズ，J. I. *126*
ミンツバーグ，H. *6, 80*
モルゲンシュテルン，O. *50*
ルート，F. R. *132*
ルメルト，R. P. *14, 16, 18, 20, 23*

事項索引

あ

R&D *170*
ISO *138*
ISO14001 *144*
ICT *176*
IT ケイパビリティ *120*
アウトソーシング *175*
AsIs *123*
アッターバック *165*
暗黙知 *62*
EEA *153*
EA *122*
EDPS *110*
EBO *103*
e ビジネス *173*
意思決定支援システム *111*
意思決定の基準 *3*
5つの競争要因 *38*
イネーブラー *119*
イノベーション *142, 164*
　——のジレンマ *177*
イベント・スタディ *103*
インカム・アプローチ *105*
インキュベーション機能 *163*
インタンジブル *56*
営業譲渡 *98, 99*
エコビジネス *148*
SIS *111*
SCM *87, 113, 155*
SCP パラダイム *54*

MIS *110*
M&A *29, 77*
　混合型—— *98*
　垂直型—— *98*
　水平型—— *98*
　敵対的—— *99, 103, 104*
　友好的—— *99*
MOT *170*
MOT プログラム *171*
MBO *103*
LBO *96*
エンジェル税制 *163*
黄金株 *106*
横断的調整 *78*
OEM *29, 100*
オープン・システム *140, 146*
オープンアーキテクチャ *86*

か

会社分割制度 *106*
カイゼン *166*
階層 *70*
外部成長 *100*
拡大生産者責任 *137*
カスタマー・チーム *78*
価値連鎖 *118, 129*
株式公開買付制度 *107*
株式交換・移転制度 *106*
株式時価総額 *167*
株式非公開化 *103*

株式持合い *107*
環境経営戦略 *140*
環境決定論 *124*
環境コミュニケーション *137, 138*
環境報告書 *137*
環境マネジメントシステム *144, 146*
管理者 *70*
関連型多角化 *31*
企業価値評価 *104*
起業活動 *155*
起業機会 *150, 151, 154, 156, 160*
企業買収 *14*
起業率 *152*
技術供与 *132*
技術経営（MOT） *170*
稀少性 *56*
機能別組織 *71, 72*
規模の経済 *41, 102, 128, 156*
基本戦略 *40*
吸収合併 *98, 99*
競争戦略（論） *5, 74*
競争地位 *42, 44*
競争の基本戦略 *40*
競争優位性 *60, 169*
共創優位性 *60*
競争要因 *38*

協調関係 76
金融商品取引法 107
クラウンエンジェル 103
クラスター 90, 91
グリーン・コンシューマー 136
グリーン購入 146
グリーンフィールド投資 100
グリーンメーラー 101
グローバル・ネットワーク組織 135
グローバル・マトリックス組織 135
グローバル化 124, 126
グローバル市場参入 132
グローバル市場ポートフォリオ 132
グローバル戦略 130
経営環境 24
経営資源 15, 16, 20, 22, 24
経営支配権 98
経営者 70
経営情報システム 110
経営戦略 125
　――の実行 68
　――のレベル 10
　　垂直統合の―― 71
　　地理的拡散の―― 70
　　量的な拡大の―― 70
経験曲線（効果） 21, 33, 41
経式知 62
ケイパビリティ 55
ゲーム・アプローチ 12, 44
ゲーム理論 50
研究開発（R&D） 170
コア・コンピタンス 36, 46, 55, 141
構造 69
高付加価値化 28
合弁 100, 132
ゴーイング・プライベート 103
ゴーイングコンサーン 139, 147
コーペティション 51
コーポレート・ブランド 53
ゴールデン・パラシュート 103
国際事業部 134
国際標準化機構（ISO） 138
コスト・リーダーシップ戦略 41, 74
5％ルール 107

コミットメント 65, 142
コングロマリット 96
コングロマリット的多角化 14
コンプライアンス 142

さ

財務デューディリジェンス 104
ザックマン・フレームワーク 122
サプライチェーン 143
サプライチェーンマネジメント（SCM） 87, 113, 155
差別化戦略 41, 74
三角合併 106
産学官連携 171
産学連携 88, 89
CRM 113
事業譲渡 98, 99
事業デューディリジェンス 104
事業部 73
事業部制組織 72
事業部長 73
事業持株会社 106
市場株価法 105
持続的競争優位 57, 59
シナジー（効果） 14, 15, 20-23, 30, 97, 102
死の谷 171
資本コスト 105
社会的責任 11
社是・社訓 126
社内ベンチャー制度 75
収益還元法 105
集権化 75
集中戦略 41, 75
主体的選択論 124
種類株式 106
循環型社会 136, 140, 149
純粋持株会社 106
ジョイント・ベンチャー 77, 100
情報通信技術 176
情報的資源 25, 27, 141
新結合 164
人材 69
垂直的多角化 14
水平的多角化 14
SWOT分析 6, 9, 142
スタッフ部門 71
ステークホルダー 53, 143

スマイルカーブ 86, 87
スモール・ビジネス 150
成長―シェア・マトリックス 34
製品・市場戦略 15
SECIモデル 62
先行者利益 169
選択と集中 23, 101
戦略 2, 68
　――の策定プロセス 9
　――の定義 2
　――の範囲拡大 11
　――を構成する要素 8
　　構想としての―― 3
　　中小・ベンチャー企業の―― 11
　　プロセス型の―― 5
　　分析型の―― 4
戦略概念 2
戦略経営 5
戦略構成要素 4
戦略事業単位（SBU） 32, 34
戦略的情報システム 111
戦略的提携 29
戦略的プランニング 80
戦略ドメイン 127
総合本社 73
創造的破壊 166
創発的戦略 81
組織 68
　――は戦略に従う 68, 69
　　集権的な―― 70
組織学習 13
組織能力 13

た

大学発ベンチャー 171
大企業病 176
第三者割当増資 99
対等合併 98
大量保有報告書制度 107
ダウンサイジング 122
多角化企業 30
多角化戦略 14, 15, 72
多国籍企業 125
知識（移転が難しい） 76
知識創造 61
チャンレジャー 43
中間的な組織形態 83
中小企業技術革新制度（日本版SBIR制度） 162, 163

事項索引

DSS（意思決定支援システム） *111*
TLO *171*
DCF法（割引キャッシュフロー法） *105*
提携 *100*
ディスクロージャー *97*
デューディリジェンス *104*
デル・モデル *172*
電子商取引 *116*
電子データ処理 *110*
ToBe *123*
統括責任者 *78*
投資ファンド *97*
トータル・グローバル戦略 *131*
ドミナント・ロジック *55*
ドミナントデザイン *165*
ドメイン *42, 127, 141*
トランスナショナル組織 *135*
トレード・オフ *49, 157*

な

内部成長 *100*
内部統制 *107*
中抜き *116*
ナレッジマネジメント *62*
ニッチャー *43*
日本版SBIR制度 *162, 163*
ネットワーク組織 *82-89, 92-94*
ネットワークの外部性 *92, 102, 115*

は

場 *64*
パーチェス法 *107*
バーチャル企業 *175*
廃業率 *152, 160*
買収プレミアム *104*
買収防衛策 *103*
バック部門 *79*
パックマン・ディフェンス *103*
パフォーマンス・スタディ *103*
パラダイム *168*
バリュー *155*
バリューチェーン *48, 167*
バリュエーション *104*
範囲の経済 *20, 102, 128*
PDCAサイクル *145, 155*
BPR *112*
非関連型多角化 *31*
ビジネスプラットフォーム *146*
ビジネスプロセス *111, 112*
ビジネスモデル（特許） *172, 173*
標準化・適応化 *131*
フォロワー *43*
プライシング *104*
フリーエージェント社会 *175*
VRIOフレームワーク *56, 58*
プロジェクト *75*
プロセス *69*
プロダクト・ポートフォリオ・マネジメント（PPM） *32*
プロダクト・ライフサイクル *32, 165*
フロント／バック組織 *79*
フロント部門 *79*
ベンチャー・キャピタル *163*
ベンチャービジネス *150*
ポイズンピル *103*
報酬 *69*
法務デューディリジェンス *104*
ポジショニング・アプローチ *12, 44*
ボストン・コンサルティング・グループ（BCG） *32*
ホワイトナイト *103*

ま

マーケット・アプローチ *105*
マーケット・シェア *33*
マトリックス型組織 *79*
マルチドメスティック戦略 *130*
見えざる資産 *45*
ミッション *8, 140*
持分プーリング法 *107*
MOTプログラム *171*
模倣困難性 *56, 74*

や・ら・わ

輸出 *132*
ラーニング・アプローチ *13, 44*
ライセンシング *171*
ライフサイクル *21*
ライン&スタッフ組織 *71*
ライン部門 *71*
リーダー *43*
リエンジニアリング *112*
リスクマネジメント *149*
リソース・ベースト・アプローチ *12, 44*
リソース・ベースト・ビュー *37, 54, 56, 58, 120*
リバース・エンジニアリング *49*
類似会社比準法 *105*
連結の経済 *129*
ロックイン効果 *115*
ロングテール理論 *117*
割引キャッシュフロー法 *105*

執筆者紹介（氏名／よみがな／担当章／現職／主著／経営戦略論を学ぶ読者へのメッセージ）

井上善海（いのうえ ぜんかい，第Ⅰ章）
法政大学大学院政策創造研究科教授
『ベンチャー企業の成長と戦略』（中央経済社）
経営戦略に関する研究の歴史は，経営学の中でも比較的浅いのですが，現代の企業経営においては最も重要な役割を担っているといっても過言ではありません。

佐久間信夫（さくま のぶお，第Ⅱ章）
創価大学名誉教授
『企業支配と企業統治』（白桃書房）
経営戦略論は非常に実践的な学問です。マスコミの企業についての報道などを観察し，その戦略的な意味を考えることによって，分析力を養いましょう。

浦野恭平（うらの やすひら，第Ⅲ章）
北九州市立大学経済学部教授
『ベンチャー企業要論』（共編著，創成社）
経営戦略論は，いまや現代人に不可欠な知識です。本書を通じて楽しく学びましょう。

森 宗一（もり そういち，第Ⅳ章）
別府大学国際経営学部専任講師
『中小企業の戦略』（共著，同友館）
経営戦略論は長い歴史をもつ学問ではありませんが，その分，未開拓地や宝が隠されたような魅力ある分野だと思います。皆さんも楽しんでください。

中元麻衣子（なかもと まいこ，第Ⅴ章）
広島大学大学院社会科学研究科マネジメント専攻博士課程後期単位取得退学。修士（マネジメント）。
企業の外と内を見る広い視野をもち，理念を忘れないことが大切だと思います。

聞間 理（ききま おさむ，第Ⅵ章）
九州産業大学商学部教授
「組織学習の活性化」『横浜国際社会科学研究』第5巻第2号
本書の専門用語を暗記しようとするのではなく，専門用語間の「つながり」を理解しようとすることが戦略的思考力向上の第一歩です。

木村 弘（きむら ひろし，第Ⅶ章）
広島修道大学商学部教授
「戦略策定と生産現場の整合性──戦略策定要因と能力向上要因による分析視座」『修道商学』第61巻第2号
人生も一種の経営といわれることがあります。この本を通じて，経営戦略論に関する知識はもちろん，それぞれの人生にも活かしてもらえたらと思っています。

田中信弘（たなか のぶひろ，第Ⅷ章）
杏林大学総合政策学部教授
『公私領域のガバナンス』（共編著，東海大学出版会）
経営戦略論は企業を中心的な題材としていますが，様々な分野（個人や様々な組織）に適用可能なものです。「戦略的」な思考をぜひ学習してください。

奥居正樹（おくい まさき，第Ⅸ章）
広島大学大学院人間社会科学研究科准教授
『経営教育と経営の新課題』（共著，学文社）
情報ネットワークの発展に伴い，業界構造の変革や競争の質的進化が進んでいます。本書で身につけた経営戦略の知識を基に，現実の企業を分析する力を養ってください。

安 熙錫（あん ひすく，第Ⅹ章）
関西学院大学総合政策学部教授
『多角化戦略の日韓比較』（税務経理協会）
戦略とは企業が環境の中で生き残るための術です。この戦略の善し悪しが，企業の命運を左右します。しっかり学習してダイナミックな企業の動きを捉えるようにしましょう。

執筆者紹介（氏名／よみがな／担当章／現職／主著／経営戦略論を学ぶ読者へのメッセージ）

遠藤真紀（えんどう　まさき，第XI章） 
九州情報大学経営情報学部教授
『環境問題と経営診断』（共著，同友館）
今や経営環境を無視した戦略なき企業経営は成り立たなくなっています。なかでも地球環境問題の重要性が増しており，基礎的な知識をしっかり身につけましょう。

中山直樹（なかやま　なおき，第XIII章） 
日本文理大学客員講師
「ベンチャー企業の主要成功要因」『九州大学大学院専門職学位論文集』
経営戦略は，とても奥の深いものです。経営に潜むリスクを知るとともに，そこにある無限のチャンスにも目を向け，自らの経営的視座を身につけてください。

山本公平（やまもと　こうへい，第XII章） 
大阪経済大学情報社会学部教授
『現代中小企業経営論』（共著，税務経理協会）
企業が存続し成長していくためには，経営戦略による自社の資源や組織の効果的な経営が重要です。本書で経営戦略を体系的に学んでいただければと思います。

やわらかアカデミズム・〈わかる〉シリーズ
よくわかる経営戦略論

| 2008年3月10日 | 初版第1刷発行 | 〈検印省略〉 |
| 2021年10月10日 | 初版第5刷発行 | 定価はカバーに表示しています |

編著者　井上善海
　　　　佐久間信夫
発行者　杉田啓三
印刷者　江戸孝典

発行所　株式会社　ミネルヴァ書房
607-8494　京都市山科区日ノ岡堤谷町1
電話代表（075）581-5191
振替口座　01020-0-8076

Ⓒ井上・佐久間ほか，2008　　共同印刷工業・新生製本

ISBN978-4-623-05069-7
Printed in Japan

やわらかアカデミズム・〈わかる〉シリーズ

よくわかる現代経営　「よくわかる現代経営」編集委員会編　本体 2700円
よくわかる企業論　佐久間信夫編　本体 2700円
よくわかる現代の労務管理　伊藤健市著　本体 2600円
よくわかるNPO・ボランティア　川口清史・田尾雅夫・新川達郎編　本体 2500円
よくわかる憲法　工藤達朗編　本体 2600円
よくわかる刑法　井田良ほか著　本体 2600円
よくわかる労働法　小畑史子著　本体 2800円
よくわかる会社法　永井和之編　本体 2500円
よくわかる法哲学・法思想　深田三徳・濱真一郎編　本体 2600円
よくわかる司法福祉　村尾泰弘・廣井亮一編　本体 2500円
よくわかる社会保障　坂口正之・岡田忠克編　本体 2600円
よくわかる社会福祉　山縣文治・岡田忠克編　本体 2500円
よくわかる子ども家庭福祉　吉田幸恵・山縣文治編　本体 2400円
よくわかる障害者福祉　小澤温編　本体 2500円
よくわかる家族福祉　畠中宗一編　本体 2200円
よくわかる精神保健福祉　藤本豊・花澤佳代編　本体 2400円
よくわかる社会的養護　山縣文治・林浩康編　本体 2500円
よくわかる地域福祉　上野谷・松端・永田編　本体 2400円
よくわかる心理統計　山田剛史・村井潤一郎編　本体 2800円
よくわかる臨床心理学　下山晴彦編　本体 3000円
よくわかる発達心理学　無藤隆・岡本祐子・大坪治彦編　本体 2500円

———— ミネルヴァ書房 ————
https://www.minervashobo.co.jp/